Sozialpädagogische Studienreihe

KARLHEINZ SCHRAMM

Einführung in die Heilpädagogik

Stam 8135

Stam Verlag   Köln · München
Bardtenschlager

Stam Verlag
Fuggerstraße 7 · 51149 Köln

ISBN 3-8237-**8135**-9

© Copyright 1996: Verlag H. Stam GmbH · Köln
Das Werk und seine Teile sind urheberrechtlich geschützt. Jede Verwertung in anderen als den gesetzlich zugelassenen Fällen bedarf deshalb der vorherigen schriftlichen Einwilligung des Verlages.

Inhaltsverzeichnis

Vorwort 9

1	Grundfragen der Heilpädagogik.	11
1.1	Begriffsbestimmung.	11
1.2	Gegenstandsbereich der Heilpädagogik	16
1.3	Klassifikationsmöglichkeiten	27
2	Praxisaspekte der Heilpädagogik	33
2.1	Ätiologische Fragen für die Heilpädagogik	33
2.2	Prävention.	41
2.3	Früherkennung und Frühförderung	43
2.3.1	Elternarbeit im Rahmen der Frühförderung	48
2.3.2	Gemeinsame Erziehung behinderter und nichtbehinderter Kinder	50
2.4	Diagnostik in der Heilpädagogik.	52
2.5	Methoden und Maßnahmen der Behandlung	61
2.5.1	Heilpädagogische Übungsbehandlung	62
2.5.2	Spieltherapie	66
2.5.3	Musiktherapie.	69
2.5.4	Verhaltenstherapeutische Methoden	71
2.5.5	Sprachtherapie	73
2.5.6	Gegenüberstellung Therapie – Erziehung	75
2.6	Pädagogisches Handeln des Erziehers in der Heilpädagogik.	79
2.6.1	Ansatzmöglichkeiten für (heil)erzieherisches Handeln. .	79
2.6.2	Begegnungsstile	82
2.6.3	Psychomotorische Förderung.	84
2.6.4	Perzeptionstraining	86
2.6.5	Förderung der Sprachentwicklung	87
2.6.6	Förderung von Lernprozessen innerhalb und zwischen intrapersonalen Fähigkeitsbereichen	92
2.7	Das System heilpädagogischer Einrichtungen	94
2.8	Fachkräfte in der Heilpädagogik.	101
3	Spezielle Heilpädagogik.	107
3.1	Verhaltensauffällige und Verhaltensgestörte	107

3.1.1	Begriffsklärung – Klassifikation – Abgrenzung	107
3.1.2	Statistische Angaben	112
3.1.3	Mögliche Ursache- und Bedingungsfaktoren	112
3.1.4	Aggression als bedeutsamste Form auffälligen Verhaltens	114
3.2	Lernbehinderung	118
3.2.1	Begriffsklärung	118
3.2.2	Ursache- und Bedingungsfaktoren	120
3.3	Geistige Behinderung	125
3.3.1	Begriffsklärung	125
3.3.2	Ursachen	127
3.4	Sprachbehinderungen	131
3.4.1	Begriffsklärung	131
3.4.2	Formen der Sprech- und Sprachbehinderungen	132
3.4.2.1	Artikulations- und Lautbildungsstörungen	133
3.4.2.2	Redefluß- und Rhythmusstörungen	136
3.4.2.3	Stimm- und Stimmklangstörungen	138
3.4.2.4	Sprach- und Sprachaufbaustörungen	139
3.4.3	Sprache, Persönlichkeitsentfaltung und soziokulturelle Integration	142
3.5	Hörschädigung	143
3.5.1	Gehörlosigkeit und Schwerhörigkeit	143
3.5.2	Ursachen von Gehörlosigkeit	145
3.5.3	Abgrenzung der Gehörlosigkeit von Schwerhörigkeit	147
3.6	Blindheit und Sehbehinderung	149
3.6.1	Begriffsklärung und Abgrenzung	149
3.6.2	Ursachen von Sehschädigungen	151
3.6.3	Pädagogische Aspekte	152
3.7	Körperbehinderung	154
3.7.1	Begriffsklärung	154
3.7.2	Erscheinungsformen körperlicher Behinderung	155
3.8	Mehrfachbehinderung	161

4	Sozialpsychologische Aspekte	163
4.1	Die gesellschaftliche Situation der Behinderten	163
4.2	Die Situation von Familien Behinderter	168
5	Literaturverzeichnis	171
6	Adressen	175
7	Begriffslexikon	183
8	Register	187

Vorwort

Dieses Buch ist aus der Notwendigkeit entstanden, vorwiegend Erziehern und anderen interessierten Fachkräften für ihre heilpädagogische Ausbildung einen leicht verständlichen Einblick in die Heilpädagogik zu verschaffen. Es will Informationen geben über Grundbegriffe der Heilpädagogik. Nach Absicht des Verfassers soll sich dieses Buch vorrangig an Studierende und Studenten der Fachakademien bzw. Fachschulen für Sozialpädagogik und Heilpädagogik und Fachhochschulen wenden. Darüber hinaus kann dieses Buch natürlich auch für jeden heilpädagogisch Interessierten eine wichtige einführende Hilfe sein.

Ausgehend von dem Bemühen, Heilpädagogik nicht nach den klassischen Behinderungsarten einzuteilen, sondern sich an dem durch eine Behinderung beeinträchtigten Erziehungsverhältnis zu orientieren, wurde dieses Buch aufgebaut. An dem Begriff Heilpädagogik wurde festgehalten, da hiermit das gesamte psycho-soziale Funktionsnetz der Entstehung des Behinderungszustandes beschrieben wird.

In diesem Sinne zielen alle Bemühungen darauf ab, sich nicht mit einer symptomatischen Beschreibung einzelner Behinderungsformen alleine zu befassen, sondern mit dem durch eine Behinderung beeinträchtigten Erziehungsverhältnis.

Eine Einführung dieser Art muß sich zwangsläufig darauf beschränken, Grundinformationen zu geben und zum Weiterstudium anzuregen. Sie kann nicht beabsichtigen, den Inhalt vielleicht eines mehrbändigen Handbuches zur Heilpädagogik zu vermitteln, was auch nicht beabsichtigt war. So wurde das Buch in vier Kapitel gegliedert, die als erster Einstieg für jeden Leser, der sich mit Heilpädagogik befaßt, von Bedeutung sind:
1. Grundfragen der Heilpädagogik
2. Praxisaspekte der Heilpädagogik
3. Spezielle Heilpädagogik
4. Sozialpsychologische Aspekte

Das Hauptanliegen ist es, die (heil)pädagogischen bzw. heilerzieherischen Fragestellungen in den Vordergrund zu stellen, mit einem pädagogischen Ansatz im Sinne einer förderungsspezifischen Fragestellung.

Nürnberg, im Frühjahr 1988   Karlheinz Schramm

1 Grundfragen der Heilpädagogik

1.1 Begriffsbestimmung

Das folgende Kapitel informiert Sie über
- die wissenschaftstheoretische Kritik am Begriff Heilpädagogik
- die unterschiedliche Verwendung und Deutungsmöglichkeiten des Begriffes Heilpädagogik
- die verschiedenen begrifflichen Bestimmungsversuche

Der Begriff Heilpädagogik tauchte zwar bereits 1881 in dem zweibändigen Werk „Die Heilpädagogik mit besonderer Berücksichtigung der Idiotie und der Idiotenanstalten" von DEINHARDT und GEORGENS auf (s. a. KOBI 1983, S. 101 f.), doch täuscht dies nach GERSPACH (1980, S. 25) „ein wenig darüber hinweg, daß eben nicht vor den zwanziger Jahren erste Schritte zur Konstituierung der Heilpädagogik als eigenständiger Wissenschaft unternommen wurden".

erste Verwendung des Begriffes Heilpädagogik

Der aus der Medzien in die Pädagogik übernommene Begriff des Heilens (KOBI, 1983) blieb schillernd und umstritten. Man begegnet dabei in der Hauptsache vier ineinander übergehenden Interpretationen, welche in ihren Grundzügen bereits in der ersten Gesamtdarstellung zur Heilpädagogik erkennbar sind:

vier ineinander übergehende Interpretationen

1. Einer *wörtlichen* und in der Neuzeit volkstümlichen Interpretation von Gesundmachen und Wiederherstellen. Heilen setzt einen Mangel an Gesundheit voraus (MEINERTZ/KAUSEN, 1981, S. 13) der beseitigt werden soll. So ist mit dem Begriff „Heil" ein Ziel, zumindest ein Ideal ausgedrückt, das in Richtung „Heilung" als einem höheren Grad von Gesundheit zu suchen ist.
„Aus einem früheren Stand der medizinischen Wissenschaft wäre es noch vertretbar gewesen, daß Heilen auf den Körper und das Erziehen auf die Psyche zu beschränken. Das ist heute nicht mehr möglich. Die Begriffe Gesundheit, Krankheit und Heilung haben sich gewandelt. Eine voll befriedigende Definition des Gesundheitsbegriffes gibt es noch nicht. Annäherungsweise kommen wir aber aus

wörtliche Interpretation

mit der von der Weltgesundheitsorganisation gegebenen Begriffsbestimmung. Danach bedeutet Gesundheit nicht nur Freisein von Krankheit, sondern allseitiges körperliches, seelisches und soziales Wohlbefinden." (MEINERTZ/KAUSEN, 1981, S. 15)

theologische Interpretation

2. Einer existentiell-anthropologischen bzw. *theologischen* Interpretation, nach welcher Heilung sich auf den göttlichen Heilsplan bezieht.

prophylaktische Interpretation

3. Einer *prophylaktischen,* auf die Vermeidung und den Abbau der sozialen und lernpsychologischen Folgen gerichteten Interpretation. Geheilt wird dieser Auffassung gemäß nicht die Behinderung als solche (durch Beseitigung der Schädigung und deren Ursachen), sondern die aus einer Behinderung resultierenden Entwicklungsabweichungen.

interpretationslose Übernahme des Begriffes Heilpädagogik

4. Einer insofern *interpretationslosen* Übernahme und Beibehaltung der Bezeichnung, als zwar der Name Heilpädagogik zur Kennzeichnung jenes pädagogischen Fachgebietes, wo man sich mit der Erziehung und Bildung Behinderter befaßt, benutzt wird, bei gleichzeitiger Distanzierung von den mit dem Begriff ‚Heilung' verbundenen Vorstellungen". „Es geht in der heilpädagogischen Arbeit nur am Rande darum, durch Erziehung etwas zu heilen, und auch dort meist nur in einem übertragenen Sinne. Die Hauptaufgabe der immer noch so genannten ‚Heilpädagogik' besteht darin, nach den Möglichkeiten der Erziehung zu suchen, wo etwas Unheilbares vorliegt. Die Hilfe der Heilpädagogik besteht in einer angemessenen Erziehung dort, wo erschwerende Bedingungen vorliegen." (MOOR, 1965, S. 256).

Sonderpädagogik als neuer Begriff

Die Kritik am Begriff Heilpädagogik brachte als „Ersatzwort" den Begriff Sonderpädagogik. Er kommt erstmals 1927 bei SPRANGER vor. „SPRANGER unternahm keinen Versuch, den Terminus Heilpädagogik generell abzuschaffen, sondern schlug das neue Wort vor für Erziehung bei Gebrechen, die den Besuch von öffentlichen Schulen ausschließen. Im übrigen vertrat er den inzwischen überholten Standpunkt, daß die Heilkunde nur bei Krankheit angezeigt sei, diese aber keine Beteiligung der Vitalzone voraussetze, und somit ‚Schwererziehbarkeit' keine Heilpädagogik erfordere". (MEINERTZ/KAUSEN, 1981, S. 17).

Hier zeichnet sich bereits eine Einschränkung vor allem auf den schulischen Bereich ab. „Während die Bezeichnung Heilpädagogik im außerschulischen, erzieherisch-pflegerischen und klinischen Bereich beibehalten wurde und zum Teil auch für berufständische Abgrenzung benutzt wird." (KOBI, 1981, S. 104)

Nach Kanter dient der Begriff Sonderpädagogik „als Oberbegriff für das Gesamtgebiet der Theorie und Praxis der Erziehung ‚behinderter und von Behinderung bedrohter Kinder und Jugendlicher' und kann einmal rein formal verstanden werden als Bezeichnung ‚besonderer' Erziehung im Vergleich zur Regelerziehung, zum anderen inhaltlich mit einer negativen und einer positiven Valenz; die negative hebt ab auf die ‚Besonderung' der Maßnahme bis hin zur ‚Aussonderung' (Segregation, Isolation), die positive auf die Notwendigkeit der besonderen Erziehungszuwendungen in Fällen von beeinträchtigter Personengenese, also zur Kennzeichnung eines Mehr-an-Erziehung, einer Intensivierung, einer zeitlichen Ausdehnung und einer Spezialisierung." (KANTER, 1976, S. 18). Berechtigterweise stellen MEINERTZ/KAUSEN fest, der Begriff Sonderpädagogik „gibt nicht preis, worin das ‚Besondere' bestehen soll, und verweisen auf die Amerikaner, die zur ‚Sondererziehung' auch die Erziehung außergewöhnlich ‚Begabter' rechnen." (MEINERTZ/KAUSEN, 1981, S. 19).

Sonderpädagogik als ‚Oberbegriff'?

KOBI faßt die Einwände gegen den Begriff Sonderpädagogik dahingehend zusammen:
- Die Besonderheit bezüglich der Aufgabenstellung teilt die sogenannte Sonderpädagogik mit verschiedenen anderen pädagogischen Spezialdisziplinen: Auch die Wirtschaftspädagogik, die Erwachsenenpädagogik, die Vorschulpädagogik usw. sind ‚Sonderpädagogiken' in dem Sinne, daß sie sich mit speziellen Fragestellungen bzw. Adressatengruppen befassen.
- Die Bezeichnung Sonderpädagogik akzentuiert den „Sonderstatus" des Behinderten und läßt unter Umständen die pädagogisch eminent wichtigen wesensverwandtschaftlichen Beziehungen zwischen Behinderten und Nichtbehinderten vergessen.
- Die Normalpädagogik müßte sich ferner dagegen verwahren, wenn von einer falsch verstandenen Sonderpädagogik aus festgestellt würde, daß die Normalpädagogik (im Unterschied zur Sonderpädagogik) nichts Besonderes leiste, keine Sonderfälle kenne und sich quasi nur mit Normaltypen von Kindern und Erziehern beschäftige.

Einwände gegen den Begriff Sonderpädagogik

- Noch schwieriger scheint nach KOBI die Frage zu sein, worin das Besondere der Sonderpädagogik und Sondererziehung bestehe. BLEIDICK (1974) sieht die Besonderung (im Sinne einer besonderen Erziehung) in erziehungswissenschaftlicher Hinsicht in drei Kriterien:

1. In der geminderten Bildsamkeit, die sich als Bildungsschwäche und erschwerte erzieherische Ansprechbarkeit kundtut.
2. In den speziellen didaktischen Aufgaben und Konsequenzen, die sich hieraus ergeben.
3. In der pädagogischen Institutionalisierung der Erziehung von Behinderten.

keine prinzipiellen Unterschiede zwischen den Begriffen Normal- und Sonderpädagogik

Tatsächlich existieren jedoch keinerlei prinzipielle Unterschiede (in phänomenologischer, teleologischer, methodischer, dialogischer Hinsicht) zwischen Normal- und Sonderpädagogik, und die genannten Kriterien lassen sich z. B. auch auf die sogenannte ‚Höhere Bildung' übersetzen: 1. erhöhte Bildsamkeit, 2. spezielle didaktische Aufgaben, 3. besondere Institutionen (Gymnasien). (vgl. KOBI, 1983, S. 105 f.).

Demnach würde MEINERTZ'/KAUSENS Feststellung zutreffen, daß der „Terminus Sonderpädagogik weder sachlich begründet werden kann", noch „sich seine eindeutige Verwendung als Ersatzwort für Heilpädagogik" halten läßt. (1981, S. 19)

Behindertenpädagogik

BLEIDICK bringt den Begriff Behindertenpädagogik (1974) in die Diskussion. Dieser Begriff soll synonym neben dem Begriff Sonderpädagogik benutzt werden. Dieser Begriff hat zwar den Vorteil, daß die Adressatengruppe unmißverständlich genannt wird, sie deckt diese jedoch bei näherem Hinsehen nicht ganz ab. „So ist daran zu erinnern, daß durchaus nicht jeder Behinderte spezieller pädagogisch-erzieherischer Bemühungen bedarf, während andererseits auch normal entwicklungsfähige Kinder aufgrund psychosozialer Verzerrungen im Kommunikationsfeld zu Adressaten der Heilpädagogik werden können. Ferner thematisiert die Heilpädagogik nicht die ‚Behinderung', sondern die (allenfalls) daraus erzeugten Behinderungszustände, an denen auch Nichtbehinderte definitorisch und reaktiv Anteil haben. Der Behinderungsbegriff wird ferner umgangssprachlich stark auf visible Funktionsbeeinträchtigungen (zum Teil sogar nur auf körperliche Invalidität) eingeschränkt, so daß z. B. Verhaltensstörungen und soziale Beeinträchtigungen nicht ohne Not und Künstlichkeit dem Behinderungsbegriff subsumiert werden können." (KOBI, 1983, S. 106)

KOBI schlägt deshalb vor, den Begriff Heilpädagogik nur dann zu verwenden, wenn „die Bezeichnung ‚heilen' nicht mehr nur im speziellen Sinn des ‚Gesundmachens', sondern im umfassenderen Sinn der Verganzheitlichung und Sinnerfüllung des Lebens" verstanden wird, und wir „den ‚Gegenstand' unserer Bemühungen nicht mehr nur im behinderten Kind als solchem sehen, sondern in bedrohten oder beeinträchtigten Erziehungsverhältnissen, die wir zu erfüllen, zu vertiefen oder überhaupt erst einmal zu stiften versuchen." (ebd. S. 107)

Heilen als Verganzheitlichung und Sinnerfüllung des Lebens

Zusammenfassung:

Der Begriff Heilpädagogik wurde vor etwa 100 Jahren eingeführt. Man wollte damit zum Ausdruck bringen, daß es möglich sein könnte, vor allem die Geistesschwäche durch erzieherische und medizinische Bemühungen zu heilen. Der Begriff Heilpädagogik läßt jedoch verschiedene Interpretationsmöglichkeiten zu, die zeitweise zu Mißverständnissen führten. So entstand der Begriff Sonderpädagogik, der wiederum hauptsächlich für den Bereich der schulischen Förderung sich durchsetzte, wenngleich auch Versuche unternommen wurden, den Begriff Sonderpädagogik als Oberbegriff für das Gesamtgebiet der Theorie und Praxis der Erziehung Behinderter zu verstehen.
Allerdings kann auch der Begriff Sonderpädagogik nicht kritiklos hingenommen werden.
Die vermeintliche Uneindeutigkeit der Begriffe Heilpädagogik und Sonderpädagogik und der daraus ableitbaren unterschiedlichen pädagogischen Interpretationen brachte den Begriff Behindertenpädagogik ins Gespräch, der synonym für den Begriff Sonderpädagogik verwendet werden soll.
Wenn die Bezeichnung „heilen" nicht mehr im speziellen Sinn des „Gesundmachens", sondern im umfassenden Sinn der Verganzheitlichung und Sinnerfüllung des Lebens verstanden wird, dann gibt es keine sachliche Begründung, den Terminus Heilpädagogik durch andere Begriffe zu ersetzen.

1.2 Gegenstandsbereich der Heilpädagogik

Das folgende Kapitel informiert Sie über
- den Gegenstand der Heilpädagogik
- den Aufgabenbereich der Heilpädagogik

Die Eigenständigkeit einer Wissenschaft zeigt sich in ihrem Gegenstand. Betrachtet man die Literatur seit dem erstmaligen Auftreten des Begriffes Heilpädagogik unter dem Gesichtspunkt ihres jeweiligen Gegenstandes, so zeigt sich dieser nicht immer einheitlich und eindeutig, was zu der im vorhergehenden Kapitel angeführten Begriffsverwirrung geführt hat.

GEORGENS und DEINHARDT schufen in ihrem zweibändigen Werk „Heilpädagogik mit besonderer Berücksichtigung der Idiotie und der Idiotenanstalten" die Grundlage für eine *wissenschaftliche* Betrachtungsweise einer Heilpädagogik als *Wissenschaft*. Da sie sich allerdings primär mit schwachsinnigen Kindern befaßten, wurde Heilpädagogik oft mit Geistigbehindertenpädagogik gleichgesetzt.

durch Behinderung beeinträchtigtes Erziehungsverhältnis als Gegenstand der Heilpädagogik

KOBI bezeichnet als Gegenstand der Heilpädagogik nicht die „Behinderung (Störung; Defekt) als solche" und auch nicht das behinderte Kind, sondern die durch die Behinderung beeinträchtigten Erziehungsverhältnisse sowohl im einzelnen, wie auch im Gesellschaftsganzen. (vgl. KOBI, 1982, S. 6).

Nach MOOR besteht die Hilfe der Heilpädagogik „in einer angemessenen Erziehung dort, wo erschwerte Bedingungen vorliegen." Er leitet daraus einige Grundaussagen ab:

- Heilpädagogik ist diejenige Pädagogik, welche vor die Gesamtheit der über das Durchschnittsmaß hinausgehenden Erziehungsschwierigkeiten gestellt ist. Es muß also gefragt werden nach einer *vertieften Pädagogik* (im Original kursiv gedruckt; d. Verf.), welche der heilpädagogischen Situation gerecht zu werden vermag.

- Wenn wir dem entwicklungsgehemmten Kind trotz seiner beschränkten Möglichkeiten zu einem erfüllten Leben verhelfen wollen, dann müssen wir fragen, wie das, was im Kinde entstehen soll, psychologisch verstanden werden könne, d. h. verstanden nicht nur nach seinem Sinn und Recht, sondern auch in seinem Werden und in den Bedingungen seines Werdens.

– Als Erzieher orientieren wir uns nach dem, was werden soll. Es geht also auch um die Frage nach einem „heilpädagogischen Verstehen auch der Gegebenheiten".

Orientierung und Verstehen der Gegebenheiten

– Wissenschaftliche Heilpädagogik soll das „pädagogisch Bedeutsame" zum Gegenstand haben, wobei der Gegenstand ihrer Begriffsbildung identisch sein muß mit dem Gegenstand der Erziehung. (vgl. MOOR, 1974, S. 260).

das pädagogisch Bedeutsame als Gegenstand der Heilpädagogik

Somit können wir feststellen, daß sich im Zentrum heilpädagogischer Bemühungen eindeutig die pädagogische Verantwortung befindet. Dies war nicht immer so, sondern kann als momentaner Erkenntnisstand einer sehr interessanten Entwicklung betrachtet werden. So finden wir in der Heilpädagogik historisch gesehen unterschiedliche Handlungskonzepte vor, die als Modell zur Problemerfassung und -beurteilung dienten. So entstand die Heilpädagogik „als Konglomerat unterschiedlicher und auch verschieden weit gediehener, vorwiegend praktizistischer Bemühungen um jene Problemfälle, die sowohl von der Medizin als auch von der Pädagogik ausgestellt wurden, weil sie deren Zielen kaum mehr entgegenzukommen versprachen". (KOBI, 1980, S. 70).

pädagogische Verantwortung im Zentrum heilpäd. Bemühungen

Die Heilpädagogik hat ihre Ursprünge einerseits im kirchlichen Engagement und andererseits in personengebundenen Einzelaktionen. Die von KOBI angeführten Modelle als Grundlagen für heilpädagogisches Handeln sollen zum besseren Verständnis der Entwicklung der Heilpädagogik als Wissenschaft dienen:

Ursprünge heilpäd. Handlungskonzepte

1. Das Caritative Modell
Grundlage hierfür ist Jesus Liebestätigkeit gegenüber Hilfsbedürftigen und vor allem auch Behinderten. „Caritas ist tätige, opfernde Nächstenliebe im Auftrage einer transzendenten* (oder transzendierten) Instanz. Dem Bedürftigen und Notleidenden wurde in sämtlichen Hochreligionen die Rolle des Opfer- (bzw. Almosen-) Empfängers zugewiesen. Almosen haben nicht den Zweck, einen Bettlerstatus aufzuheben ... Caritative Akte sind solche der Hilfe, nicht der Erziehung oder gar der politischen Agitation. Schicksal, Kismet, Gottes Wille

christliche Liebestätigkeit als Grundlage für heilpäd. Handeln

* nicht mit den Sinnen wahrnehmen / im Sinne von Gott

kann nicht überwunden, nur angenommen und punktuell, ad personam, in seinen Auswirkungen gelindert werden. Der Bedürftige ist Vehikel der Wohlhabenden und Schadlosen, denen er ermöglicht, Buße zu tun und sich zu befreien von religiöser Bedürfnisspannung, von Schuld und Mitleidsgefühlen (Almosen, griech. „eleemosyne" = „Mitleid"). Solches Helfen benötigt keine Theorie im wissenschaftlichen Sinne; seine Begründung und Rechtfertigung ist vorgegeben religiöser Art. (KOBI, 1980, S. 70).

Dieses caritative Modell beeinflußte die gesamte Wohlfahrtspflege über Jahrhunderte hinweg bis selbst in die heutige Zeit. „Die Strukturen des Caritativen Modells blieben jedoch trotz der Säkularisierung und Profanisierung in der neuzeitlichen Wohlfahrtspflege erhalten: Der appelative Charakter, die organisierte Großraum-Bettelei, das kasuistische Beispringen, der aktionistische Einsatz zeugen für modernes Management, nicht für eine Modelländerung.

2. Das exorzistische Modell

Befreiung des Individuums vom ‚unreinen Geist'

Dieses Modell basiert auf der Grundannahme des Besessenseins von einem ‚unreinen Geist'. „Die Grundanlage ist die, daß ein personfremdes Etwas Besitz ergriffen hat von einem Individuum, in und mit diesem sein Unwesen treibt, es unter seinem Diktat hält." (ebd. S. 71).
Ziel jeglicher Bemühungen muß es sein, dieses „Etwas" aus dem Individuum „auszutreiben".

3. Das Rehabilitations-Modell

Rehabilitation als Wiederherstellung des Funktionswertes

Grundannahme ist die Wiederherstellung des „Funktionswertes" einer Person innerhalb bestimmter übergeordneter Produktionsabläufe. Ziel ist eine „Integration in den bürgerlich-ökonomischen Verwertungszusammenhang" (Mollenhauer, 1973). Das Ziel ist nach KOBI erreicht, wenn ein Behinderter „wieder funktionabel ist und als Glied in einer Funktionskette gesellschaftlicher Bedürfnisse wieder einen Platz und eine Rolle zugewiesen erhalten hat (sog. Eingliederung). (KOBI, 1980, S. 72).

4. Das Medizinische Modell

Grundannahmen des Medizinischen Modells

Das Medizinische Modell geht von folgenden Grundannahmen aus, die KOBI in Anlehnung an SIEGRIST (1975) zusammenfaßt:
– Jeder Erkrankung liegt eine spezifische Ursache zugrunde; diese Ursache ist vorwiegend in der Gestalt von Erregern zu sehen.
– Krankheiten gleicher Ätiologie produzieren mehr oder weniger die-

selben Symptome, denen in der Folge auch eine standardisierte Therapie zugeordnet werden kann. Ursache-Symptom-Therapien bilden ein geschlossenes System, innerhalb dessen lineare Kausalfolgen Gültigkeit beanspruchen (kausalanalytische Ausrichtung).
- Krankheiten haben ihre typische, d. h. überindividuelle, voraussehbare Verlaufsform.
- Die Krankheit ist im Patienten lokalisiert. Das, was der Patient als sein Leiden vorträgt, ist in seiner Eigentlichkeit (und „Wahrheit") über einen Objektivierungsprozeß dingfest zu machen.
- Die Fronten sind damit abgesteckt: der Erreger ist der Feind, den es ausfindig zu machen und zu erlegen gilt; der Arzt ist der Jäger, der expressis verbis den Kampf führt; der Patient ist das Feld, auf welchem über Sieg und Niederlage entschieden wird. z. B. Tuberkulose

Auswirkungen des Medizinischen Modells auf die Heilpädagogik

Die Auswirkungen des Medizinischen Modells für die Heilpädagogik reichen zum Teil bis in die heutige Zeit. Nicht ohne Grund stellt KOBI fest, „daß das Medizinische Modell zur Erfassung der heilerzieherischen Aufgaben nicht genügte und diesen Bestrebungen sogar im Wege stand ... Der Durchbruch zu einem alternativen Modell" jedoch nicht gelang.

Fünf Gründe für eine Stagnation der Heilpädagogik als Wissenschaft

Die Gründe hierfür sind vielgestaltig und sollen hier in Anlehnung an KOBI nur stichpunktartig aufgeführt werden (vgl. ebd. S. 77 f.).
1. Ein ausgeprägter Praktizismus des Caritativen Modells in der modernen Wohlfahrtspflege stand theoretischen Bestrebungen gleichgültig gegenüber.
2. Das Medizinische Modell hat aufgrund der technischen Erfolge und der damit geschürten Fortschrittsideologie der Medizin immer mehr Anziehungskraft entwickelt.
3. Der Psychoanalyse gelang es nicht, dem Patienten in einem „offenen Kommunikationssystem" zu begegnen. So hat die Psychoanalyse nicht zu einer Überwindung, sondern lediglich zu einer charmanten Bestätigung des Medizinischen Modells geführt.
4. Die Heilpädagogik stand im professionellen Bereich unter dem „Definitionsansatz der Medizin", wonach der Heilpädagoge in Bildung verwandeln müsse, was der Arzt als Heilvorgang dargestellt hat. „Die Bemühungen der Heilpädagogik um ein Selbstverständnis zerbröselten in einem unfruchtbaren Nominalisten-Streit. Man stritt sich um den Namen eines Kindes, das noch nicht einmal gezeugt worden war." (ebd. S. 78).

5. Entscheidend für das heilpädagogische Theoriedefizit war und ist die Unfähigkeit der Allgemeinen Pädagogik, gestörte Erziehungs- und Bildungsverhältnisse a priori auch in ihre „Reflexionen und Systematisierungen aufzunehmen: die Normative Pädagogik hat vor dem Häßlichen und Abtrünnigen ihre Augen niedergeschlagen oder bestenfalls an den guten Willen appelliert; die Geisteswissenschaftliche Pädagogik hat zwar ‚verstanden', aber sich zugleich als inkompetent zurückgezogen; die Pädagogische Tatsachenforschung hat zwar Tatsachen festgestellt, sich aber davor gehütet, sich umzustellen." (ebd. S. 79).

5. Das Interaktionsmodell

Da das Interaktionsmodell unserer Meinung nach die theoretische Grundlage für eine heilpädagogische Theoriebildung bietet, sollen hier die wesentlichen Aussagen kurz zusammengefaßt werden.

Erziehung als kommunikatives Handeln
1. Erziehung ist kommunikatives Handeln. Der Heranwachsende soll im Erziehungsvorgang hervorgebracht werden als ein Subjekt, das zur Beteiligung am gemeinschaftlichen Leben fähig ist, und zwar nicht nur im Sinne einer funktionalen Handlungsfähigkeit, sondern auch im Sinne von Erkenntnisfähigkeit. Für die Ebene alltäglicher Kommunikation heißt das, daß der Educandus hervorgebracht werden soll als ein Subjekt, das sich in gegebene Sinnzusammenhänge einfügen, die in diesen Zusammenhängen eingespielten Standards problematisieren und auf der Basis solcher Problematisierung zu neuem Konsensus und neuem Handeln fähig sein soll. (vgl. Mollenhauer, 1972, S. 42 f.)

Diskursfähigkeit als Ziel der Erziehung
2. Das Ziel einer solchen Erziehung liegt darin, eine Kommunikationsstruktur zu etablieren, die eine ideale Kommunikation im Sinne einer Diskursfähigkeit ermöglicht, als letzte Legitimitationsbasis für Lernzielentscheidungen.

Diskurs als ideale Kommunikation
3. Die Diskursfähigkeit als Lernziel ist zurückzuführen auf HABERMAS (1971): „Deutungen, Behauptungen, Erklärungen und Rechtfertigungen, die in Zusammenhängen der Interaktion auftreten, geben Informationen; sie befriedigen Fragen, in denen man sich nach etwas erkundigt. Sie genügen aber nicht solchen Fragen, die Zweifel an den impliziten Geltungsansprüchen von Äußerungen ausdrükken; diese Fragen verlangen die Angabe von Gründen. Sie können deshalb nur in Diskursen beantwortet werden, dadurch also, daß

man die Interaktionen unterbricht. Die diskursive Begründung formt Deutungen in Interpretationen, Behauptungen in Propositionen, Erklärungen in theoretische Rechtfertigungen um. Zu diesem Zwecke müssen wir von der Rede, die kommunikatives Handeln ist, zur Rede als Diskurs übergehen."

4. Erziehung ist Interaktion in dem Sinne, daß mittels „signifikanter Symbole" (MEAD, 1968) Situationen strukturiert werden. Dabei geschieht nach MEAD folgendes: A richtet mit Hilfe eines signifikanten Symbols eine Erwartung an B; er unterstellt dabei, daß B ihn versteht; die von B nun zu erwartende Handlung kann von A antizipiert werden, und zwar aufgrund einer Eigentümlichkeit signifikanter Symbole: sie lösen nämlich im Sprecher die gleichen Reaktionen aus wie im Hörer; nichts anderes heißt ‚verstehen'; es werden Symbole verwendet, die für mehrere die gleiche Bedeutung haben; infolgedessen kann A nun auch noch antizipierend den nächsten Schritt tun: die Vollendung seiner eigenen Handlung als Reaktion auf die Handlung B's ins Auge fassen.

Erziehung ist Interaktion

Um dies zu konkretisieren verwendet MEAD Beispiele aus dem Spiel des Kindes. Das einleuchtendste Beispiel sei das kindliche Rollenspiel und zwar das, was das Kind alleine spielt:

Es spielt zum Beispiel, daß es sich was anbietet und kauft es; es spricht zu sich selbst – als Elternteil oder als Lehrer. Es produziert mit Hilfe der Sprache in sich selbst Muster sozialer Beziehungen. Es entwickelt in sich und übt für sich seine Identität.

Für die Heilpädagogik bedeutet dies nach KOBI folgendes:
- Es gibt keine Behinderung „an sich – im ahistorischen, unpolitischen, beziehungslosen Raum. Behinderungen erschließen sich für die Heilpädagogik als psycho-soziales Funktionsnetz, nicht als ein „Gegenstand".
- Es ist zu unterscheiden zwischen Behinderung und Behinderungszustand, Defekt und Defektivität. Behinderungen, Defekte werden (linearkausal) verursacht – Behinderungszustände (Defektivität) werden in kreisförmigen Interaktionsprozessen erzeugt, Abnormität wird via Normierungen, Definitionen, Zuschreibungen gesetzt (sog. Labeling approach). Zwischen der praktischen Intervention und deren intendiertem Subjekt besteht daher eine konstitutive Beziehung von der Art, daß das Interventionsobjekt durch den Eingriff erzeugt wird.

Interaktion verläuft nicht linear, sondern kreisförmig

- Interaktion ist nicht linear, sondern kreisförmig: „In dieser Beziehung ist kein Verhalten Ursache des andern: jedes Verhalten ist vielmehr sowohl Ursache als auch Wirkung" (Watzlawick et. al, 1974). In diesen Kreisprozessen gibt es keinen Anfang im kausalanalytischen Sinne: ein Behinderungszustand nimmt in ganzheitlicher Weise „Gestalt" an.
- ‚Der Behinderte', das ist eine Rollenzuschreibung auf diejenige Person, an welcher ein Defekt abgelesen (oder vermutet) wird, den man in einen Kausalzusammenhang bringen zu können glaubt mit der Systemstörung. – „Wen immer diese Definition treffen mag: Die zirkulären Interaktionsprozesse werden dadurch nicht ausgesetzt. Auch wenn wir einen Behinderten haben, der eine Behinderung „hat", können wir nicht von der Tatsache absehen, daß wir im Interaktionsnetz des Behinderungszustandes mitenthalten sind". (KOBI 1980, S. 80).

Die Heilpädagogik befaßt sich also mit den wechselseitigen Beziehungsverhältnissen, die „auf verschieden Ebenen (organisch, sozial, politisch) zu erfassen und zu deuten sind." (KOBI, 1982). Diese als *Behinderungszustand* bezeichnete Konstellation ist die wechselseitige Verbindung aller die Erziehung beeinflussender – und dementsprechend auch evtl. beeinträchtigender – Faktoren.

Gegenstand der heilpädagogischen Bemühungen ist daher *nicht* der die Behinderung (kausal) bedingende Defekt (z. B. eine Hirnschädigung und die rückwärtige Kausalkette), *nicht* die Behinderung als solche (z. B. die Summe der eine Lernbehinderung kennzeichnenden Merkmale), *nicht* die als behindert bezeichnete, sich von einer bestimmten Norm abhebende Person (z. B. des lernbehinderten Kindes), sondern ein Beziehungsfeld zwischen all diesen Faktoren. (vgl. KOBI, 1983, S. 97).
Diese Faktoren sollen im einzelnen noch etwas näher betrachtet werden:

a) Merkmale
Hierzu gehören objektiv feststellbare Daten bezüglich Leistung, Verhalten, Darstellung, Aussehen, Zugehörigkeit zu bestimmten gesellschaftlichen Gruppen usw., die in ihrer Gesamtheit als Charakteristikum einer Behinderung gelten.

b) Erlebnisse
einer Person, „die sich aufgrund bestimmter Einschränkungen und Versagungen (Frustrationen) als behindert einschätzt und erfährt".

c) Soziale Gebilde
Gesellschaftliche Gruppen als normsetzende Instanzen bewerten nach ihren Maßstäben (Normen, Erwartungen usw.) bestimmte Verhaltensweisen oder Entäußerungen eines Individuums als nicht normgemäß, als störend oder nicht-sein-sollend bzw. ver- oder beurteilen eine Person aufgrund bestimmter Symptome (Hinweiszeichen) als eine Figur, „die sich von einem Erwartungshintergrund abhebt. Ein Merkmalsträger (z. B. ein Rollstuhlfahrer, oder einer, der viele Fehler macht im Diktat) wird dadurch als Behinderter definiert, abgegrenzt und ausgegrenzt."

d) Hilfen
in Form von Normalisierungs-, Erleichterungs-, Integrations- und Verständigungsbemühungen.

Hier zeigt sich eine Entwicklung ab, die sich abhebt von einer sich ausschließlich mit monokausalen Ursachefaktoren befassenden Heilpädagogik. Ein Behinderungszustand wird also nicht nur kausallinear erzeugt, sondern kreisförmig in einem Zusammenspiel vieler Faktoren. Gerade die ‚Sonderpädagogik' legte historisch bedingt „terminologisch den Akzent auf den unbestritten notwendigen hilfreichen Sonderungsprozeß, über welchen die besondere Seinsweise und die besonderen (speziellen, individuellen) Bedürfnisse einer als behindert und daher als hilfsbedürftig anerkannten Person überhaupt erst einmal wahrnehmbar gemacht werden." (KOBI 1983, S. 99). Währenddem die Heilpädagogik „terminologisch den Akzent auf den ebenso notwendigen Prozeß der Integration (Heilung im Sinne der Verganzheitlichung verstanden), und zwar jenes ‚komplexes Ganze', das wir als Behinderungszustand umschrieben haben, legt." (ebd. S. 99).

KOBIS Versuch, sowohl eine besondere Erziehungs- und Bildungsaufgabe im Sinne der ‚Sonderpädagogik' einerseits und die mehr integrative Handlungsweise der Heilpädagogik andererseits zu verbinden, ist unbedingt zu befürworten. Zum besseren Verständnis dient die schematische Darstellung eines zirkulär entstehenden Behinderungszustandes (Abb. S. 24)

Sonderpädagogik im Sinne einer besonderen Erziehung und Bildung

Heilpädagogik als integrative Handlungsweise

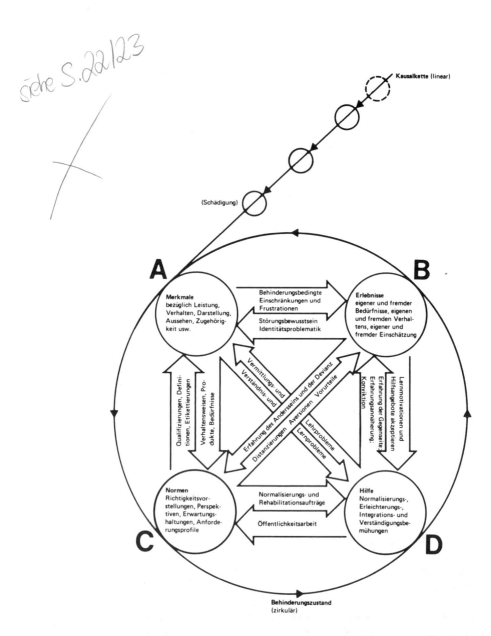

Darstellung eines zirkulär entstehenden Behinderungszustandes (nach KOBI)

Den Behinderten ohne sein soziales Bezugsfeld, die gesamtgesellschaftliche Situation, seine Ich-Identität (Selbstbild, Selbsteinschätzung) und soziale Identität (Fremdbild, Fremdeinschätzung, Normen usw.) zu betrachten, bliebe ein einseitiges Unterfangen, welches eben auf ‚Absonderung' hinausläuft.

„Entscheidend bleibt jedoch in jedem Falle, daß die angestrebte neue Qualität aus dem permanenten Vergleich zwischen Ich-Identität (Selbstbild, Selbstwertgefühl, Eigenbestimmung) des Behinderten und sozialer Identität (Fremdbild, Fremdbestimmung, Normen und Ansprüche) von seiten der Mitwelt heraus entwickelt wird. Dieser Prozeß ist von allen am Behinderungszustand beteiligten Personen und über alle Einflußgrößen zu organisieren und zu steuern. Er verläuft grundsätzlich und meist gleichzeitig (mehr oder weniger bedacht) über drei Richtungen (Siehe Abb. S. 24)

– Über die ACHSE D-A verlaufen jene behinderungsspezifischen (z. B. sonderschulischen) Maßnahmen, welche ganz allgemein auf Kompetenzvermittlung und -ausweitung), mithin auf die Verminderung von Lern-, Anpassungs-, Durchsetzungsschwierigkeiten abzielen. Lernschwierigkeiten des Schülers und Lehrschwierigkeiten des Lehrers stehen dabei in einem gegenseitigen Abhängigkeitsverhältnis.
– Auf der ACHSE D-B geht es (gleichzeitig) um die Wahrnehmung der personalen Bedürfnisse des Behinderten sowie um die Frage, wie er (aus seiner Perspektive) das erlebt, was wir (aus unserer Perspektive) als Behinderung bezeichnen. Das heißt, wir müssen unsere Erfahrungen jenen des behinderten Kindes soweit annähern, daß unsere (heilpädagogischen) Absichten im Interesse der Erziehungswilligkeit . . . ein entsprechendes Entgegenkommen finden können. In einem pädagogischen Beziehungsfeld gibt es keine Maßnahme an sich, sondern nur solche ‚für uns'. Daß ich über eine gemeinsame Perspektive und gemeinsame Erfahrung mit einem (z. B. geistigbehinderten) Kind verwandt werde, ist eine wesentliche Voraussetzung dafür, einen gemeinsamen Lernweg zu finden.
– Auf der ACHSE D-C schließlich geht es um die Entwicklung einer Intergrationswilligkeit und Integrationsfähigkeit (im transitiven *zielenden* Sinne: willens und fähig sein, Behinderte in seinen Lebenskreis aufzunehmen) in der Öffentlichkeit: angefangen bei mir selbst, weiter bei den Eltern, der Familie, der Nachbarschaft, der Altersgenossengruppe des Kindes, den Bildungsinstitutionen von der Früherziehung bis hin zur beruflichen Eingliederung." (KOBI 1983, S. 100 f.).

Zusammenfassung:

Heilpädagogik befaßt sich nicht mit der ‚Behinderung' als solcher, sondern mit durch Behinderungen beeinträchtigten Erziehungsverhältnisse. Im Zentrum heilpädagogischer Bemühungen steht das Verstehen von multifaktoriellen Gegebenheiten, also ein komplexes Bedingungsfeld von Ursachen und Wirkungen.

Heilpädagogik findet ihre Ursprünge in unterschiedlichen historisch bedingten Handlungskonzepten:
- das Caritative Modell – christliche Liebestätigkeit als Grundlage für heilpädagogisches Handeln
- das exorzistische Modell – Befreiung des Individuums vom ‚unreinen Geist'
- das Rehabilitations-Modell – Rehabilitation als Wiederherstellung des Funktionswertes
- Das Medizinische Modell – jeder Erkrankung (auch einer Behinderung) liegen spezifische Ursachen zugrunde, die es ausfindig zu machen gilt.
- das Interaktionsmodell – Behinderung erschließt sich für die Heilpädagogik als komplexes psycho-soziales Funktionsnetz. Es ist zu unterscheiden zwischen Behinderung im Sinne von Defekt und Behinderungszustand. Behinderungszustände werden in Interaktionsprozessen erzeugt. Interaktion verläuft nicht linear, sondern kreisförmig.

Heilpädagogik befaßt sich mit einer als *Behinderungszustand* bezeichneten Situation; d. h. einer wechselseitigen Verbindung aller die Erziehung beeinflussenden – und dementsprechend auch evtl. beeinträchtigenden Faktoren.

Weiterführende Literatur
LEBER A: Heilpädagogik, Darmstadt 1980
KOBI EMIL E.: Grundfragen der Heilpädagogik, Bern 1983
MEINERTZ F./KAUSEN R.: Heilpädagogik, Bad Heilbrunn 1981

1.3 Klassifikationsmöglichkeiten

Das folgende Kapitel informiert Sie über
- mögliche Klassifikationen der Heilpädagogik
- Systematisierungsversuche in der Heilpädagogik

Nach KOBI (1983) und MOOR (1965) befaßt sich Heilpädagogik in Praxis und Theorie mit Behinderungszuständen um Kinder und Jugendliche, wobei mit Behinderungszustand der bereits angeführte Gesamtzusammenhang zwischen Behinderung einerseits und sie bedingende und beeinflussende Verhältnisse und Umweltgegebenheiten andererseits angesprochen ist.

Es wurde bereits darauf hingewiesen, daß es im deutschsprachigen und auch im internationalen Schrifttum unterschiedliche Fachbezeichnungen für Heilpädagogik gibt, wobei sich gerade im deutschsprachigen eine begriffstheoretische Diskussion abzeichnete, die jedoch keine ausreichende Begründung lieferte, den Begriff Heilpädagogik etwa durch Begriffe wie Sonderpädagogik oder Behindertenpädagogik zu ersetzen. Um hinsichtlich der unterschiedlichen Akzentuierung heilpädagogischer Betrachtungsweise des Behinderungszustandes eindeutige Klärungen herbeizuführen, scheint eine Klassifikation dieser Akzente dringend erforderlich.

unterschiedliche Akzentuierung in der Betrachtungsweise

KOBI (1982) trifft folgende Unterscheidung:
Die *Allgemeine Heilpädagogik* beschäftigt sich mit wissenschaftstheoretischen und spartenübergreifenden Grundfragen. Hierzu gehören Fragen wir zum Beispiel:
- Was ist Heilpädagogik? Wie wird Heilpädagogik definiert? Was ist der Gegenstand der Heilpädagogik?
- Wo befindet sich die Heilpädagogik im Bereich der Wissenschaften?
- Historische Fragen.
- Wodurch begründet sich Heilpädagogik?
- An welchen Zielen und Perspektiven orientiert sich die Heilpädagogik?
- Wie, aufgrund welcher wissenschaftlicher Methoden gelangt die Heilpädagogik zu ihren Erkenntnissen?
- Wer übt heilpädagogische Tätigkeiten aus?

Allgemeine Heilpädagogik (Grundfragen)

Spezielle Heilpädagogik – gegliedert nach Behinderungen

Die *Spezielle Heilpädagogik* gliedert sich traditionellerweise nach den hauptsächlichen Behinderungen. Diese Betrachtungsweise liefert den klassischen Zugang zum Problem der Behinderung, wobei gerade in älteren Veröffentlichungen häufig nur die Behinderung als solche ins Blickfeld der Betrachtung kam und weniger das als ‚Behinderungszustand' bezeichnete komplexe Bedingungs- und Handlungsgefüge. Dennoch kann nicht darauf verzichtet werden, die einzelnen Behinderungen definitorisch differenziell zu betrachten. Dazu gehören:

- Verhaltensauffällige
- Lernbehinderte
- Geistigbehinderte
- Sprachbehinderte
- Gehörlose und Schwerhörige
- Blinde und Sehbehinderte
- Körperbehinderte
- Mehrfachbehinderte

Um diese Systematik zu vervollständigen, müssen auch noch die psychischen Störungen hier angesprochen werden.

Heilerziehung Praxisaspekte

Die *Heilerziehung* befaßt sich mit den verschiedenen Aufgabenfeldern und Funktionen, also dem Praxisaspekt der Heilpädagogik. Hierzu gehören:

- Ätiologische Fragen für die Heilpädagogik
- Früherkennung und Frühförderung
- Diagnostik
- Maßnahmen und Methoden der Behandlung
- Beratung und Information
- Sozialpolitische Fragen

Akzentverschiebung der erzieherischen Aufgabenstellung

Interessant scheint eine weitere Betrachtungsweise von KOBI zu sein, die sich nicht nach Behinderungen orientiert und auch nicht nur „ätiologisch-quasimedizinische Systematisierungsversuche in den Vordergrund stellt, sondern die „Akzentverschiebungen der erzieherischen Aufgabenstellungen" berücksichtigt. Diese Akzentverschiebung wird über drei Einflußbereiche bestimmt:

- im kommunikativen Bereich
- im Bereich der Entwicklung
- im Bereich der Bildbarkeit

Die heilerzieherische Aufgabe findet „ihre generellen Gestaltmerkmale" im Schnittpunkt dieser drei Dimensionen, von den aus die „Individuallage" zu bestimmen ist. (vgl. KOBI, 1983, S. 124).

Im *kommunikativen Bereich* befassen wir uns mit den unterschiedlichen Beeinträchtigungen eines Erziehungsverhältnisses, „womit ein weiteres Mal unterstrichen werden soll, daß nicht eine Behinderung als solche, sondern erst die allenfalls damit verbundenen Beeinträchtigungen der gemeinsamen Daseinsgestaltungen eine heilpädagogische Fragestellung evozieren (ausrufen, Anm. d. Verf.)." (ebd. S. 125).

Beeinträchtigung des Erziehungsverhältnisses im kommunikativen Bereich

Ausgangspunkt ist die Frage, welcher Art die Beeinträchtigungen des Erzieher-Kind-Verhältnisses sein können und welche erzieherischen Schlußfolgerungen sich daraus ergeben.

KOBI unterscheidet vier derartige Beeinträchtigungen des Erziehungsverhältnisses, die von heilpädagogisch-heilerzieherischer Bedeutung sind:

- Die Verengung
- Die Verarmung
- Die Verfremdung
- Die Brüchigkeit

Die *Verengung* des erzieherischen Verhältnisses wird durch verschiedene Formen der Behinderungen, die durch Mängel und Ausfallerscheinungen im Bereich der Sinnestätigkeit und der körperlichen Funktionstüchtigkeit charakterisiert sind, bewirkt. Die zwischenmenschliche Kontaktmöglichkeit ist eingeengt. Die Erziehung hat dadurch ebenfalls mit einem verengten Zugang zu dem betreffenden Kind zu rechnen. Ziel der heilerzieherischen Bemühungen ist daher „eine Verganzheitlichung, eine Art Überbrückung des verengten Zugangs durch Kompensation der Ausfallerscheinungen" (ebd. S. 126).

Verengung des erzieherischen Verhältnisses

Auch von seiten der Erzieher kann eine Verengung, z. B. durch Verabsolutierung eines Wertgebietes, zustandekommen.

Die Sinnesgeschädigtenpädagogik hat diese kompensatorische Aufgabe frühzeitig erkannt und demzufolge versucht, den Informationsausfall auf einem bestimmten Wahrnehmungsgebiet wettzumachen durch spezielle Förderung in Bereich intakter Sinnestätigkeit. Im erwei-

kompensatorische Aufgabe der Heilpädagogik

terten Rahmen der Rehabilitation spielen ferner die Einführung in den Gebrauch apparatlicher Hilfen sowohl bei sinnesgeschädigten wie bei invaliden Kindern eine große Rolle. Eine Normalisierung des Erziehungsverhältnisses ist freilich nur in relativ wenigen Fällen möglich (am ehesten im logopädischen Bereich (ebd. S. 126).

Bei geglückter „Überbrückung" dieses ‚verengten' Erziehungsverhältnisses würde sich – so die These der Sinnesgeschädigtenpädagogik – die Art des heilpädagogischen Vorgehens kaum von der Normalpädagogik unterscheiden. Heilpädagogisches Handeln würde demnach im Wesentlichen kompensatorische Aufgaben beinhalten.

Verarmung des Erziehungsverhältnisses

Eine *Verarmung* des erzieherischen Verhältnisses sieht KOBI in der Folge einer Beschränktheit des Kindes bzw. des Erziehers. „Zentrale Persönlichkeitsstörungen, insbesondere die verschiedenen Formen und Grade geistiger Behinderung schränken die Kontaktmöglichkeiten ein, ohne daß hier eine Kompensation und Überbrückung obengenannter Art möglich ist. Ist im Falle einer Verengung der Reichtum und die Mannigfaltigkeit der Beziehungsmöglichkeiten zur Person- und Sachwelt verringert, so ist eine Verarmung durch mangelnde Tiefe, Dichte und Intensität des erzieherischen Verhältnisses gekennzeichnet. Eine Verarmung des Erziehungs-Verhältnisses kann auch gesellschaftliche Gründe haben. So wurde in neuerer Zeit von soziologischer und psychologischer Seite namentlich die Unterprivilegierung bestimmter Volksschichten verantwortlich gemacht für die mangelhafte Entwicklungsmöglichkeit der davon betroffenen Kinder." (ebd. S. 127).

Das Ziel heilpädagogischer Bemühungen wäre demnach die „Erfüllung und Vertiefung des erzieherischen Verhältnisses durch eine Intensivierung und Differenzierung der Kontakte" zwischen heilpädagogischen Fachkräften und Behinderten, was sich zum Beispiel durch erhöhte Trainings- und Übungsangebote zeigen könnte.

Verfremdung im Erziehungsfeld

Kinder, die in ihrem Verhalten und in ihrer Leistungsfähigkeit ‚gestört' sind, stellen auch eine erhebliche Belastung des erzieherischen Verhältnisses dar. KOBI spricht von einer *Verfremdung im Erziehungsfeld*. „Kind und Erzieher werden einander fremd und stehen sich verständnislos gegenüber. Der Grund zu einer Entfremdung kann aber auch hier wieder auch auf seiten der Erzieherschaft liegen, namentlich da, wo die gesellschaftlichen Verhältnisse kaum mehr eine kindgemäße, kindertümliche Gestaltung der erzieherischen Begegnung mit dem Kind zulassen. Die erzieherische Aufgabe besteht generell darin, durch eine Erhellung der Störungssituation zu einem umfassenden Verständnis des gestörten Verhältnisses zu gelangen." (ebd. S. 127).

Die von KOBI als *Brüchigkeit* des Erziehungsverhältnisses bezeichnete Situation wird verursacht durch „Mißachtung der Erziehungsaufgabe" bzw. ein überhaupt-nicht-Zustandekommen eines solchen. Diese Brüchigkeit zeigt sich z. B. in Erziehungssituationen, die aus dem Umgang mit Verhaltensauffälligen entstehen. Gerade hier zeigt sich, daß die Störungsursache nicht nur vom Kind aus zu sehen ist, sondern daß auch von seiten der Erzieher aufgrund vielfältigster Einflüsse eine Zusammenarbeit mit dem Kind doch sehr beeinträchtigt zu sein scheint. Generelles Ziel heilpädagogischer Arbeit kann hier nur darin liegen, das erzieherische Verhältnis zu festigen oder evtl. völlig neu aufzubauen.

Brüchigkeit des Erziehungsverhältnisses

Zusammenfassung:

Im deutschsprachigen Schrifttum finden wir unterschiedliche Fachbezeichnungen für Heilpädagogik.
Je nach Akzentuierung der Betrachtungsweise finden wir unterschiedliche Klassifikations- und Systematisierungsversuche in der heilpädagogischen Literatur.
So könnte wissenschaftstheoretisch unterschieden werden zwischen
– allgemeiner Heilpädagogik,
– spezieller Heilpädagogik und
– Heilerziehung.

Eine andere Betrachtungsweise stellt nicht die einzelnen Behinderungen in den Vordergrund, sondern die Akzentverschiebungen der erzieherischen Aufgabenstellungen. Diese Akzentverschiebung wird über die Beeinträchtigung des Erziehungsverhältnisses im kommunikativen Bereich, den Bereich der Entwicklung und der Bildbarkeit bestimmt.
Diese Beeinträchtigung zeigt sich in Form von Verengung, Verarmung, Verfremdung und Brüchigkeit des Erziehungsverhältnisses.

Denkimpulse:

1. Diskutieren Sie die unterschiedlichen Begriffe vor dem Hintergrund Ihrer eigenen Erfahrungen.
2. Überlegen Sie, welcher Begriff für Sie am eindeutigsten erscheint, um die besondere Problematik einer Pädagogik mit Behinderten zu beschreiben.
3. Sollte Ihnen diese Begriffsklärung zu theoretisch erscheinen, überlegen Sie bitte, wie Sie Ihre pädagogische Arbeit mit Behinderten in ihrer Gesamtheit einem „Außenstehenden" beschreiben könnten.
4. Diskutieren Sie, was für Sie als „pädagogisch bedeutsam" in der Arbeit mit Behinderten erscheint.

2 Praxisaspekte der Heilpädagogik

Die in der Heilpädagogik tätige Fachkraft wird ständig mit heilpädagogischen Handlungsweisen konfrontiert werden. Hierzu gehören Maßnahmen der Früherkennung, Frühförderung von Behinderungen ebenso wie Diagnostik und Maßnahmen bzw. Methoden der Behandlung. Die ätiologische Frage scheint primär unter der Prämisse des Entstehens von Behinderungszuständen im bereits angeführten Sinn von Bedeutung zu sein.

1) ursächliche, begründete
2) Voraussetzung

2.1 Ätiologische Fragen für die Heilpädagogik

Das folgende Kapitel informiert Sie über
– mögliche Ursachefaktoren von Behinderungen

Betrachtet man einschlägige sonderpädagogische Veröffentlichungen gerade bezüglich einzelner Behindertengruppen, so wird die Ursachenfrage vor allem nach den hinter den Behinderungen liegenden Schädigungen diskutiert. Man findet unterschiedlich systematisierte Ursachenkataloge. Häufig wird in diesem Zusammenhang auch von Risikofaktoren gesprochen. Grob kann man drei Gruppen von Ursachen unterscheiden:

Bsp.: Down-Syndrom
– *Genetische Ursachen* – die Behinderung ist bereits durch genetische Ausstattung determiniert, wobei hier wieder unterschieden wird zwischen erblich bedingten Faktoren und unterschiedlichen chromosomalen Veränderungen.
– *Organisch-exogene Ursachen* – =außen (endogen = innen) – für die Behinderung sind Schädigungen eines Organs oder Organsystems verantwortlich, wobei besondere Gefährdungen vor, während oder kurz nach der Geburt bestehen (prä-, peri- und postnatale Schädigungen). ①vorgeburtlich ②während der Geburt ③nach der Geburt
– *Psychosoziale Ursachen* – Behinderungen entstehen durch negative Erziehungs- oder Milieueinflüsse in der Kindheit.

Risikofaktoren für die Entstehung von Behinderungen

PECHSTEIN (1975, S. 15) weist darauf hin, daß hinsichtlich kindlicher Entwicklungsabweichungen heute davon auszugehen ist, daß der überwiegende Teil kindlicher Behinderungen nicht – wie lange Zeit angenommen – durch genetische Faktoren, sondern durch prä- und perinatale, für das Kind ‚exogene' Schädigungsbelastungen zustande kommt. Als Beweis führt Pechstein eine Auswertung ausführlicher, standartisierter Anamnesebögen von 602 zentralnervös geschädigter, behinderter Kinder von KUNTZE und ECKART (1973) an. Danach betrug der Anteil an prä- u. o. perinatalen Belastungsfaktoren mehr als 50%.

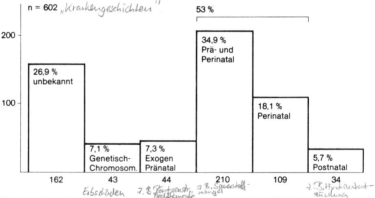

Wahrscheinliche Entstehungsbedingungen kindlicher Behinderungen. (Nach KUNTZE und ECKART; aus PECHSTEIN a.a.O. S. 15)

Nachfolgende Übersicht soll Risikofaktoren für die kindliche Entwicklung aufzeigen, die bei der Entstehung von Behinderungen eine wichtige Rolle spielen, wenngleich sie im einzelnen nicht nach Auswirkungsgrad, Kombinationswirkung und phänomenologischer Zuordnung geklärt sind. Dennoch erhalten wir hierdurch einen Überblick über den gesamten Bereich möglicher Risikofaktoren, die bei der Entstehung von Behinderungen einzeln oder kombiniert mit unterschiedlichem Wirkungsgrad auftreten können. Ihre Kenntnis soll gerade für vorbeugende Maßnahmen von entscheidender Bedeutung sein.

Nachfolgende Übersicht über Risikofaktoren für die kindliche Entwicklung soll uns einen zusammenfassenden Überblick bieten:

I. **Erbliche Gefährdung (Familienvorgeschichte)**
   1. Genetisch bedingte Taubheit und Blindheit.
   2. Erbliche neurologische Krankheiten wie spinale Muskelatrophie, Muskeldystrophie, tuberöse Sklerose etc.
   3. Genetische Stoffwechseldefekte wie Phenylketonurie, Galactosämie etc.

II. **„Pränatale" Gefährdung in der Schwangerschaft**
   1. Schlechte soziale Stellung der Mutter und mangelhafte medizinischsoziale Schwangerschaftsfürsorge.
   2. Sehr junge oder alte Mütter (unter 18 und über 35 Jahren).
   3. Infektionskrankheiten während der Schwangerschaft.
   4. Andere Krankheiten der Mutter, insbesondere Diabetes, Hyperthyreose, Nephropathie, cardiopulmonale Insuffizienz.
   5. Chemotherapeutica und andere differente Medikamente, Nikotinabusus, radioaktive Bestrahlung und große Chirurgie während der Schwangerschaft.
   6. Blutgruppenunverträglichkeit.
   7. Uterusblutungen während der Schwangerschaft.
   8. Hydramnion.
   9. Anhalt für rezidivierende Gestationsstörungen (reproductive failure).
   10. Mehrlingsschwangerschaft.
   11. Abnorm kurze (unter 37 Wochen) und abnorm lange (über 42 Wochen) Schwangerschaft.
   12. Intrauterine Mangelernährung und Placenta-Insuffizienz (Hypotrophie oder „small for dates infants" = untermaßige Kinder trotz normaler Schwangerschaftsdauer).

III. **„Perinatale" Gefährdung vor, unter oder nach der Geburt**
   1. Früh- oder Mangelgeburt (Geburtsgewicht unter 2500 g).
   2. Zwillings- (bzw. Mehrlings-)geburt.
   3. Lageanomalien des Kindes (Steißlage-Entbindung etc.).
   4. Instrumentelle und operative Entbindungen, evtl. mit Ausnahme der unkomplizierten Beckenausgangszange (Kaiserschnitt; Zange; Wendung; Saugglocke etc.).
   5. Mangelhafte Geburtsleitung; unsachgemäße Anaesthesie; Hypo- und Hyperventilation der Mutter.
   6. Placenta- und Nabelschnuranomalien („Placenta praevia", „vorzeitige Lösung", feste Nabelschnurumschlingung, Nabelschnurvorfall, Knoten und Tumoren der Nabelschnur).
   7. Abnorme Wehentätigkeit.
   8. Wehenschwäche und Verlängerung der Geburt, insbesondere der Austreibungsperiode; Sturzgeburt.
   9. Verengungen des Geburtskanals, insbesondere des Beckens.

*Übersäuerung des Blutes

Sauerstoffunterversorgung
↑

10. Asphyxie von mehr als 2 min Dauer bis zum ersten Atemzug mit künstlicher Beatmung oder mehr als 10 min Dauer bis zur normalen Atemtätigkeit; niedrige „Apgar-Noten" (unter 7). Funktionen werden überprüft, Bsp. Reflexe, Abwehrreaktionen
11. Schwere Gelbsucht (Ikterus gravis), Hypoglykämie, schwere oder chronische Acidose in der Neugeborenenperiode. Unterversorgung mit Kohlehydraten, d.␣h. Zucker
12. Jede ernsthafte Erkrankung oder Infektion in der Neugeborenenperiode, insbesondere Meningoencephalitiden.

Erreger, die Hirnhautentzündung hervorrufen können

IV. „Postnatale" Gefährdung jenseits der Neugeborenenperiode
1. Gehirn- und Hirnhautentzündungen.
2. Schwere Unfälle, insbesondere Kopfunfälle mit Hirnverletzungen im Straßenverkehr.
3. Cerebrale Impfschäden, z. B. nach Pockenimpfung.
4. Schwerwiegende, langdauernde Ernährungsstörungen und stoffwechselbedingte, komatöse Zustände vor allem im Säuglingsalter.
5. Ungenügende und ständig wechselnde mütterliche (elterliche) Zuwendung in den ersten drei Lebensjahren (weniger als täglich 4 Stunden in der Wachzeit; bei Aufenthalt in Heimen, Krippen oder Tagespflegenestern; bei doppelter Berufstätigkeit der Eltern oder bereits bei Betreuung von Zwillingskindern oder Geschwistern mit Geburtenabstand von weniger als 1 Jahr).
6. Physische Kindesmißhandlung.
7. Erzieherisch-soziale Vernachlässigung bei Erziehungsunfähigkeit der Angehörigen.
8. Überprotektive, verwöhnende Erziehungshaltung der Sozialumwelt jenseits des 3. Lebensjahres (Großmutter-Erziehung: Einzelkind-Situation).
9. Unphysiologische, nicht entwicklungsgerechte psychophysische Leistungsanforderungen in den verschiedenen Altersstufen, z. B. durch Ganztagsunterbringung in Kindergärten und Schulen vor dem 12. Lebensjahr; durch überstrenge, überfordernde, starre Erziehungshaltung der Eltern; durch überzogene Schulanforderungen mit ständigen, demotivierenden Mißerfolgserlebnissen; durch familiäre Krisen, insbesondere bei Ehescheidung der Eltern.

Übersicht über Risikofaktoren für die kindliche Entwicklung, (zit nach. PECHSTEIN 1975)

Nach KOBI besteht jedoch die Aufgabe der Heilpädagogik darin, „ein optimales Arrangement zwischen (Primär-) Ursachen und (phänomenologischer) Manifestation herzustellen". (KOBI, 1983, S. 229).

„Thema der Heilpädagogik sind soziale Organismen, nicht mechanischen Gesetzmäßigkeiten folgende Apparaturen. Ihr Augenmerk richtet sich demzufolge auf die in perspektivischer Deutung durch Personen ausgezeugten Lebens- und Daseinsformen. Sie hat Zeugnis abzulegen für den subjektiven Freiheitsraum innerhalb naturhaft gegebener und gesellschaftlich vorgegebener Verhältnisse. (Heil-)Pädagogik und (Heil)Erziehung werden erst dadurch möglich und notwendig, daß im Bereich zwischenmenschlicher Beziehungen die üblichen Ursache-Wirkungs-Verhältnisse brüchig werden..." (ebd. S. 230).

Nicht zu vergessen ist die unterschiedliche Wirkung von Schädigungen, die sog. Problematik der ‚unregelhaften Proportionalität.' „Aus ‚an sich banalen Merkmalen (sogenannten Schönheitsfehlern z. B.) einer Person können sich – unter bestimmten Definitionen und Sozialstrukturen – erhebliche Behinderungszustände entwickeln. Umgekehrt bauen sich um prägnante Schädigungen und funktionelle Behinderungen, (wie z. B. die Beinamputation eines Kriegsveteranen), unter Umständen nicht nur keine negativen, sondern vorübergehend wenigstens, sogar ausgesprochen psycho-soziale Felder in Form vermehrter Anteilnahme, Verehrung, Bewunderung, Hochschätzung, Prestigegewinn, usw. Desgleichen kann die funktionelle Beeinträchtigung eines behinderten (z. B. blinden) Kindes zwar stärker sein, als jene eines anderen (z. B. ‚bloß' sehbehinderten) Kindes. Trotzdem kann die Erziehung und Bildung sehbehinderter oder restsichtiger Kinder pädagogisch und didaktisch-methodisch sich unter Umständen als viel anspruchsvoller erweisen." (ebd. S. 230 f.).

unterschiedliche Wirkung von Schädigungen; Problematik unregelhafter Proportionalität

Es ist daher immer problematisch, den Schweregrad einer Behinderung zu bestimmen, da sich dieser beziehen kann
– auf das traumatisierende Ereignis,
– auf die Schädigung (im Sinne einer Gestalt- und Strukturveränderung),
– auf die Behinderung (im Sinne der funktionellen Beeinträchtigung),

- auf den Behinderungszustand (im Sinne einer Störung des psychosozialen Gleichgewichtes).

KOBI weist weiter auf die sog. *Äquifinalität* hin. „Gleiche oder der Art nach sehr ähnliche Schädigungen und Beeinträchtigungen können zu sehr unterschiedlichen Zustandsbildern und Entwicklungsverläufen führen, und umgekehrt können der Art nach recht unterschiedliche Kausalfaktoren praktisch identische Zustandsbilder bewirken und vor weitgehend dieselben Erziehungsprobleme führen." (ebd. S. 230).

Erklärung von Ursache-Wirkungs-Zusammenhängen

Daraus folgt die Erkenntnis, daß für die Erklärung heilpädagogisch relevanter Behinderungszustände keine monokausalen einfachen Erklärungmodelle von Bedeutung sein können. So entwickelt KOBI (1983, S. 233 f.) Kausalitätsmodelle, die uns für die Klärung von Ursache-Wirkungs-Zusammenhängen hilfreich sein können.

mechanisches Modell

Ausgangspunkt ist ein einfaches *„mechanisches Modell,* das sich mit der Formel $A \rightarrow Z$ symbolisieren läßt. Damit soll zum Ausdruck gebracht werden, daß Ursache A, wo und wann auch immer, Wirkung Z nach sich zieht. „Es handelt sich um ein extrem reduziertes kausallineares Modell, welches sich zur Abbildung erzieherischer Gestaltungsprozesse innerhalb eines Behinderungszustandes zwar als völlig ungeeignet erweist, in einem technisch verdorbenen Denken dennoch überall da durchschimmert, wo die Frage gestellt wird: Was muß man machen, damit es so wird?"

energetisches Modell

„Ein *energetisches Modell,* welches sich mit der Formel $A^+ \rightarrow Z$ symbolisieren läßt, bringt zum Ausdruck, daß die Wirkung Z nur dann eintritt, wenn die Intensität von A einen bestimmten Stellenwert überschreitet." Dies schlägt sich häufig in der heilerzieherischen Arbeit insofern nieder, als man glaubt, einem behinderten Kind besonders viel Liebe und Geduld entgegenbringen zu müssen. Liebe wird gewissermaßen quantifiziert und portioniert. Der Erzieher ist quasi ein Energiespender, von dem Motivations- und Stimulationsimpulse auszugehen haben.

Additionsmodell

„Ein *Additionsmodell,* das sich mit der Formel $A+B-n \rightarrow Z$ symbolisieren läßt, versucht Situationen Rechnung zu tragen, wo eine Ursache nur in Verbindung mit weiteren Faktoren die Wirkung Z zur Folge hat und wo daher, um Z zu bewerkstelligen bzw. zu vermeiden, nicht nur die Ursache A, sondern auch noch die Bedingungen B, C, D usw., manipulierbar oder eliminierbar sein müssen." (ebd. S. 234).

„Ein *Konstellationsmodell,* welches mit der Formel   **Konstellationsmodell**

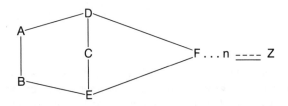

symbolisiert werden kann, berücksichtigt energetische, situative, temporale usw. Faktoren nicht nur in ihrer Summenhaftigkeit, sondern in ihrer (wechselnden) Konstellation. Diese bewegte Ganzheit bringt, wie in einem Kaleidoskop, immer wieder neue Konfigurationen hervor, die zur entscheidenden ‚Ursache' werden für Z. Um Z voraussagen oder gar gezielt eintreten zu lassen, genügt es nicht, einzelne Ursachen zu kennen, diese sind überdies in die raum-zeitliche Position zueinander zu setzen. Dieses Zueinander stellt eine neue Qualität, eine als solchen gegensätzlich freilich nicht mehr faßbaren Beziehungskomplex dar." (ebd. S. 235).

Als Alternative zu den bisher angeführten Modellen spricht KOBI von einem *offen-kreisförmig, autonomen* Modell, wobei es sich hier im eigentlichen Sinn nicht mehr um ein Modell der vorgenannten Art handelt, da eine „unmittelbar, immanente Gesetzmäßigkeit" fehlt. Nicht nur die Ursachen A-n können die Wirkung Z-n erzielen, sondern „Ursache und Wirkung gehen überdies kreisförmig ineinander über. Anstelle modellimmanenter gesetzmäßiger Abläufe treten vorrangig Erzeuger, welche über die Ingangsetzung von Ursache-Wirkungs-Prozessen entscheiden." (ebd. S. 236).   **offen-kreisförmig, autonomes Modell**

Wir haben es also mit Situationen zu tun, wo Ursachen nicht nur Wirkungen, sondern Wirkungen zugleich Ursachen erzeugen und in denen die „Erfahrung der Gegenseite" (BUBER 1960) zwar antizipiert werden kann, wo hingegen deren Bestätigung oder Verwerfung partnerabhängig bleibt. Interpersonell relevante und damit subjektive ‚Fakten' entstehen erst in der Konvergenz von Intention, Interpretation und gegenseitiger Legitimation der Handlungsvollzüge . . . Behinderungszustände stellen sich als psychodynamische Felder dar, deren Existenz nicht mehr bloß auf bestimmte kausal-linear nachweisbare Primär-Ursachen zurückgeführt und reduziert werden kann. Sie entwickelt vielmehr eine Eigendynamik, die nur noch über mannigfache, kaum rekonstruierbare Biegungen und Brechungen mit der Kausalkette in Verbindung steht." (ebd. S. 238).

Eigendynamik des Ursache-Wirkungszusammenhanges

Das von KOBI angeführte nachfolgende Beispiel soll diesen Gedankengang erläutern: „Wir können zwar in der Kausalkette, die als solche keinen immanenten Anfang hat, sondern sich letztlich in einen transzendenten Bereich hinein verliert, rein pragmatisch und willkürlich einen Beginn setzen und so etwa, von einer Nabelschnurumschlingung ausgehend, auf einen perinatalen Sauerstoffmangel schließen, welcher eine frühkindliche Hirnschädigung bewirkte, die ihrerseits eine Reihe von angeborenen Verhaltensauffälligkeiten (Schlaf- und Eßstörungen; erhöhte Reizempfindlichkeit; psychomotorische Unruhe usw.) eines Kindes erklärt. Die Art und Weise, wie nun die nähere Umgebung ein solches Verhalten interpretiert und bezeichnet, sich damit auseinandersetzt und darauf reagiert, ist für die Erfahrungsgeschichte eines Kindes, aus der heraus es wieder seine Gegenreaktion produziert, von wesentlicher Bedeutung. Die ‚Primär'-Ursache verliert im Laufe der Lebensgeschichte mehr und mehr ihre dominante Stellung und wird von vielfältigen Einflüssen überlagert, so daß das Verhaltensbild zu einem Zeitpunkt X (beispielsweise bei Schuleintritt) nicht ohne arge Simplifikation als ‚Status nach Hirnschädigung' bezeichnet werden kann." (ebd. S. 239).

(heil-)pädagogische Situation als Schnittpunkt verschiedener Kausalketten.

Hier befinden wir uns nicht mehr nur in einem für die Heilpädagogik relevanten Diskussionsstadium, sondern in einer für Pädagogik allgemein gültigen Situationsdefinition. Nach MOLLENHAUER (1982) kann man „eine Situation als Schnittpunkt verschiedener Kausalketten betrachten. Danach würden in einer Situation verschiedene, auf je besondere Weise determinierte Individuen zusammentreffen und die Situation würde – teils als Merkmale der Individuen, teils als unpersönliche materielle Merkmale der Situation selbst – durch verschiedene, als unabhängige Variable definierte Kontexte determiniert sein." (1982, S. 114).

Für den heilpädagogisch tätigen Mitarbeiter bedeutet dies, daß er die (heil-)pädagogische Situation entscheidend mitgestaltet. „Die Fehler, die er machen kann, sind in erster Linie in der *Beurteilung, Strukturierung* oder *Veränderung* von Situationen. Konzentriert er seine Aufmerksamkeit ausschließlich oder vornehmlich auf die übersituativen Faktoren, unterläuft ihm, was in den oben formulierten Maximen gerade als unbedingt zu vermeiden gefordert wurde: Entweder überläßt er die Situation den nicht kalkulierten Einflüssen seiner persönlichen Spontaneität oder Intuition bzw. grobschlächtigen Deduktion aus abstrakten Faktoren jener Kausalketten – oder er ‚verdinglicht' die Situation durch eine zwar strikte, aber umstandslose, unvermittelte Anwendung jener Faktoren zur Beurteilung und Strukturierung, so als sei sie nichts als der vollständig prognostizierbare Fall einer gut gesicherten Theorie. Das geschieht faktisch in der psychologischen Diagnose und Behandlung von verhaltensproblematischen Kindern und Jugendlichen immer wieder ... Das kann natürlich kein Argument weder gegen gute Diagnose ... sein; es ist nur ein Argument gegen eine Verwendung von linearen Kausalketten und deren umstandslose Umsetzung in die Praxis, in der situative Faktoren nur noch als taktisch zu berücksichtigende Randbedingungen, wenn überhaupt, wahrgenommen werden." (MOLLENHAUER, 1982, S. 115)

Gestaltung (heil-)pädagogischer Situationen durch den Pädagogen

2.2 Prävention

Um mögliche, vor allem genetisch bedingte Behinderungen, nicht erst eintreten zu lassen, liegt eine wesentliche Aufgabe der Humangenetik darin, zur Klärung der Erblichkeit angeborener Behinderungen beizutragen. Wesentliche prophylaktische Bedeutung kommt diesbezüglich der genetischen Beratung „beim Vorliegen von Fehlbildungssyndromen mit oder ohne ... Behinderung in den Herkunftsfamilien potentieller Eltern oder nach Geburt eines geistigbehinderten Kindes. Sie vermag bei ausreichender Diagnostik das Risiko der Geburt eines weiteren geistigbehinderten Kindes in der Regel relativ gut abzuschätzen." (HARBAUER/SCHMIDT, 1979, S. 462).

Eine Reihe von Erkrankungen kann im Rahmen der Frühdiagnose in der 12. bis 16. Schwangerschaftswoche verhältnismäßig früh erkannt werden. Durch die sog. Amniozentese wird die Fruchtblase punktiert und etwa 20 Milliliter Amnionflüssigkeit entnommen. An Veränderun-

Prävention genetisch bedingter Behinderungen

gen des Fruchtwassers bzw. der in ihm befindlichen Amnionzellen können Rückschlüsse z. B. auf den Chromosomensatz des Embryos getroffen werden. „Aus der Diagnose lassen sich unter Umständen Konsequenzen für die weitere Schwangerenbetreuung und den Geburtsverlauf ableiten. Je nach Rechtslage wird im Anschluß an die sichere Diagnose einer Erkrankung des Kindes auch die Schwangerschaftsunterbrechung erwogen".

Die Amniozentese beinhaltet zur Zeit nach PASSARGE (1979, S. 21) folgende Untersuchungen:

– *Chromosomenanalyse:* Chromosomenanomalien wie Trisomie 21 oder Geschlechtschromosomenaberrationen können aus der Zellkultur festgestellt werden.

– *Biochemische Tests:* Stoffwechselkrankheiten und einige Hämoglobinopathien wie z. B. Galaktosämie können erkannt werden.

– *Bestimmung des Gehalts an Alpha-Fetoprotein:* Verschlußstellen des Neuralrohrs können erkannt werden, die sich auswirken können auf ein Fehlen des Gehirns (Anenzephalie) oder in einer Myelomeningocele (Spina bifida).

– *Geschlechtsidagnose:* Bei X-chromosomal rezessiven Erbleiden wie Hämophylie oder Muskeldystrophie kann bei einer Jungen-Schwangerschaft der Problembereich festgestellt werden.

Da es sich bei der Amniozentese um eine relativ aufwendige Untersuchung handelt, ist ihre Durchführung an relativ strenge Kriterien analog der o. g. Risiko- bzw. Verdachtsgruppen gebunden. (vgl. HENSLE, 1982, S. 254).

Schwangerenberatung und -betreuung

Neben der sog. pränatalen Diagnostik „ist der Wert einer sorgfältigen Schwangerenberatung und -betreuung hervorzuheben, die sich u. a. auf eine Optimierung des Gebäralters (zwischen dem 20. und 35. Lebensjahr) und eine Minimierung der möglichen Belastungen durch Strahlen, Medikamente, Nikotin, Impfungen und körperlichen sowie psychischen Streß richtet." (HARBAUER/SCHMIDT, 1979, S. 462).

Im Rahmen der Perinataologie ist die Überwachung von Risikogeburten entscheidend. Risikofaktoren hierfür ergeben sich aus der pränatalen Diagnostik, die jedoch erst im Geburtsverlauf sichtbar werden. „Hierzu gehören u. a. verfrühter Geburtstermin, nicht dem Gestationsalter entsprechende Kindesentwicklung, Hinweise auf mangelnde Sauerstoffversorgung des Kindes, bestimmte mütterliche Erkrankungen (z. B. Diabetes mellitus), Komplikationen bei frühen Geburten, Lageanomalien (Quer- und Beckenlage). Prophylaktische Bedeutung haben schließlich entsprechende Überwachung oder Behandlung von Risikokindern – also Kindern mit belasteter Vorgeschichte und belastetem Geburtsverlauf – und die Früherkennung cerebraler Schädigungen sowie Frühdiagnostik von Fehlbildungssyndromen, angeborenen Stoffwechselstörungen und Chromosomenaberationen" (edb. S. 463).

Überwachung von Risikogeburten

Auf Einzelheiten soll nicht näher eingegangen werden, da es sich hier mehr um medizinisch orientierte Prophylaxe handelt und weniger um heilpädagogische Fragestellungen.

Zusammenfassung:
Eine Reihe von Behinderungen können durch Präventivmaßnahmen frühzeitig erkannt und dadurch verhindert werden. Hierzu gehören
- genetisch bedingte Risikofaktoren,
- exogen-perinatal begründete Behinderungen
- postnatale Behinderungen

2.3 Früherkennung und Frühförderung

Mit Früherkennung ist ein möglichst früher Zeitpunkt in der Entwicklungsphase des Kindes gemeint, an dem ein eingetretener oder möglicherweise eintretender Behinderungszustand erkannt wird. Da wir uns im vorhergehenden Kapitel bereits mit den prä- und postnatal bedingten Ursachefaktoren beschäftigt haben, wollen wir uns hier nur auf den Bereich des Erkennens von postnatalen Behinderungsursachen beschränken.

Durch multidisziplinäre Zusammenarbeit von Ärzten, Psychologen, Heilpädagogen, Lehrern, Sozialpädagogen, Erziehern und Eltern soll durch möglichst frühe Erkennung eine Grundlage für möglichst frühe Förderungs- und Behandlungsmöglichkeit geschaffen werden.

psychologische Grundlagen einer frühen Förderung

Nach SPECK ist „die pädagogische Effizienz einer möglichst frühen Erkennung und Förderung behinderter Kinder generell wie die jeglicher Früherziehung im entwicklungspsychologischen Kontext von Reifung und Lernen zu sehen. Aufgrund der durch empirische Forschungen gewonnenen Einsichten kann eine Behinderten-Frühpädagogik heute davon ausgehen,
- daß die Lernfähigkeit der Kinder größer anzusehen ist, als bisher angenommen,
- daß die sogenannte Intelligenz nicht einfach präfixiert ist,
- daß die psycho-physische Entwicklung, auch des Nervensystems, nicht unabänderlich vorgegeben ist,
- daß das Lernen in entscheidendem Maße von den indirekten und direkten Anregungen abhängig ist, die das Kind von seiner Umwelt erhält,
- daß die günstigste Zeit für die Aufnahme von Umweltanregungen die Lebensphase ist, in der die Geschwindigkeit der psychophysischen Entwicklung am größten ist, nämlich in den ersten Lebensjahren,
- daß Lernangebote, die das Kind verspätet erhält, erheblich größere erzieherische Aufwendungen erfordern, wenn sie überhaupt noch Erfolg haben. (Siehe Strukturplan für das Bildungswesen, 1970, S. 40–43).

Verfestigung angelernter Verhaltensweisen

Negativ gesehen droht beim behinderten Kind die Gefahr der Verfestigung angelernter Verhaltensweisen. Ein Kind, das durch irgendwelche im Organismus begründete motorische, sensorische oder mentale Devianzen einerseits und/oder durch Fehlerziehung oder sonstige sozio-kulturelle Benachteiligungen andererseits beeinträchtigt ist, nimmt eine andere Entwicklung als ein Kind, das derartigen Veränderungen und Einengungen des Lernfeldes nicht ausgesetzt ist. Abweichungen im Lernprofil und in der Lernstruktur sind offenbar dann besonders gravierend und schwer beeinflußbar, wenn sie sich bereits in frühester Kindheit ausprägen. In dieser Zeit macht das Kind seine Grunderfahrungen mit sich und seiner Umwelt. Wird dieser Wechselwirkungs- und Lernprozeß psychophysisch behindert, so bilden sich behinderungsspezifische Verhaltensmuster aus, die die gesamte körperlich und seelisch-geistige Entwicklung quantitativ und qualitativ verändern können. Im besonderen besteht die Gefahr, daß potentielle Lern- und Entwicklungsmöglichkeiten unausgeschöpft bleiben und verkümmern." (SPECK, 1975, S. 113).

Dies gilt vor allem dann, wenn die am Erziehungsprozeß beteiligten Personen nicht in der Lage sind, die unterschiedlichen Beeinträchtigungen des Erziehungsverhältnisses zu erkennen und adäquate pädagogische Handlungsmöglichkeiten, wie
– kompensatorische Lernhilfen,
– Aufhebung von Verfremdungs-, Verarmungs- und Brüchigkeitssituationen zu ergreifen.

In diesem Zusammenhang sei auf die sogenannten „kritischen Perioden" hingewiesen. AEBLI definiert die kritischen Phasen als Perioden, in denen die Organismen „einfach in erhöhtem Maße bereit" sind, „auf Stimulation und Übung hin zu lernen" (AEBLI, 1962, zit. n. SPECK, 1975 S. 114). Die Dauer solcher Phasen ist nur schwer bestimmbar. Offensichtlich sind sie für die verschiedenen Funktionen verschieden lang. Bleiben innerhalb dieser Spielräume Reizangebote und Übungsmöglichkeiten aus, so können sich bestimmte – elementare – Funktionen unter Umständen nur mangelhaft entwickeln oder auch versiegen. Andere Funktionen, insbesondere bestimmte motorische und kognitive, können in späteren Phasen – jedoch oft nur unter erschwerten Bedingungen – nachgeholt werden.

kritische Phasen in der Entwicklung

Als kritische Phase für die Genese des Hörens wird die Zeit von der Geburt bis gegen Ende des 8. Lebensmonats angenommen. LÖWE verweist auf Untersuchungen von GRIFFITH (1967), der mehrere tausend hörgeschädigte Kleinkinder betreute. Ein 1973 abgeschlossenes Forschungsprojekt von dreijähriger Dauer hatte zum Ergebnis, daß bei 14 von 21 Säuglingen eine anfänglich hochgradige Hörschädigung bis hin zu einer normalen Hörfähigkeit abgebaut werden konnte. Auch bei dieser Gruppe war jedes Kind jünger als 8 Monate gewesen, als erste Maßnahmen, wie Hörgeräteversorgung und Hörerziehung eingeleitet wurden. Im Gegensatz dazu konnte von keinem der Kinder, deren Hörerziehung erst nach dem 8. Lebensmonat begonnen hatte, eine audiometrisch* nachweisbare Hörverbesserung gemeldet werden. Es besteht kein Zweifel, daß das Hörenlernen hörgeschädigter Kinder um so erfolgreicher verläuft, je früher ihnen dazu Gelegenheit und Hilfsmittel angeboten werden. (vgl. LÖWE, 1979, S. 159).

kritische Phase für die Genese des Hörens

*Audiometrie → Untersuchungen des Hörvermögens

① Verlust der Sprachfähigkeit / des -verständnisses

kritische Periode des Spracherwerbes	Die kritische Periode des primären Spracherwerbs setzt nach LENNEBERG mit zwei Jahren ein. Traumatische Aphasien können von kleinen Kindern in relativ kurzer Zeit überwunden werden, während es von der Pubertät an kaum mehr gelingt, die durch eine Hirnverletzung verlorene Sprache wiederzugewinnen. Bekanntermaßen ist generell eine Stimm- und Sprachstörung um so schwerer zu beseitigen, je länger sie andauert. (LENNEBERG, 1967, zit. n. SPECK, S. 115).
kritische Phase des elementaren Sehen-Lernens	Über die Bedeutung des elementaren Sehen-Lernens gibt eine Untersuchung von M. v. SVENDEN (1932, zit. n. SPECK, 1975) Aufschlüsse. Patienten, die in ihrer Kindheit, beziehungsweise in ihrer Jugend wegen eines angeborenen grauen Stars blind gewesen waren, fiel es nach erfolgreicher Staroperation sehr schwer, Formen zu unterscheiden und die Lage von Gegenständen im Raume zu beurteilen. In vielen Fällen gelang es den Betroffenen nicht mehr, die versäumten Lernvorgänge nachzuholen und normale Wahrnehmungsleistungen zu erzielen.
kritische Phase für das Erlernen elementarer Bewegungsformen	Analoges gilt für das Erlernen elementarer Bewegungsformen. Sind diese durch hirnorganische Defekte behindert, so bleiben sie auf die Stufe beschränkt, die dem Säugling in den ersten Lebensmonaten entspricht. Umgekehrt sind die Chancen für den Ausbau eines differenzierten Bewegungssystems um so größer, je früher ein entsprechendes Bewegungstraining einsetzen kann (BOBATH).

Eine frühe Förderung behinderter Kinder ist demnach nicht ausschließlich unter dem Gesichtspunkt behinderungsspezifischer Behandlung zu sehen, sondern vielmehr als Möglichkeit einer gesamtheitlichen Begabungs- und Persönlichkeitshabilitierung. Behinderungsspezifisches Lernen und Üben spielt dabei selbstverständlich auch eine bedeutsame Rolle. Bewegungsansätze beim Körperbehinderten, Hör- und Sehreste beim Hör- und Sehgeschädigten, Sprachansätze beim Sprachgeschädigten bedürfen gezielter Anregungen und systematischen Trainings (vgl. SPECK, 1975, S. 116).

Anregende Erfahrungen	Der pädagogische Ansatz für die Frühförderung liegt also in der ganzheitlichen Förderung des Kindes. „Maßgebend sind die sozialinteraktionalen Bedingungen, die Erfahrungen, die ein Kind macht. Die Erziehung hat dafür zu sorgen, daß das Kind die entsprechenden entwicklungsfördernden Erfahrungen macht. Dabei kommt es sehr

① etwas, das von außen kommt wird angeeignet, angepasst
② Anpassung an etwas, das von außen kommt
(körp.)

darauf an, daß es Erfahrungen sind, die ihm seine Umgebung als ein sinnvolles Ganzes erscheinen lassen. Diese Erfahrungen aber macht es im besonderen in seiner Familie und in deren Lebensraum. Hier kann das Kind in seiner Unmittelbarkeit Erfahrungen sammeln und auswerten, wie sie keine andere Institution bieten kann. Es entwickelt sich ein permanenter Interaktionsprozeß, in dem dann auch die Emotionalität eine integrierte Rolle spielt. PIAGET nennt diesen interaktionalen Doppelprozeß Assimilation① und Akkomodation②. LEONTJEW spricht von der „Aneignung der Wirklichkeit' als Ergebnis dieses Prozesses" (SPECK, 1981, S. 83).

Aneignung der Wirklichkeit

Nach einer im Jahr 1978 durchgeführten Fragebogenaktion in Bayern wurden Kinder in den Frühförderstellen durchschnittlich im Alter von 3 Jahren erfaßt. Motorische Schäden wurden zu 40% bereits im ersten Lebensjahr erkannt. Der Schwerpunkt der Beeinträchtigung lag bei jeweils 20% der Kinder auf dem kognitiven, motorischen und sprachlichen Gebiet. Insgesamt traten Störungen im sprachlichen Bereich am häufigsten auf. Etwa 40% der betreuten Kinder waren von Behinderung bedroht. Von diesen wiederum wurden 50% als mehrfachbehindert und 20% als besonders schwer behindert eingestuft (vgl. 2. Bayer. Landesplan für Behinderte, 1982, S. 65).

Organisation der Frühförderung

Zu den Aufgaben der Frühförderung gehört vor allem
– die Abklärung des kindlichen Entwicklungsstandes in Verbindung mit den einschlägigen Fachdisziplinen,
– die Einleitung und Durchführung allgemeiner und fachspezifischer Fördermaßnahmen,
– die Anleitung und Beratung der Eltern, → wichtig! Eltern müssen das Kind annehmen!
– die Zusammenarbeit mit anderen Institutionen und Behörden.

Aufgaben der Frühförderung

Nach dem bayerischen Konzept sollen Behinderte und von Behinderung bedrohte Kinder möglichst frühzeitig, zumindest im Kleinkindalter, nach medizinischer Abklärung durch den Kinderarzt der Frühförderung zugeführt werden. Um dies zu realisieren, ist die Frühförderungsarbeit so organisiert, daß flächendeckend grundsätzlich in jedem Landkreis eine allgemeine Frühförderungsstelle tätig sein soll. Dabei hat sich gezeigt, „daß die Unterscheidung nach Behinderungsarten schon in den ersten Lebensjahren nicht unbedingt sachdienlich ist, weil sich zunächst oft nur Entwicklungsrückstände gegenüber dem durchschnittlichen Entwicklungsstand der Kinder gleichen Alters feststellen

Regionalisierung der Frühförderungsstellen

lassen. Ob daraus einmal eine geistige Behinderung oder eine Körperbehinderung, eine Lernbehinderung, eine Sprachbehinderung oder eine Verhaltensstörung wird, das läßt sich in der Regel in diesem frühen Lebensalter nicht zuverlässig diagnostizieren" (ebd. S. 67).

Mit Ausnahme der Sinnesgeschädigten (Sehgeschädigte, Hörgeschädigte) sollen deshalb die Kinder im Alter bis zu 3 Jahren von allgemeinen Frühförderstellen betreut werden. Erst im Kindergartenalter (etwa ab 3½ Jahren) kann gegebenenfalls noch die spezielle Frühförderung Sprachbehinderter dazukommen.

schulvorbereitende Einrichtungen

Für die besondere Betreuung Behinderter und von Behinderung bedrohter Kinder im Vorschulalter und im schulpflichtigen Alter stehen schulvorbereitende Einrichtungen, Kindergärten und Schulen zur Verfügung. Dabei gilt der Grundsatz ‚so viel besondere Betreuung wie unbedingt nötig und so wenig wie möglich'; dieser Grundsatz umschließt die Aussagen ‚so früh wie möglich' und ‚so kurz wie möglich'.

In sog. schulvorbereitenden Einrichtungen sollen die Kinder bis zum Beginn der Schulpflicht gefördert werden. Im Anschluß daran erfolgt der Besuch der Sonderschule oder auch der sog. Regelschule. Weder die Hilfe in der Frühförderung noch die in der schulvorbereitenden Einrichtung zielt darauf ab, die Kinder eines Tages in die Schule für Behinderte aufzunehmen. Viele Kinder können gerade wegen der besonderen Förderung im Vorschulbereich der Regelschule zugeführt werden (vgl. 2. Bayer. Landesplan für Behinderte 1982, S. 73).

2.3.1 Elternarbeit im Rahmen der Frühförderung

aktive Mitarbeit der Eltern in der Frühförderung

Eine der wichtigsten Aufgaben der Frühförderung liegt in der Elternberatung. Denn eine aktive Mitarbeit der Eltern ist dringend gefordert, um mögliche Behinderungszustände zu kompensieren oder abzuschwächen bzw. zu eliminieren. Dies bedeutet, daß Eltern und professionelle Frühförderer gemeinsam den Versuch unternehmen, dem behinderten Kind möglichst optimale Entwicklungsmöglichkeiten zu geben.

Elternarbeit im Rahmen der Frühförderung sollte folgende Schwerpunkte beinhalten:

1. Problemverarbeitung

Eltern können ihrem behinderten Kind nur dann helfen, wenn sie in der Lage sind, ihre eigene (Problem-)Situation, die als Folge der Behinderung des Kindes eingetreten ist, zu lösen. Sie müssen lernen, Enttäuschungen und Schuldgefühle zu verarbeiten. SPECK weist in diesem Zusammenhang darauf hin, daß unser „behindertenbezogenes Denken" inzwischen so sehr von der Professionalität, vom Expertentum beherrscht ist, „daß, die Familie eines behinderten Kindes in ihrer spezifischen Eigenbedeutung leicht aus dem Gesichtsfeld schwindet, daß sie unter Umständen sogar zum Störfaktor für die Experten wird." (SPECK, 1981, S. 80).

Zusammenarbeit von Eltern und professionellen Frühförderern

2. Positive Einstellung zum Kind

Grundlage einer optimalen Förderung ist eine akzeptierende Haltung der Eltern. Die Eltern müssen lernen, die Situation realistisch einzuschätzen, ihre (Sonder-)Situation zu verarbeiten, die Behinderung zu akzeptieren, als gegeben hinzunehmen. Durch das behinderte Kind erhält die Familie den Status einer ‚behinderten Familie' oder auch einer ‚Sonderfamilie'. Somit hat die Familie zuerst „die Belastung durch dieses Schicksal für sich selbst, also jedes ihrer Mitglieder, zu bewältigen. Kaum ein anderes Ereignis trifft Eltern, Geschwister und Großeltern sowie weitere Angehörige so tief, stellt sie vor derart vielschichtige und zum Teil verstandes- und gefühlsmäßig schwer zu verarbeitende Probleme." (THOMAE, 1979, S. 77).

Eltern müssen ‚Sondersituation' akzeptieren lernen

Die Familie tritt hier in einen völlig neuen Lernprozeß ein, sie kann nicht auf familiäre Vorbilder wie zum Beispiel die Erziehungshaltung der eigenen Eltern zurückgreifen. Dies erfordert Hilfe, Beratung und Anleitung.

3. Information

Eltern brauchen sachliche, ausführliche Informationen über das komplexe Bedingungsgefüge zur Entstehung der Behinderungszustände, über Trainings- und Fördermöglichkeiten für ihr Kind. Wichtig sind auch Hilfen und Übungsanweisungen vor allem zur Kompensation von Behinderungen.

Information für Eltern

4. Hausfrüherziehung:

elementare Entwicklungsprozesse in der Familie

Intensive Förderung des Kindes ist nur möglich, wenn das Elternhaus mit einbezogen wird, da die „elementaren Entwicklungsprozesse sich eindeutig im Lebensraum der Familie abspielen, jedenfalls normalerweise und zwar in Dauer- und Intensivkommunikation" (SPECK, 1981, S. 81). Ziel dieser Förderung im Elternhaus ist die Anbahnung auf Aufrechterhaltung von kognitiven, psychomotorischen und sozialen Lernprozessen. Hinzu kommt die Einübung von gewissen Techniken. Je nach Mitarbeit und Motivation der Eltern sollte die Frühförderung im Elternhaus sehr intensiv, mindestens aber einmal monatlich durch Fachkräfte betreut und angeleitet werden.

2.3.2 Gemeinsame Erziehung behinderter und nichtbehinderter Kinder

möglichst frühzeitige Integration

Wenn behinderte Kinder ein Teil unserer Gesellschaft sind, so sollten bereits frühzeitig integrative Bemühungen erfolgen. In den letzten zehn Jahren entstanden in der Bundesrepublik immer mehr sog. integrative Kindergärten. Bisher haben sich im wesentlichen zwei Formen integrativer Erziehung bei uns ergeben:

gemeinsame Betreuung behinderter und nichtbehinderter Kinder

1. Die integrative Kindergartengruppe, deren Aufgabe in einer gemeinsamen Betreuung behinderter und nichtbehinderter Kinder liegt. Sie ist in der Regel altergemischt, hat eine durchschnittliche Gruppengröße von 12–15 Kindern (davon ca. 3–5 behinderte Kinder) und wird von mindestens zwei (meist mehr) ständigen Kräften betreut.

Einzelintegration

2. Integration einzelner Kinder in den allgemeinen Kindergarten. Dieses Angebot wird vor allem von Familien mit leichter behinderten Kindern genutzt. Da die Situation in sog. Regelkindergärten aufgrund der zum Teil sehr hohen Kinderzahl und nicht immer ausreichender personeller Besetzung doch oft sehr angespannt ist, dürften diese Integrationsversuche nicht immer den gewünschten Erfolg mit sich bringen (vgl. LIPSKI, 1987, S. 17).

Eine Bestandsaufnahme des Deutschen Jugendinstituts hat ergeben, daß es in der Bundesrepublik im Januar 1987 160 Kindergärten mit integrativen Gruppen gab (ebd. S. 18). Für eine Reihe dieser Einrichtungen liegen Begleituntersuchungen vor, die zusammengefaßt folgende Ergebnisse brachten:

1. Gruppen mit integrativer Erziehung bieten günstige Voraussetzungen für einen normalen Umgang zwischen behinderten und nichtbehinderten Kindern. Je jünger die Kinder sind, desto geringer sind ihre Vorurteile gegenüber Behinderten und desto unbefangener gehen sie auf sie zu.

Gruppe als günstige Voraussetzung für den Umgang von behinderten und nichtbehinderten Kindern

2. Die Befürchtung, daß Kinder wegen ihrer Behinderung in der Gruppe in eine benachteiligte Position geraten, hat sich nicht bestätigt. Auftretende Probleme unterschieden sich im allgemeinen nicht von denen anderer Kindergartengruppen.

3. Gruppen mit integrativer Erziehung bieten mehr Anregungen und Lernmöglichkeiten für alle Kinder und begünstigen den Erwerb sozialer Fähigkeiten. Integrative Erziehung fördert vor allem die Selbständigkeit behinderter Kinder.

4. Gemeinsames Leben und Lernen beschränkt sich in integrativen Gruppen allerdings häufig auf die Zeit im Kindergarten, da behinderte und nichtbehinderte Kinder meist nicht aus demselben Wohngebiet kommen. Kontakte außerhalb des Kindergartens kommen eher bei der Unterbringung behinderter Kinder in Regelkindergärten des Wohngebiets zustande (ebd. S. 21).

REISER faßt die Zielvorstellungen für integrative Erziehung folgendermaßen zusammen: „... die behinderten Kinder sollen lernen, sich unter nichtbehinderten zu bewegen; ihnen soll ermöglicht werden, sich realitätsgerecht einzuschätzen und dabei selbstbewußt zu werden; die Anregungspotentiale des Kontakts mit anderen Kindern und der Reichtum einer offenen Lernumwelt sollen ausgeschöpft werden. Die nichtbehinderten Kinder sollen ohne Vorurteile gegen Behinderte aufwachsen, sollen lernen, unbefangen und sozial-positiv orientiert mit Partnern umzugehen, die beeinträchtigt sind; sie sollen erfahren, daß man mit Beeinträchtigungen sinnerfüllt leben kann und ihre eigenen Möglichkeiten dadurch deutlicher erleben." (REISER, 1987, S. 23)

Ziele integrativer Erziehung

2.4 Diagnostik in der Heilpädagogik

Dieses Kapitel informiert Sie über
- den Begriff „Diagnostik"
- die wesentlichen Merkmale heilpädagogischer Diagnostik
- die heilpädagogische Diagnostik als „Förderdiagnostik"

der Begriff „Diagnose"

Der Begriff „Diagnose" kommt aus dem Griechischen und bedeutet soviel wie „Unterscheidung" oder „Entscheidung". In der heilpädagogischen Diagnostik geht es darum, „sich soweit Klarheit zu verschaffen über die *Struktur* eines anstehenden Erziehungsproblems, daß sich Handlungsstrategien bzw. ein Katalog der Maßnahmen entwickeln lassen, von denen erwartet werden kann, daß sie realisierbar sind und zu einer Entspannung der Konfliktsituation beizutragen vermögen. Eine Diagnose ist – im Unterschied zu einer bloßen Deskription – eine zu verantwortende Stellungnahme zu einem konkreten Problem." (KOBI, 1982, S. 15). Eine heilpädagogische Diagnose sollte immer auch in Verbindung mit dem Ziel der Einzelförderung gekoppelt sein, mit dem Ziel, dem einzelnen Kind oder Jugendlichen zu ‚helfen'.

„heilpäd." Diagnose

Grundsätzlich gilt für jedes einzeldiagnostische Vorgehen folgendes:

1. Diagnose und Förderung sind wechselseitig unabdingbar; sie bilden eine Einheit. Eine Fördermaßnahme ohne ein Minimum an „Diagnostik" ist nicht denkbar.
2. Im Vordergrund jedes diagnostischen Vorgehens steht die Frage nach den Zielen und die Klärung der Problemstellung.
3. Die Persönlichkeit des Behinderten muß ernstgenommen werden. Keine verborgenen Eigenschafts- und Persönlichkeitsauffassungen, sondern offene Handlungstheorien mit rationalen Zielbeschreibungen und -entscheidungen. Zusammenhänge zwischen gesellschaftlichen Strukturen, Bildungsidealen und Rollenauffassungen der am Erziehungsprozeß Beteiligten müssen bewußtgemacht werden.
4. Eine günstige Voraussetzung zu wirksamer und dauerhafter Förderung ist die weitgehende Selbstregulierung des Verhaltens. Dies bedeutet eine Förderung eigenständiger Handlungen und Möglichkeiten der Selbstbestimmung des Behinderten.
5. Alle Aussagen, Feststellungen, Beurteilungen, Entscheidungen müssen den Charakter der Vorläufigkeit behalten. Die Aufstellung und

fortlaufende Überprüfung von Hypothesen (d. h. überprüfbaren Annahmen über einen vermutlichen Sachverhalt) sind grundlegende Elemente von Einzeldiagnose und Einzelförderung.
6. Den Charakter von Annahmen sollten nicht nur die Vorstellungen über Ursachen von z. B. Lernstörungen, sondern auch die Aussagen über diese Lernstörungen selbst haben. Man muß verschiedene Ebenen der Hypothesenbildung unterscheiden:
   - Die Ebene der Situationen, Sachverhalte, Fakten, Gegebenheiten, Auffälligkeiten, Symptome in der Gegenwart (sowie deren Entwicklung in der Vergangenheit).
   - Die Ebene der aufrechterhaltenden Bedingungen (und deren Vorgeschichte).
   Außerdem sind Annahmen über Wechselwirkungen und Verkettungen von Sachverhalten, Bedingungen und Ergänzungen notwendig.
7. Diagnostische und pädagogische Maßnahmen sind nicht punktuell vorzunehmen, sondern als Prozeß anzusehen. Die Ausführungen und Überprüfungen der Ausführungen folgen einander in raschem Wechsel innerhalb eines Handlungsablaufs (vgl. MEISTER, 1978, S. 242 f.).

Vereinfacht könnte unter Berücksichtigung von Zielen und Grundsätzen der Einzeldiagnose und -förderung die Vorgehensweise schematisch folgendermaßen dargestellt werden:

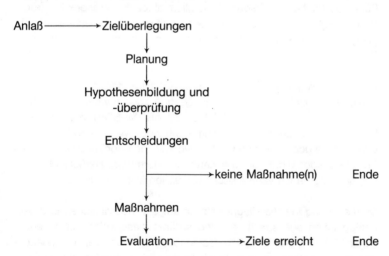

Vereinfachtes Schema zu einem pädagogischen Handlungsmodell; (vgl. MEISTER, 1978, S. 245)

Da es sich bei heilpädagogischen Problemen um sehr komplexe Zusammenhänge handelt, ist es zumeist unzureichend, wenn eine Abklärung lediglich von einem Fachmann vorgenommen wird. Idealerweise sollte je eine medizinische, eine psychologische (und soziologische), sowie eine heilpädagogische Stellungnahme vorliegen. In Anlehnung an KOBI sollen die zentralen diagnostischen Aussagemöglichkeiten der o. g. Fachbereiche kurz erwähnt werden:

medizinische Diagnose

In der *medizinischen Diagnostik* stehen Fragen nach Kausalzusammenhängen zwischen somatischen Störungen und der zur Diskussion stehenden Erziehungsproblematik im Zentrum. Die spezialärztlichen Abklärungen richten sich hauptsächlich auf:
den allgemeinen Gesundheits- und körperlichen Entwicklungsstand (Pädiatrie) – den genetischen Hintergrund (Genetik) – den Wachstums- und Reifungszustand (Endokrinologie) – die Sinnesfunktionen – das cerebrale/neurale System – den Bewegungsapparat.

Die medizinische Diagnostik ist stark symptomorientiert und organ- bzw. funktionsorientiert und ist im Hinblick auf die vorgesehene Therapie in erster Linie an der Aufdeckung von Kausalzusammenhängen interessiert. Hinweise für die Erziehungspraxis bekommt man kaum aus medizinischen Befunden. So enthält z. B. die Diagnose „leichte frühkindliche Hirnschädigung" lediglich globale, retrospektive (rückblickende) Erklärungen zur Frage, wodurch eine Leistungsbeeinträchtigung oder ein Störverhalten bedingt sein können (vgl. KOBI, 1982, S. 15).

psychologische Diagnose

Eine *psychologische Diagnose* erfaßt Auffälligkeiten in den einzelnen Fähigkeitsbereichen, sowie deren Bezüge zur Umwelt. Sie versucht über ein eindimensionales WARUM?-DARUM!-SCHEMA hinauszukommen und in die Wirkungszusammenhänge (WIE?) einzudringen, um dadurch die gegenseitigen psychodynamischen Abhängigkeiten eines Zustandsbildes nicht nur zu erklären, sondern unter Berücksichtigung der Sinnfrage auch verständlich zu machen (vgl. ebd. S. 15).

heilpädagogische Diagnose

Die *heilpädagogische Diagnose* baut auf der medizinischen und psychologischen auf, spezifiziert und ergänzt diese jedoch in erzieherischer Richtung. Als *Bildbarkeitsdiagnostik* versucht sie, die erzieherischen und unterrichtlichen Möglichkeiten eines Kindes aufzuzeigen, die unter den strukturellen Bedingungen seines Lebensraumes wahrgenommen und realisiert werden können (Förderdiagnostik). Eine heilpädagogische Diagnose muß deshalb möglichst konkretisierte Handlungsanweisungen enthalten (vgl. ebd. S. 15).

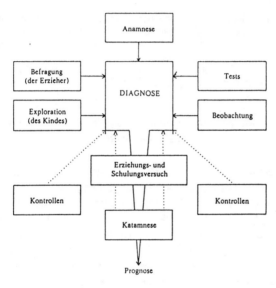

Aufbau einer heilpädagogischen Diagnose (KOBI, 1982, S. 16)

Ziel der *Anamnese* ist die Kenntnis der Person, seiner Vorgeschichte, seiner Lebensumstände, der Entwicklungsverlauf in verschiedenen Fähigkeitsbereichen und Sozialräumen. Es gibt zahlreiche Anamneseschemata, die grundsätzlich enthalten:
1. Äußere Lebensdaten
2. Interaktion zwischen Bezugspersonen aus Vergangenheit und Gegenwart
3. Werdensgeschichtliche und strukturanalytische Interpretation von 1. und 2.
4. Prognostische Beurteilung des Einzelfalles.

SEISS schlägt folgende Anamnesegliederung vor:

1. Personalien
2. Anlaß zur Erhebung einer Anamnese
3. Beschreibung der Auffälligkeiten, Symptome
3.1 Wurde diesbezüglich schon einmal etwas getan?
4. Auslösende Situation
4.1 Spontan Berichtetes
4.2 Erfragtes
4.3 Versagung und Versuchung bei Beginn der Symptomatik
5. Genese der Auffälligkeit
   Zur Genese gehören folgende Fragen:
   Soziales Milieu, Charakteristik der Eltern, Ehe, Familiengeschichte; andere Bezugspersonen in der Geschichte des Klienten; die Entwicklung in den ersten 6 Lebensjahren unter besonderer Berücksichtigung der altersspezifischen Entwicklungsaufgaben.
6. Ätiologische Interpretation der Daten, prognostische Beurteilung und Maßnahmenvorschläge (SEISS, 1977, S. 12 f.).

Zum besseren Verständnis sollen hier die weiteren Elemente einer heilpädagogischen Diagnose erklärt werden.

Befragung Bei der *Befragung* geht es um Informationen durch Personen, die unmittelbar mit der betroffenen Person interagieren.

Exploration Die *Exploration* soll sicherstellen, daß trotz aller notwendiger Objektivierung die Personhaftigkeit des Kindes nicht aufgehoben wird. Es ist nicht nur über das Kind, sondern auch mit dem Kind zu sprechen.

Tests *Tests* gelten als standardisierte Prüfverfahren, die sich in der Regel auf bestimmte Fähigkeitsbereiche (z. B. Intelligenz, Konzentration, Merkfähigkeit usw.) konzentrieren. Für die Prüfung behinderter Kinder werden auch speziell die Behinderung berücksichtigende Tests verwendet.

Beobachtung Durch *Beobachtung* sollen die mittels Tests gewonnenen Daten und Einzelresultate ergänzt werden. Qualitative Besonderheiten (die nicht ohne weiteres provozierbar und reproduzierbar sind), Prozeßverläufe (wie, aufgrund welcher Hilfestellungen gelangt ein Kind zu einem Lernfortschritt), die Erschließung subjektiver Probleme und Fragen (welche eine vertrauenswürdige, sympathische Beziehung zur Voraussetzung hat), spielen im psychologisch-pädagogischen Bereich eine so große Rolle, daß testmäßige Moment- und Querschnitt-Aufnahmen die systematische Beobachtung nicht ersetzen können.

Behandlungs- und Erziehungsversuche *Behandlungs-* und *Erziehungsversuche* als konkrete Hilfsmaßnahmen werden in der heilpädagogischen Praxis nicht erst dann einsetzen, wenn eine volle Abklärung der Problemlage durchgeführt wurde. Manchmal bleibt die Diagnose lückenhaft bzw. muß im psychologisch-pädagogischen Bereich mit sich rasch wandelnden Zustandsbildern und Problemstrukturen gerechnet werden. Erst rückwirkende Reflexionen zeigen, ob die Beurteilung der Problemsituation sachlich richtig war, und die eingeschlagenen Hilfsmaßnahmen den erwünschten Erfolg brachten, bzw. durch die Hilfen die Problemlage verändert wurde. Somit würde sich der Diagnoseprozeß *spiralförmig weiterentwickeln* (vgl. KOBI, 1982, S. 16 f.).

Diagnose als Prozeß

Die heilpädagogische Diagnose gewinnt an Bedeutung, wenn gleichzeitig Hinweise zur Förderung eines in seiner Entwicklung beeinträchtigten Kindes gegeben werden. Förderungsspezifische Diagnostik soll also dazu beitragen, „erschwerte Lernprozesse zu erleichtern. Massives Schulversagen soll möglichst gar nicht erst entstehen, bzw. gemildert und sogar überwunden werden:

- *Zeitlich* kann eine förderungsspezifische Diagnostik nicht auf die Überprüfungsperiode beschränkt bleiben. Sie muß stets dann angewendet werden, wenn Lernschwierigkeiten auftreten.
- *Gegenstand* der förderungsspezifischen Diagnostik sind nicht ausschließlich Merkmale des Kindes, sondern das gesamte Bedingungsgefüge des schulischen Erfolgs oder Mißerfolgs.
- *Theoretisch* muß eine förderungsspezifische Diagnostik eine inzwischen (mühsam genug) erreichte Position der klassischen Testtheorie – vor allem die statistische Normierung – zugunsten einer lehrziel- bzw. kriteriumsorientierten Betrachtungsweise räumen.
- Als *Methode* sind solche Verfahren vorzuziehen, deren Daten direkte Ansatzpunkte für pädagogische und therapeutische Interventionen liefern, und nicht erst über verschiedene Arten von Schlußfolgerungen, ein hypothetisches Konstrukt (wie es z. B. die „Intelligenz" ist) quantifizieren." (vgl. BUNDSCHUH, 1980, S. 39).

In der sonder- bzw. heilpädagogischen Literatur finden wir immer wieder Hinweise auf die „Sortierungsfunktion" (KOBI 1983) herkömmlicher Diagnostik. Herkömmliche sonderpädagogische Diagnostik, auch als „Einweisungsdiagnostik" bezeichnet, „sieht in ihrem Probanden einen Anwärter, welcher in ein feststehendes System oder für einen bestimmten ‚Posten' definierte Kompetenzen einzubringen hat." (ebd. S. 291). Die Diagnose orientiert sich sehr stark am Medizinischen

Sortierungsfunktion herkömmlicher Diagnostik

Modell, d. h. Störungen sind Sache des Individuums, sie werden durch bestimmte Ursachen im Bereich des Individuums hervorgerufen. Die Erkennung und Beseitigung dieser Ursache führt zur Therapie.

An Stelle dieser Diagnostik, die Störungen und Defizite in der Person selbst sucht, sollte eine Vorgehensweise treten, die verursachende Momente einer Störung (z. B. Schulversagen, Verhaltensstörungen) vor allem im Kommunikationsbereich des Individuums sucht. Dazu gehören die Familie, die soziale Umwelt, die Schule usw. Der Gegenstandsbereich sonderpädagogischer Diagnostik steht in enger Beziehung zu in ihrer geistigen, emotionalen, sozialen, physischen Entwicklung gefährdeten oder beeinträchtigten Personen, wobei stets der Interaktions- und Umweltbereich impliziert ist (vgl. BUNDSCHUH, 1980, S. 46).

KOBI (1983, S. 282–293) stellt in 28 Thesen „Einweisungsdiagnostik" und „Förderdiagnostik" gegenüber. Es fällt schwer, die wesentlichen Inhalte dieser systematisch aufgezeigten Thesen in vollem Umfang wiederzugeben. Deshalb sollen die wichtigsten Aussagen hier zusammengefaßt werden:
- *Förderdiagnostik* entwickelt sich in kritischer Distanz zu der *Einweisungs-Diagnostik* im Zuge verschiedener Theorien des Lernens und der Verhaltensmodifikation; Kommunikationsforschung.
- Im Vordergrund der *Förderdiagnostik* steht die Interaktion zwischen Lehrenden und Lernenden; das zur Diskussion stehende Kind wird – wie alle übrigen Personen – als integrierendes Unterganzes eines Kommunikationssystems gesehen. Im Gegensatz dazu liegt der Schwerpunkt der *Einweisungsdiagnostik* im Feststellen von Persönlichkeitsmerkmalen und -eigenschaften, also Defiziten und Schädigungen, die in der Person begründet sein sollen.
- *Förderdiagnostik* zielt nicht einfach auf Interventionen, welche der ‚systemkonformen' Zurüstung einer Person dienlich sind, sondern auch auf eine allenfalls notwendige Neugestaltung bzw. Veränderung des Interaktionssystems.
- Während *Einweisungsdiagnostik* Persönlichkeitsmerkmale und -eigenschaften in einen interindividuellen Vergleichsrahmen bringt (z. B. durch die Interpretation individueller Testergebnisse in bezug auf vergleichbares Datenmaterial anderer Individuen), wird in der *Förderdiagnostik* das Individuum mit seinem Verhalten im Bezugssystem seiner gegenwärtigen Lebensumstände und deren Anforde-

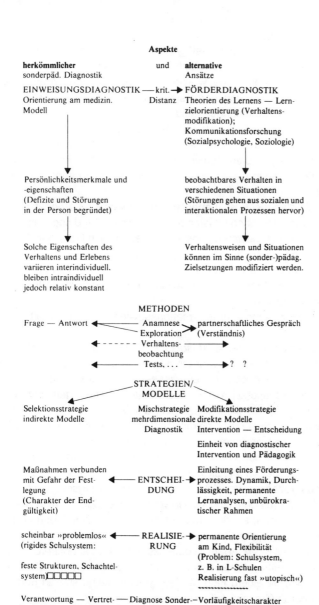

Aspekte herkömmlicher sonderpädagogischer Diagnostik und alternativer Ansätze.
(BUNDSCHUH, 1980, S. 47)

rungen gesehen, und ‚fest'-gestellt. Förderdiagnostik ist also auch an intraindividuellen Unterschieden interessiert.
- Wichtiger als die Frage, wie groß und welcher Art die Abweichungen von einer Erwartungsnorm sind, ist die Frage, über welche Wege derartige Abweichungen zustande kamen.
- *Förderdiagnostik* ist nicht ein Akt, sondern ein Prozeß. Durch kontinuierliche Situationsanalysen innerhalb (heil)pädagogischer Interventionen gilt FD als Begleit-Diagnostik, indem sie Fakten und Daten ermittelt, die in einem direkten Bezug stehen zu eben diesen Interventionen.
- *Förderdiagnostik* ist (Lebensraum)-diagnostik: sie findet an jenem Ort und unter jenen Umständen statt, wo ein Kind angeblich versagt hat oder sich bewähren sollte. Sie steht also in kritischer Distanz zu jeglichen konstruierten Testsituationen.
- Zur Vorgehensweise gehören Anamnese und Exploration nicht in Form eines ‚Frage-Antwort-Spiels', sondern in Form partnerschaftlicher Gespräche.
- Zentrale Methode zur Informationsgewinnung sind Verhaltensbeobachtungen.
- Während eine *Einweisungsdiagnostik* strategisch die Gefahr einer Selektions- bzw. Absonderungsfunktion beinhaltet, liegt der Vorteil der *Förderdiagnostik* in der Offenheit: Kind, Eltern und Lehrern wird der diagnostische Prozeß einsehbar (transparent) gemacht. Es wird, wenn immer möglich, vermieden, daß zwischen den Beteiligten so etwas wie ein Arzt-Geheimnis entsteht, mit dem Ziel, eine Einheit herzustellen zwischen diagnostischer Intervention und Pädagogik.
- Die Gefahr einer ‚Festlegung' durch die *Einweisungsdiagnostik* soll in der *Förderdiagnostik* durch die Einleitung eines ‚offenen' Förderungsprozesses vermieden werden. Förderungsdiagnostik befaßt sich nicht mit dem Abchecken vorhandener oder nicht vorhandener Eigenschaften, sondern mit der Analyse von Zuständen und Kommunikationssystemen.
- *Förderdiagnostik* erfaßt problemzentriert Interaktionsprozesse und ist durch ein systemanalytisches Vorgehen charakterisiert. Sie orientiert sich an einem Fluß-Modell, welches keine starren und unverrückbaren Grenzen aufweist.

Förderdiagnostik in der Heilpädagogik verlangt also neben der Kenntnis einer sog. ‚Normalentwicklung' auch Informationen über Verursachungsmomente und Formen der Beeinträchtigung und Möglichkeiten pädagogischer Interventionen nicht im Sinne einer Selektion, sondern einer Förderung im bestehenden System. „Die ursprünglich als Hauptaufgabe gesehene Diagnose als Entscheidung für bestimmte Maßnahmen meist selektiver Art wird abgelöst durch den Prozeß der Förderung. Diagnose und Förderung können nicht mehr getrennt gesehen werden, stellen eine Einheit dar und müssen permanent unter Einbezug der Umwelt und deren Interaktionen als Prozeß stattfinden. Somit müssen die Tendenzen im pädagogischen Bereich von einer Selektionsstrategie zu einer Modifikationsstrategie kommen, verstärkt und weiterentwickelt werden." (BUNDSCHUH, 1980, S. 46).

2.5 Methoden und Maßnahmen der Behandlung

Dieses Kapitel informiert Sie über
- grundsätzliche Fragen zu Methoden
- Zielsetzung in der Behandlung Behinderter
- gängigste Therapieformen

Der Begriff Methode ist aus dem Griechischen (methodos, meta hodos) abgeleitet und bedeutet soviel wie ‚nachgehen'; ‚der Weg zu etwas hin'. Für die heilpädagogische Arbeit suchen wir Antworten auf die Fragen, mit welchen Wegen wir bestimmte Ziele erreichen können. „Methoden der Behandlung sind darauf gerichtet, bestimmte, den Behinderungsstatus einer Person charakterisierende Merkmale aufzuheben oder doch so zu modifizieren, daß sie in ihren als negativ erachteten Auswirkungen in den Hintergrund treten. Es handelt sich in diesem Sinne um eine Akkomodation des Merkmalsträgers an eine erwünschte Norm und in Ausrichtung auf eine ebensolche Zielsetzung. Im Zentrum solchen Bemühens steht somit das Merkmal (der Fehler), welcher korrigiert werden soll. Behandlung (Therapie) findet ihr Ziel in der Heilung. Als geheilt gilt, wer kein störendes Etwas mehr ‚hat' und dem nichts als störend Empfundenes mehr ‚fehlt'. Behandlung kann sich entweder auf die Ursache eines Merkmals (einer störenden Symptomatik) richten oder aber – falls eine Kausalbehandlung nicht möglich ist – auf dessen störende funktionellen Auswirkungen. Wir können in diesem Sinne von schädigungsorientierter (kausaler) bzw. von behinderungsorientierter (funktioneller) Behandlung sprechen." (KOBI, 1983, S. 272).

Methode

schädigungs- oder behinderungsorientierte Behandlung

2.5.1 Heilpädagogische Übungsbehandlung

Als eine der wichtigsten heilpädagogischen Maßnahmen gilt die heilpädagogische Übungsbehandlung. Da alle heilpädagogisch Tätigen in ihrer Arbeit damit konfrontiert werden, sollen hier die wichtigsten Grundsätze dieser Behandlungsmethode in Anlehnung an VON OY/ SAGI (1984) dargestellt werden.

heilpädagogische Übungsbehandlung als Methode systematischer Hilfe

„Die heilpädagogische Übungsbehandlung ist eine Methode der systematischen Hilfe, die Behinderte, vornehmlich geistig Behinderte, befähigen soll, mit Hilfe von planvoll zur Auswahl angebotenem Material und Techniken neue Kenntnisse, Fähigkeiten und sinnvolle Verhaltensstrukturen aufzubauen. Durch ein ausgewogenes Angebot von Übungseinheiten sollen gezielt Handlungs- und Verhaltensbereitschaften sowie Haltungen in Einzel- und Gruppensituationen im Spiel und durch Spiel aufgebaut, entwickelt und gefestigt werden. Die Übungsbehandlung ist grundsätzlich auf die Gesamtförderung des Behinderten, also auf die Förderung seiner motorischen, sensomotorischen, sozialen, emotionalen und intellektuellen Fähigkeiten ausgerichtet. Dabei werden die individuell verschiedenen Möglichkeiten des Behinderten berücksichtigt." (VON OY, 1979, S. 116).

VON OY führt die Bedingungen für die Wirksamkeit der heilpädagogischen Übungsbehandlung auf, die in ihrer Gesamtheit hier wiedergegeben werden sollen:

1. Die Voraussetzung wirksamer heilpädagogischer Hilfe liegt darin, zum geistig Behinderten einen Zugang zu finden, eine persönliche Bindung aufzubauen, sie zu entwickeln und aufrechtzuerhalten.
2. Der Heilpädagoge muß den Behinderten akzeptieren, wie er ist, sowohl in seinem äußeren Erscheinungsbild als auch in seinem augenblicklichen Entwicklungsstand.
3. Der Heilpädagoge muß den Behinderten genau kennenlernen, im häuslichen Lebensbereich und in geplanten Spielsituationen. Die Beobachtungen werden protokolliert und durch Gutachten und Aussagen anderer Fachbereiche sowie weiterer Bezugspersonen ergänzt.

4. Der augenblickliche Entwicklungsstand des geistig Behinderten mit den ihm verbliebenen Funktionen und Fähigkeiten einschließlich des möglichen Fehlverhaltens verweist den Heilpädagogen auf die ersten Übungen.
5. Der Heilpädagoge muß das Spielverhalten des gesunden und behinderten Kindes unter entwicklungspsychologischem und lernpsychologischem Aspekt kennen.
6. Die umfassende Kenntnis, praktische Handhabung und sachgemäße Beurteilung des verfügten Spielmaterials für jedes Entwicklungsalter ist für die Durchführung der heilpädagogischen Übungsbehandlung unumgänglich.
7. Der Heilpädagoge muß eine breite Skala von unterschiedlichem Spiel- und Beschäftigungsmaterial kennen; die Auswahl richtet sich nach der Persönlichkeit des Behinderten.
8. Der Heilpädagoge muß aufgrund der persönlichen Kenntnis des geistig Behinderten und der dem Heilpädagogen bekannten mehrdimensionalen Diagnose seinen individuellen Behandlungsplan feststellen. Dieser wird in Behandlungseinheiten aufgegliedert und zu bestimmten Zeiten durchgeführt.
9. Jede Übung muß so aufgebaut sein, daß der Behinderte rasch zu einem Erfolg kommt, der vom Heilpädagogen erkannt und bestätigt wird.
10. Der Heilpädagoge muß den kleinsten Entwicklungsschritt registrieren, vertiefen und erweitern. Beim geistig behinderten Kind dauert es wesentlich länger, bis es einzeln geübte Entwicklungsschritte erreicht, die dann immer noch nicht mit den Entwicklungsschritten nichtbehinderter Kinder vergleichbar sind.
11. Die Übungen sollen dem Behinderten Freude machen und sich in fröhlicher Atmosphäre entwickeln.
12. Jeder einzelne Handgriff muß gezeigt und geübt werden. Dem geistig Behinderten dürfen nur Aufgaben gestellt werden, bei denen die zum Erfolg notwendigen Schritte überschaubar sind. Die Schwierigkeiten innerhalb eines stufenweisen, folgerichtigen Vorgehens müssen langsam gesteigert werden.
13. Die Übungen müssen ruhig und konsequent, gezielt und konzentriert angeboten werden. Die Anweisungen erfolgen in einfacher, verständlicher Sprache und Gestik.
14. Die geplanten Übungen müssen geändert werden, wenn das Kind unruhig oder gereizt wird. Die emotionale Sicherung des Kindes ist wichtiger als der Übungseffekt.

15. Soweit das behinderte Kind sich selbst bestimmen kann, muß es die Möglichkeit haben, Spielangebote anzunehmen, abzuwandeln oder abzulehnen.
16. Die Übungsbehandlung soll das Kind auch zu eigenem Suchen und Finden befähigen; der Heilpädagoge muß ihm den dazu nötigen Spielraum sichern.
17. Bei der Planung der Übungsstunde ist auf den sinnvollen Wechsel von Anspannung und Entspannung zu achten.
18. Kann sich das geistig behinderte Kind nicht mehr konzentrieren, so ist zu überlegen, ob der Übungsverlauf oder/und das Spiel- und Beschäftigungsmaterial geändert werden müssen. Allerdings auch im Wechsel des Materials ist Maßhalten notwendig.
19. Die heilpädagogische Übungsbehandlung muß zu festgesetzten Tageszeiten, zu denen der jeweilige Behinderte besonders aufnahmefähig und bereit ist, durchgeführt werden. Sie kann in Behandlungseinheiten von fünf bis sechzig Minuten, mindestens einmal in der Woche, höchstens viermal am Tag, durchgeführt werden. Je kürzer die Behandlungseinheit ist, um so häufiger sollte sie erfolgen. Als besonders günstig hat sich gezeigt: fünfmal dreißig Minuten in der Woche.
20. Der Verlauf der Übungsstunde muß protokolliert und bei der Planung der nächsten Übungsstunde berücksichtigt werden.
21. Die heilpädagogische Übungsbehandlung ist grundsätzlich auf eine Gesamtförderung des geistig Behinderten ausgerichtet: seine sensomotorischen, emotionalen und intellektuellen Fähigkeiten sollen geweckt, entwickelt und gefestigt werden. Die Übungsbehandlung führt über das Spiel zum Erwerb von Kulturtechniken und Verhaltensnormen mit dem Ziel der höchstmöglichen Autonomie (vgl. VON OY, 1979, S. 117f.).

Diese hier hauptsächlich für die Arbeit mit geistig Behinderten entwikkelte Methode enthält in ihren Grundaussagen wichtige Aspekte für die Gestaltung jeglicher Übungsbehandlungen bzw. jeglicher erzieherischer Arbeit mit Behinderten.

Allerdings sei nochmals darauf verwiesen, daß sich heilpädagogisches Handeln an dem Behinderungszustand und der damit verbundenen komplexen Situationsproblematik zu orientieren hat. Damit stellt sich für uns die Zielfrage für die Arbeit mit Behinderten als grundsätzliche Frage.

BACH setzt sich hinsichtlich der Zielfrage für die Arbeit mit Geistigbehinderten auseinander. Da diese Gedanken jedoch nicht nur für die Geistigbehindertenpädagogik relevant sind, sondern für jegliches heilpädagogisches Handeln bedeutsam sein können, soll hier kurz darauf eingegangen werden.

„Grundsätzlich läßt sich aus der Behinderung oder speziell aus dem Verhalten kein Ziel ableiten, sondern lediglich der Rahmen möglicher Ziele abstecken, allerdings ist selbst hierbei zu bedenken, daß vorliegendes Verhalten aufgrund bestimmter Zielvorstellungen entwickeltes Verhalten ist und nur bei optimalen Bedingungen mit gewissen Vorbehalten als Möglichkeit des Behinderten angesehen werden kann, in der Regel jedoch eher als Minimalrahmen gelten darf." (BACH, 1979, S. 20). Dabei dient als Ausgangspunkt für die Ermittlung von vertretbaren Erziehungszielen „die Beachtung der Lernmöglichkeiten des Behinderten, eine Analyse seiner gegenwärtigen und vermutlich zukünftigen Lebenssituation . . .". Hinzu kommt die Abwägung der Interessentwicklung des Behinderten einerseits und seiner Familie in der Gesellschaft andererseits, wobei die Berechtigung von Ansprüchen beider Seiten vorausgesetzt werden muß.

Bezüglich des für die Zukunft Wünschenswerten bedarf es neben den Gesichtspunkten eines Ausgleichs der verschiedenen Interessenlagen jedoch spezieller allgemeiner Vorstellungen von einem differenzierten gemeinsamen Leben. Wegen der möglichen Veränderung des Lernverhaltens, der anzustrebenden Verbesserungen und der Lebensgewohnheiten und der erforderlichen Korrektur der familiären und gesellschaftlichen Interessenlagen gegenüber dem Behinderten bedarf ein formaler Maßstab der geschilderten Art für die Zielsetzung permanenter Überprüfung und Korrektur (vgl. ebd. S. 21).

BACH spricht in diesem Zusammenhang von „Fehlzielen" und „realoptimistischen Zielen". Unter Fehlziele subsumiert BACH: **Fehlziele**
- Bloßes Wohlbefinden
- Bloße Unauffälligkeit
- Bloße Brauchbarkeit
- Vorführbarkeit

Realoptimistische Ziele stehen für BACH unter dem Leitziel der Selbstverwirklichung in sozialer Eingliederung. Dies soll unter den Zielaspekten der **realoptimistische Ziele**

- Mündigkeit,
- Erfülltheit,
- Tüchtigkeit,
- Lernfähigkeit,
- Integrationsfähigkeit

im Hinblick auf die besonderen Gegebenheiten beim Behinderten angestrebt werden (vgl. ebd. S. 21. f.).

2.5.2 Spieltherapie

Das Phänomen Spiel ist von verschiedenen wissenschaftlichen Disziplinen bezüglich seiner Bedeutung für die Entwicklung des Kindes dargestellt und ansatzweise auch untersucht worden und hat auch für die Therapie Bedeutung gewonnen.

Spieltherapie als Bestandteil der Kinderpsychotherapie

Die Spieltherapie ist ein wichtiger Bestandteil der Kinderpsychotherapie geworden. „Sie impliziert in der Regel eine Diagnose. Unter Psychotherapie wird eine Behandlung verstanden, bei der unter Verwendung bestimmter psychologischer Vorgehensweisen – die sehr unterschiedlich theoretisch begründet sein können – versucht wird, das sich in Verhaltensauffälligkeiten oder in körperlichen Störungen äußernde gestörte psychische Gleichgewicht wiederherzustellen, um Symptome durch positive Veränderungen von Verhalten und/oder Erleben zu eliminieren. Das geschieht in der Kinderpsychotherapie mit Hilfe des Spiels (ENGELMANN, 1968). Ziel ist eine spannungsfreie Lebensbewältigung hinsichtlich der mitmenschlichen Beziehungen, der Konfliktlösung und des angemessenen Leistungsverhaltens, u. U. auch charakterliche Umstrukturierung. Die Vorgehensweise der Spieltherapie ist das Spiel unter Benutzung der Sprache. Die Art und Weise des Spiels, das Spielzeugangebot und die Interpretation des Spielverlaufs sowie des Spielproduktes unterscheiden sich oft deutlich. Einhelligkeit besteht bei allen spieltherapeutischen Richtungen über die Bedeutung des Spiels als vornehmlich kindliches Medium." (FEND-ENGELMANN, 1978, S. 280).

psychoanalytische Spieltherapie

Als wichtigste spieltherapeutische Ansätze gelten:

– *Die psychoanalytische Spieltherapie*. Sie entstand aus der Psychoanalyse Erwachsener. Da jedoch die Bearbeitung des latenten

Trauminhaltes mit Hilfe von Assoziationen und Symboldeutungen unter sorgsamer Beachtung von Übertragung und Widerstand bei Kindern nicht möglich war, besann man sich anderer Methoden.

HARTMANN (1973, zit. n. FEND-ENGELMANN, 1978) nennt in Anlehnung an S. FREUD (1909) drei wichtige psychoanalytische „Funktionstheorien" des Spiels:
Das Spiel als *Alternativbefriedigung* (in der Realität nicht erreichte Befriedigung von Triebansprüchen werden im Spiel in gewisser Weise ermöglicht durch):
Spiel als motorische Abfuhr (dynamische Entäußerung originärer Triebe)
Spiel als Sublimation (meist Ersatzbefriedigung)
Spiel als Sublimation (mehr spiritualisierte Entäußerung)
Spiel als Substitution (synonym mit Kompensation)
Spiel als Katharsis (mittels motorischer Abfuhr oder Sublimation)

Spiel als Mittel der *Angstabwehr* kann beinhalten:
Umsetzung der Angst in Aktivität (Wiederholungzwang)
Angstüberwindung durch Vertröstung („symbolische Wunscherfüllung"),
Herausforderung der Angst im Spiel (Angstüberwindung durch Wendung von Passivität in Aktivität: „Identifikation mit dem Angreifer", z. B. Nachspielen der Zahnarztsituation u. ä.)

Spiel als *Mittel der Selbstgestaltung* im Sinne der Hilfe zur Ich-Stärke, der „Ich-Synthese" (ERIKSON, 1965, zit. n. FEND-ENGELMANN, 1978, S. 283).

- *Die nicht-direktive Spieltherapie.* „Sie geht aus den Begründungen ROGERS (1942) hervor, der das Individiuum als Kristallisationskern eines eigenen Erfahrungsfeldes sieht, da die Feldwahrnehmung als Selbstwahrnehmung reflektiert wird und so seine eigene Realität erhält. Der Organismus will sich demnach nicht nur selbst erhalten und erhöhen, sondern auch seine Bedürfnisse im Sinne der in seinem Erfahrungsfeld wahrgenommenen Befriedigungsformen erfüllen. Das zielgerichtete Verhalten geht mit Emotionen einher, deren Intensität um so größer wird, je besser die sie auslösenden Verhaltensweisen der Erhaltung und Erhöhung des Organismus dienen. Das Selbst ist nach ROGERS definiert als ein Teil des gesamten Wahrnehmungsfel-

nicht-direktive Spieltherapie

des, das sich nach und nach entwickelt. Positive Erfahrungen erhöhen das Selbst, negative schränken es ein oder bedrohen es." (FEND-ENGELMANN, 1978, S. 284).

AXLINE übernahm ROGERS hypothetisches Konzept in den wesentlichen Zügen für die Therapie eines autistischen Kindes. Sie hatte folgende Prinzipien:
Warmes, freundliches Beziehungsverhältnis Kind-Therapeut;
Akzeptieren des Kindes, so wie es ist (weder Lob noch Tadel);
Nicht-direktives Verhalten des Therapeuten (Gewährenlassen);
Erkennen und Reflektieren der kindlichen Gefühle (damit das Kind sich erkennen und für sich akzeptieren kann);
Achtung vor dem Kind (Vertrauen in seine Fähigkeit, mit den Schwierigkeiten fertig zu werden (,innere Sicherheit' nach TAUSCH);
Nicht-Einmischen des Therapeuten (das Kind zeigt den Weg);
Nicht-Vorantreiben der Therapie durch den Erwachsenen;
Begrenzung nach Notwendigkeiten (unter Heranziehung der Verantwortlichkeit des Kindes für bestimmte Handlungen).

Der Grundsatz der nichtdirektiven Spieltherapie scheint das Prinzip des Erkennens und Reflektierens der Gefühle zu sein, weil es dem Kind seine noch nicht zugänglichen Emotionen assimilieren hilft. (vgl. FEND-ENGELMANN, 1978, S. 285).

kindzentrierte Spieltherapie

– *Die kindzentrierte Spieltherapie.* Sie knüpft teilweise an ROGERS und AXLINE an. Sie enthält aber auch lernpsychologische Grundgedanken. Sie unterstellt, daß Kind und Therapeut einem bestimmten Reizangebot in der Spieltherapie ausgesetzt sind. In Spielsituationen werden Motivationsbedingungen, bisherige Lernvorgeschichte und damit gespeicherte Erfahrungen und Erwartungen aktualisiert. „Das Kind wählt Inhalte, denen es eine Bedeutung beimißt, und es entscheidet, ob die Wahrnehmungen mit seinen Erfahrungen übereinstimmen." (ebd. S. 286).

Stimmen Wahrnehmung und Erfahrung nicht überein, wird Aktivität in Gang gesetzt, um diese Inkongruenz abzubauen. Es werden Handlungsalternativen mobilisiert, wiederholt und kombiniert. Schließlich wird das Kind mit Hilfe von ausgewählten Reaktionen aus seinem Handlungsrepertoire versuchen, die Kongruenz zwischen Erwartungen und dem Handlungseffekt herzustellen. „Der

Therapeut ist durch die Grundprinzipien auf ein gewisses Verhaltensrepertoire festgelegt, mit welchem er die Handlungen des Kindes wertet und kenntlich macht, so daß das Kind sie wahrnimmt und ihm emotional und/oder kognitiv neue Reaktionen ermöglicht werden. Bis hierhin ist eine gewisse Übereinstimmung mit den Konzeptionen von ROGERS und AXLINE gegeben. Nun werden aber zusätzlich die Kentnisse über den Ablauf und die Selektionsmöglichkeiten von Lernvorgängen zur Hilfe genommen, da Lernen als Grundbedingung aller Verhaltensänderungen angesehen wird." (ebd. S. 286).

2.5.3 Musiktherapie

Die Bedeutung der Musik für heilpädagogische Arbeit ist heute unumstritten, dient sie doch in ihrer spannungsregulierenden Wirkung einerseits zur (Re)Aktivierung neuer Kräfte und fördert sie andererseits zwischenmenschliche Kontakte. SCHWABE (1972, S. 9) weist auf die Wirkung der Musiktherapie hin, wenn er schreibt: „Unter Musiktherapie sind psychotherapeutische Behandlungsmethoden zu verstehen, die bezwecken, mit verschiedenen Elementen der Musik und Musikgattungen sowie unterschiedlichen Formen des Musikrezipierens und der Musikbetätigung einen therapeutischen Einfluß im Sinne einer Aktivierung, spannungsregulierenden Wirkung, kontaktfördernden Beeinflussung oder Steigerung der Erlebnisfähigkeit."

KELLER spricht in diesem Zusammenhang von „elementarem Gruppenmusizieren" im Unterschied zur herkömmlichen chorischen Sing- und Musizierpraxis. Dieser Unterschied liegt demnach im musikalischen Interaktions- und Kommunikationsprozeß, in dem jeder Mitwirkende eine seinen musikalischen Wünschen und Fähigkeiten entsprechende Rolle oder Aufgabe erhält (vgl. KELLER, 1979, S. 154).

Nach KELLER bedarf die Unterscheidung von rezeptiver und aktiver Musiktherapie einer Differenzierung. „Man hat zwar schon den noch älteren, mißverständlichen Begriff ‚passive Musiktherapie', der für Hörtherapie verwendet wurde, durch ‚rezeptive Musiktherapie' ersetzt – in der richtigen Erkenntnis, daß auch Musikhören ein aktiver Vorgang ist – behielt aber den Ausdruck ‚aktive Musiktherapie' für das Musizieren in der Therapie bei. Es empfiehlt sich daher, auch diesen Terminus durch die . . . . Begriffe ‚produktive' und ‚reproduktive' Musiktherapie bzw. Musikausübung zu ersetzen." (KELLER, 1979, S. 154).

Für SCHWABE ist die durch das Anhören von Musik bewirkte therapeutisch angestrebte, emotionalgedankliche bzw. körperliche Reaktion rezeptive Musiktherapie. Mit dem Begriff ‚gerichtete Einzelmusiktherapie' soll eine zielgerichtete, auf eine bestimmte Indikation beruhende, Therapie bezeichnet werden (vgl. SCHWABE, 1972, S. 108 f.).

Eine differenzierte Darstellung einzelner Theorieansätze würde den vorgegebenen Rahmen des Buches sprengen. Deshalb soll in Anlehnung an SCHWABE (1972, S. 108) folgende Übersicht als Differenzierung der einzelnen musiktherapeutischen Verfahren angeführt werden:

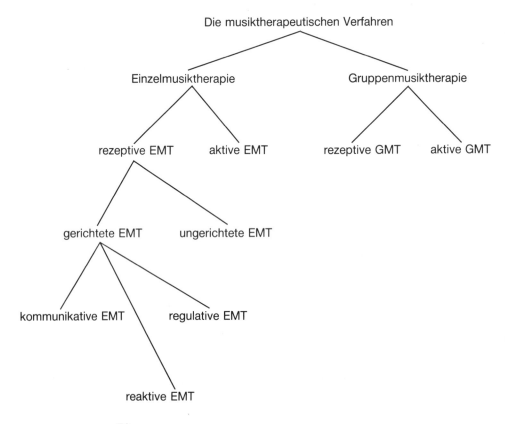

2.5.4 Verhaltenstherapeutische Methoden

Verhaltenstherapeutische Methoden zur Behandlung von lernbehinderten, sprachbehinderten, geistig retardierten und verhaltensgestörten Kindern wurden vor allem in den USA und in England entwickelt und schlugen sich im anglo-amerikanischen Sprachgebrauch in einer kaum noch zu überblickenden Fachliteratur nieder (vgl. umfangreiche Literaturanalysen, wie sie etwa enthalten sind in BANDURA 1969, KRAIKER 1979 und KUHLEN 1972). Seit Ende der sechziger Jahre gewinnt diese therapeutische Richtung auch in der Bundesrepublik und im deutschsprachigen Ausland zunehmend an Gewicht.

Verhaltenstherapeutische Methoden orientieren sich besonders an drei lerntheoretischen Prinzipien: *lerntheoretische Prinzipien*

- an der *‚klassischen Konditionierung‘*, deren Grundsätze bereits in den zwanziger Jahren durch PAWLOW und WATSON gelegt wurden,
- am *‚operanten Konditionieren‘*, das in den fünfziger Jahren vorwiegend von SKINNER und anderen systematisch entwickelt und experimentell eingesetzt wurde, und
- am *‚Modellernen‘*, zu dessen systematischer Entwicklung in der therapeutischen Anwendung vor allem BANDURA, WALTERS u.a. zu Beginn der sechziger Jahre beigetragen haben (vgl. SPRAU-KUHLEN, 1979, S. 162).

Ausgangspunkt der Verhaltenstherapie sind, in Anlehnung an die o.g. lerntheoretischen Überlegungen, klar definierte Verhaltensweisen. Im Sinne dieser Aussagen ist jegliches Verhalten – auch Problemverhalten – im Laufe der individuellen Entwicklung entstanden. Die Entstehung und Aufrechterhaltung von Problemverhalten wäre demnach mit den selben Gesetzmäßigkeiten, die für die Entstehung und Aufrechterhaltung „normalen" Verhaltens gelten, zu erklären. Somit gibt es keinen qualitativen Unterschied zwischen normalem und abweichendem Verhalten.   *Verhalten wird nach bestimmten Gesetzmäßigkeiten erlernt*

Das methodische Vorgehen der Verhaltenstherapie basiert auf dem Prinzip des operanten bzw. instrumentellen Konditionierens. Demnach ist die Stärke des Lernens abhängig vom *subjektiven Wert* und vom Zeitpunkt der Konsequenz auf ein Verhalten. Ein Verhalten, dem eine positive Konsequenz folgt, wird demnach verstärkt und tritt künftig mit höherer Wahrscheinlichkeit auf. Die positive Konsequenz bezeichnet man als positiven Verstärker. Ein Verhalten, das eine negative Konsequenz zur Folge hat, wird demgegenüber unterdrückt. Diese Theorie besagt jedoch auch, daß ein Verhalten dann, wenn es einen unangenehmen Zustand beendet, ebenfalls verstärkt wird und daher künftig in einer ähnlichen Situation die Auftretenswahrscheinlichkeit sich erhöht. Ein Verhalten, das dagegen einen positiven Zustand beendet, wird durch diesen Effekt ‚bestraft', d.h. die Wahrscheinlichkeit des Auftretens wird vermindert. Ein Reiz wird also dann ein positiver Verstärker, wenn die Verhaltensweise, auf die er folgt, in Zukunft häufiger Auftritt. Demnach läßt sich eigentlich erst im nachhinein feststellen, ob ein Reiz auch wirklich die Funktion eines positiven Verstärkers hatte.

Folgende Grundannahmen gehen verhaltenstherapeutischen Modellen voraus:

1. Verhalten läßt sich durch allgemeine Gesetzmäßigkeiten beschreiben bzw. voraussagen.
2. Diese Gesetzmäßigkeiten lassen sich in Experimenten überprüfen.
3. Ausgangspunkt für diese Theoriebildung ist dabei beobachtbares Verhalten.
4. Es wird angestrebt, quantitative Daten zu gewinnen.
5. Unter Lernen wird nicht nur schulisches Lernen, sondern auch der Erwerb aller Verhaltensweisen, Kenntnisse und Erwartungen aufgrund von Erfahrungen verstanden.
6. Ein Verstärker hat nicht immer dieselbe Wirkung auf das Verhalten. Manchmal scheint er seine Wirksamkeit vorübergehend zu verlieren, ein anderes Mal ist sein Bekräftigungswert sehr hoch.
7. Verhalten kann ‚gelöscht' werden; d.h. es wird nicht mehr gezeigt, wenn die erwarteten Verstärker ausbleiben. Je nach Lerngeschichte wird die Löschung beschleunigt oder verzögert, dabei gilt der Grundsatz: regelmäßig verstärktes Verhalten wird schneller gelöscht als unregelmäßig verstärktes Verhalten. Wurde also eine von uns als gestört bezeichnete Verhaltensweise mit einer niedrigen Rate gelegentlich verstärkt, dann wird sie noch lange ausgeführt, selbst wenn sie nun nicht mehr verstärkt oder nur selten verstärkt wird; d.h. die Löschungsresistenz ist sehr hoch.
8. Das Prinzip des Aufbaus neuer Verhaltensweisen durch graduelle Annäherung beruht darauf, daß Verhaltensweisen immer dann ver-

stärkt werden, wenn sie einem bestimmten Zielverhalten am nächsten kommen. Dabei wird immer die Verhaltensweise verstärkt, die zufällig dem Zielverhalten etwas näher kommt als die vorherige.

Prinzipiell werden in der Verhaltenstherapie zwei Anwendungsgebiete unterschieden:

- Verhaltensabweichungen, die dadurch bedingt sind, daß sie von dem betreffenden Kind als ‚angemessenes' Verhalten durch mangelnde Verstärkung nicht aufgebaut wurden. Diese Abweichungen stellen also im eigentlichen Sinne Verhaltensdefizite dar. Verhaltenstherapeutische Bemühungen zielen darauf hin, durch den Aufbau eines angemessenen Verstärkungssystems und den Ausbau einer geeigneten Stimuluskontrolle, dieses gewünschte Verhalten ‚aufzubauen'.
- Verhaltensabweichungen, die durch ständige Verstärkung seitens der Umwelt aufrecht erhalten werden und als ‚abweichend, auffällig oder gestört' klassifiziert werden. Hier würden verhaltenstherapeutische Bemühungen darauf abzielen, diese Verhaltensweisen zu reduzieren (vgl. SPRAU-KUHLEN, 1979, S. 165).

SPRAU-KUHLEN weist noch darauf hin, daß verhaltenstherapeutische Interventionen nicht nur eine Modifikation des aus der sozialen Gesamtsituation isolierten Kindesverhaltens zum Ziel haben, sondern „eine Modifikation der sozialen Interaktionsbedingungen und Kontingenzen, in denen das Verhalten des Kindes erscheint, also auch vor allem eine Modifikation der Einstellungen und des Verhaltens der Eltern, der Erzieher und der sonstigen „Umwelt" einschließen muß (ebd. S. 166). Hier schließt sich der Kreis, der davon ausgeht, das behinderte Kind nicht nur mit seinen behinderungsspezifischen Verhaltensweisen zu sehen und zu behandeln, sondern die als Behinderungszustand bezeichnete Gesamtsituation.

2.5.5 Sprachtherapie

Für KNURA/NEUMANN ist Sprachtherapie „die Gesamtheit der auf Beseitigung von Sprachstörungen und -behinderungen gerichteten Tätigkeiten". „Erstes und grundlegendes Ziel der Behandlung von Sprachstörungen ist es, diese zu beseitigen und den Betroffenen in die

Lage zu versetzen, einen ungestörten und normalen Sprachgebrauch zu entwickeln oder wiederzuerlangen." (1980, S. 161 f.).

Dieses Hauptziel teilt sich demnach in mehrere Teilziele auf:

1. Organische Gesundheit im Sinne der Abwesenheit von Krankheitsprozessen, sofern sie sich auf die Sprachfunktion auswirken, sowie im Sinne bestmöglicher organischer Vorbedingungen für den Vollzug von Sprachfunktionen. Dieses Teilziel wird häufig nur in Verbindung mit medizinischen Maßnahmen erreicht.
2. Seelische Gesundheit im Sinne einer bestmöglichen Lernbereitschaft, des Fehlens neurotischer Hemmungen und der Fähigkeit zur seelischen Verarbeitung nicht zu beseitigender Störungen.
3. (Re-)Sozialisierung im Sinne einer Einpassung in die Umwelt oder einer Anpassung der sozialen Umwelt an den Behinderten.
4. Altersgerechte, dem Persönlichkeitsniveau entsprechende und situativ angemessene Verfügbarkeit über Sprache (vgl. ebd. S. 161 f.).

Aufgrund der vielfältigen Ursachen und Erscheinungsformen von Sprach- bzw. Sprechbehinderungen ist auch eine Vielzahl von Therapiemethoden entstanden, die nur schwer einheitlich wiedergegeben werden können. Deshalb sollen hier nur einige Grundaussagen angeführt werden:

1. Pädagogische Sprachtherapie besteht aus Ingangsetzung, Motivierung und Führung von Lernprozessen mit dem Ziel der Korrektur von Störungen und Fehlentwicklungen.
2. Ein Großteil der Therapiemaßnahmen orientiert sich an lerntheoretischen Grundprinzipien, diese werden auch als ‚verhaltensmodifizierende Therapien' bezeichnet.
3. Darüber hinaus sind für bestimmte Sprachstörungen tiefenpsychologisch orientierte Therapieverfahren angebracht.
4. Die Lernprozesse der Sprachtherapie beziehen sich auf Sprachaufnahme, Sprachverarbeitung und Sprachproduktion, sowie auf Verhaltensweisen und Einstellungen, die das Sprechen, den Spracherwerb und die Sprachverwendung beeinflussen.
5. Sprachstörungen sollten nie isoliert, sondern nur zusammen mit ihrer Bedeutung für den betroffenen Menschen und seine sozialen Bezüge betrachtet werden. Die therapeutische Verantwortlichkeit des Sprachheilpädagogen ist deshalb nicht auf die isolierte Behebung des Sprachproblems beschränkt (vgl. ebd. S. 164 f.).

KNURA/NEUMANN setzen für erfolgreiche Sprachtherapie folgende Grundinformationen voraus:

- Kenntnis der Aufbauprinzipien des Regelsystems Sprache,
- Kenntnis der Voraussetzungen und Bedingungen des Sprachlernens und sprachlichen Handelns in verschiedenen Altersstufen und Lebensumständen,
- Kenntnis der altersspezifischen Lernprinzipien und -gesetzmäßigkeiten der für Spracherwerb und Sprachgebrauch wichtigen Leistungen,
- Kenntnis der Entwicklung von Persönlichkeit und Sozialverhalten,
- Kenntnis über Entstehung, Erscheinungsformen, Verlauf und Auswirkungen der Sprachstörungen,
- Kenntnis der störungsspezifischen Lernerschwerungen im sprachlichen und sensomotorischen, kognitiven und psychosozialen Bereich,
- Kenntnis der Wechselbeziehungen zwischen Sprachstörungen und Persönlichkeits- und Sozialentwicklung (ebd. S. 169).

2.5.6 Gegenüberstellung Therapie – Erziehung

Die zentrale Aufgabe heilpädagogischen Handelns liegt in der Erziehung und nicht in der Therapie. Dies gilt vor allem dann, wenn wir Heilpädagogik nicht nur symptomorientiert, sondern als am Behinderungszustand orientiertes Handeln verstehen. KOBI liefert uns in seiner Gegenüberstellung von Therapie und Erziehung einen wichtigen Beitrag zur Klärung der unterschiedlichen Ansätze (vgl. KOBI, 1983, S. 294–295).

Ausgehend von der im Erziehungsalltag oft gestellten Frage: Was macht man gegen . . .? (Lügen, Stehlen, Trotz, Bettnässen usw.) in Verbindung mit „gigantischen Heils-Antworten" so mancher Therapieansätze versucht KOBI, einige Klarstellungen herbeizuführen, die gerade für Erzieher, Sozialpädagogen und auch Heilpädagogen von großem Interesse sein dürften. Fragen wie die o. g. sollten legitimerweise einem Ingenieur oder Apotheker gestellt werden, Personen also, die man um ein technisches Verfahren oder um Rezepte angehen kann.

„Der Ausgangspunkt der Frage: ‚Was macht man gegen . . .' ist jedoch von derart unpädagogischer (außer-pädagogischer) Art, daß hierauf

schlechterdings keine pädagogische Antwort gegeben werden kann. Die genannte Frage geht von wenigstens vier pädagogisch unangemessenen Voraussetzungen aus:
- daß ein unpersönliches MAN (irgendwer) erzieherisch etwas Bestimmtes auszurichten vermöge
- daß sich das Erzieherische im Bewerkstelligen, im ‚Machen' und damit in einer bestimmten Tätigkeit zeigen müsse
- daß die Symptomatik und das Bedingungsgefüge irgendwelcher ‚Kinderfehler' derart einheitlich und personunabhängig sind, da sie mit gleichbleibenden Mitteln beeinflußt werden können
- daß die zum Einsatz gelangenden Mittel in ihren Wirkungen so berechenbar sind, daß sie, je nach Stärke und Umfang der störenden Symptome, dosiert verabreicht werden können (KOBI, 1983, S. 296).

In nicht seltenen Fällen werden – nicht nur an den Arzt – sondern auch an den Therapeuten und an den Erzieher derartige Erwartungen herangetragen, deshalb hier KOBI'S Gegenüberstellung.

THERAPIE	ERZIEHUNG
Therapie im klassisch-medizinischen Sinne ist „indikativ", d.h. sie beruht auf einer jeweils speziellen Indikation. Therapiebedürftigkeit hat Krankheit/Leiden zur Voraussetzung.	Erziehung ist „imperativ", d.h. aus der Seinssituation des Menschen heraus gefordert (aus biologischen, psychologischen, gesellschaftlichen Gründen). Erziehung kennt keine Frage der speziellen Indikation; Nicht-Erziehung wäre gleichbedeutend mit Verwahrlosung.
Therapie ist „additiv", d.h. sie hat den Charakter von etwas Zusätzlichem, Aufgesetztem, Außergewöhnlichem. Der Mensch ist nicht grundsätzlich therapiebedürftig.	Erziehung ist „immanent", d.h. in der conditio humana enthalten. Der Mensch ist grundsätzlich erziehungsbedürftig.
Therapie ist „sanitär", d.h. in ihrer Zielsetzung auf Gesundheit ausgerichtet (was immer als solche definiert werden mag).	Erziehung ist „edukativ", d.h. in ihrer Zielsetzung auf Erzogenheit/Gebildetheit ausgerichtet (was immer in der personalen, sozialen und kulturellen Perspektive darunter verstanden werden mag).
Therapie ist „restaurativ", d.h. es geht ihr um die Herstellung/Wiederherstellung eines im naturhaften Sinne normalen (individualen bzw. gattungsmäßigen Status).	Erziehung ist „innovativ", d.h. es geht um die Verwirklichung einer über den naturhaften Seins-Status hinausführenden Perspektive.

THERAPIE

Therapie ist „kausal", d. h. sie ist hinsichtlich der für sie wegleitenden Diagnostik an der Aufdeckung von (Störungs-)Ursachen interessiert.

Therapie ist „reperativ", d. h. sie bemüht sich in erster Linie um die Ausschaltung der zur objektivierbaren Krankheit und zum subjektiv empfundenen Leiden führenden Ursachen.

Therapie ist „objektiv", d. h. sie macht sich am Objektstatus des Patienten – zum Teil unter gezielter Ausschaltung des Subjekts – zu schaffen. Ihr Anwendungsfeld sind (Organ-)Systeme, die weitgehend außerhalb der direkten Einfluß- und Steuerungsmöglichkeiten der Personen stehen.

Therapie ist „medial", d. h. sie wird appliziert über Mittel (apparatlicher, instrumenteller, chemischer, mechanischer . . . Art).

Therapie ist „sporadisch", d. h.- sie tritt vorübergehend, zeitlich beschränkt, allenfalls intermittierend, in die Lebensvollzüge (eine „lebenslängliche Therapie" wäre nach diesem Verständnis eine contradictio in adjecto, eine Therapie, welche die sie definierende Zielsetzung der Heilung aufgeben muß, hebt sich selbst auf. Erhaltungsbemühungen, Pflege und Betreuung, sollten meines Erachtens aus dem Therapiebegriff ausgeklammert bleiben).

Therapie ist „partikulär", d. h. auf bestimmte Störungsherde gerichtet, und zwar auch dann, wenn diese durch multidimensionale Therapie angegangen werden.

Therapie ist „funktional", d. h. der Therapeut hat gegenüber dem Patienten bestimmte Funktionen wahrzunehmen, die keine personale Kommunikation unabdingbar zur Voraussetzung haben oder auf eine solche abzielen. Das Therapie-Objekt wird nicht selten sogar bewußt „exkommuniziert" (sei dies physisch über eine Narkose oder psychisch über das Arztgeheimnis).

ERZIEHUNG

Erziehung ist „final/prospektiv", d. h. sie ist hinsichtlich der für sie wegleitenden Diagnostik an der Aufdeckung von Förderungs-, Erziehungs-, Bildungsmöglichkeiten interessiert.

Erziehung ist „emanzipatorisch", d. h. sie bemüht sich in erster Linie um die Herausführung des Kindes aus dem Bannbezirk der Behinderungsfaktoren.

Erziehung ist „subjektiv", d. h. sie beschäftigt sich mit dem Menschen in dessen Subjektstatus. Ihr Betätigungsfeld sind Interaktionssysteme, die weitgehend innerhalb der direkten Einfluß- und Steuerungsmöglichkeiten der Personen stehen.

Erziehung ist „personal", d. h. „Mittel" treten hinter dem „Medium der Person" (BUBER) und der personalen Vermittlung in den Hintergrund.

Erziehung ist „kontinuierlich", d. h. immerwährend, zeitlich nicht auszusetzen. Sie findet vor, während, nach jeder Therapie statt. Fremderziehung geht dabei zunehmend und nach Maßgabe der Eigensteuerungsfähigkeit in Selbsterziehung über.

Erziehung ist „ganzheitlich", d. h. sie hat den Menschen umfassend auf sämtlichen Fähigkeitsbereichen anzusprechen.

Erziehung ist „interaktional", d. h. Kind und Erzieher agieren notwendigerweise in dichter, wechselseitiger Subjektivität auf einer gemeinsam herzustellenden Kommunikationsebene.

(Schematisierte Gegenüberstellung von Therapie und Erziehung nach KOBI, 1983, S. 294–295).

Die Tendenz, das Kind als ein zu ‚behandelndes Material' zu sehen und nach rezepthaften Mitteln zu rufen, wird gerade durch technisch-therapeutisches Denken verstärkt. Deshalb versuchte MOOR (1965) auf sehr einfache Art und Weise, uns Denkanstöße zu geben, wie wir in der (heil)pädagogischen Arbeit zu erzieherischen Fragestellungen zurückfinden:

„Was tut man dagegen? Wo immer wir so fragen, da bezeugen wir damit, daß wir uns gänzlich verloren haben an die veräußerlichende Gefahr, die in den Erziehungsmitteln liegt, und da müssen wir Schritt für Schritt zurückzugehen versuchen bis dahin, wo sich unserm Blick wieder die ganze Erziehungsaufgabe enthüllt!
Nicht:
>Was tut man dagegen?, sondern:
>Was tut man dafür?

Der Kampf gegen das Unrechte ist notwendig; wichtiger aber ist die Förderung des Rechten. Wer möchte noch Erzieher sein, wenn man bloß gegen und nicht für etwas sein könnte!
Nicht:
>Was tut man dafür?, sondern:
>Wie tut man dafür?!

Wichtiger als das Mittel, das man anwendet, ist die Art und Weise, wie man es anwendet.
Nicht:
>Wie tut man etwas dafür?, sondern:
>Wie tue *ich* etwas dafür?!

Erziehungsmittel sind nicht dazu da, um mir Erziehungsschwierigkeiten vom Halse zu schaffen, sondern ich bin dazu da, um die Erziehungsaufgabe auf mich zu nehmen und sie zu tragen . . .
Nicht:
>Wie tue ich etwas dafür?, sondern:
>Wie tun wir etwas dafür?!

Vater und Mutter, der Erzieher und seine Mitarbeiter, der Lehrer und seine Kollegen, sie müssen erst für sich selbst den Weg zur Gemeinschaft suchen; dann erst können sie dem Kind diesen Weg zeigen." (zit. n. KOBI, 1983, S. 298).

2.6 Pädagogisches Handeln des Erziehers in der Heilpädagogik

Dieses Kapitel informiert sie über
- Ansatzmöglichkeiten zu heilerzieherischem Handeln,
- Begegnungsstile als Grundsätze für erzieherisches Handeln,
- heilpädagogische Förderungsbereiche.

2.6.1 Ansatzmöglichkeiten für (heil)erzieherisches Handeln

Gehen wir von der Tatsache aus, daß der Ansatzpunkt für heilpädagogisches Handeln im Behinderungszustand (siehe Kap. 1) liegt, dann genügt es nicht, den Hauptakzent der Betrachtung auf die Behinderung oder den Defekt an sich zu legen. „Dieser bildet lediglich den Ausgangspunkt für das Behindertsein als einer anthropologischen Situation und deren psycho-sozialen Fokus und Perspektive." (KOBI, 1982, S. 19)

Behinderungszustand als Ansatzpunkt für heilpäd. Handeln

Eine heilpädagogisch relevante Behinderung zeigt sich dadurch, daß einerseits bestimmte Fähigkeiten des Kindes eingeschränkt sein können und/oder andererseits der Erwerb bestimmter Fertigkeiten erschwert bzw. völlig unmöglich ist. Grundsätzlich gilt jedoch, daß sich eine Behinderung stets direkt oder indirekt auf sämtliche Fähigkeitsbereiche auswirkt. Sie ist daher auch in dieser organischen Ganzheitlichkeit zu erfassen, wie sie vom Subjekt erlebt und gewissermaßen ‚hergestellt' wird." (vgl. ebd. S. 19).

ganzheitliche Betrachtungsweise

Mit KOBI (1982) unterscheiden wir folgende Fähigkeitsbereiche, die zusammenfassend dargestellt werden sollen, da sie auch Ansatzmöglichkeiten für erzieherisches Handeln bieten.

Unter *Psychomotorik* verstehen wir sämtliche Bewegungsformen, die dem Subjekt in hohem Maße verfügbar, von ihm steuerbar sind, und via Training weitreichende Differenzierungen und Spezialisierungen zulassen. Es handelt sich ferner um jene Bewegungskomplexe, die von unmittelbarer und/oder mittelbarer sozialpsychologisch-kommunikativer Bedeutung sind; sie enthalten zumindest soziale Intentionen und führen das Handlungssubjekt über sich hinaus auf den anderen oder das andere hin.

Psychomotorik

Perzeption *Perzeption* in dem hier gemeinten Sinne umfaßt nicht nur die physiologische und periphere Sinnestätigkeit, sondern auch die cerebrale und psychische Verarbeitung (Decodierung, Einordnung, Speicherung, Deutung . . .) von Sinnesdaten. Wir verstehen darunter nicht nur die Akte des Aufnehmens, sondern auch jene der Ausgabe: d. h. der Perzeptionalisierung, der Versinnlichung (von Gedanken, Vorstellungen, Assoziationen . . .), sowie des Umsetzens von Sinnesempfindungen von einem Sinnesbereich in den anderen und der perzeptiven Generalisierung von Empfindung und Wahrnehmung. Weiter geht es einerseits um Objektwahrnehmung und andererseits um Selbstwahrnehmung (eigene Körperempfindungen; Erfahrungen der Leibhaftigkeit in Raum und Zeit, zur Person- und Gegenstandswelt). Dies ist wiederum Grundlage für jede Art von Kooperation sowohl psychomotorischer, sprachlicher, kognitiver und affektiver Art, mit anderen.

Kognition Mit *Kognition* wird die Fähigkeit bezeichnet, Beziehung, Bedeutungen, Ordnungen und Sinneszusammenhänge zu erfassen und herzustellen. Dazu gehört vor allem Vergleichen, Abstrahieren, Kombinieren von Bewußtseinsinhalten, sachgemäße Urteile zu fällen und Schlüsse zu ziehen. Kognitive Leistungen sind zwar entwicklungspsychologisch-genetisch, nicht jedoch als spätere Einzelakte unmittelbar auf Perzeption, Psychomotorik und Sprache angewiesen. Sie umfassen vielmehr die Fähigkeit, auch nicht unmittelbar sinnhaft gegebene und handlungsmäßig präsente Verhältnisse und Beziehungen zu entdecken und zu erfinden.

Sprache Mit *Sprache* wird die Fähigkeit bezeichnet, Zeichen und Symbole (Mimik, Gestik; Figuren, Bilder; vor allem aber Lautsymbole in gesprochener und geschriebener Form) als solche zu erkennen, sie im Kontext zu deuten, zu verstehen (auf das Gemeinte hin zu reflektieren) und seinerseits darauf zu antworten: Zeichen setzend sich mitzuteilen, sich verständlich zu machen und als Teil eines übergeordneten Kommunikationssystems sich mit anderen auszutauschen.

Affektivität Als *Affektivität* wird die Fähigkeit bezeichnet, sich gefühlsmäßig und stimmungsmäßig ansprechen zu lassen, Gefühle und Stimmungen aufzunehmen. Dazu gehört auch, fremde Gefühle aufzunehmen, mitzuschwingen und sich umgekehrt gefühlsmäßig in situationsangemessener Form mitzuteilen.

Soziabilität bezeichnet die Fähigkeit und das Bestreben, fremde Bedürfnisse wahrzunehmen, sich widerfahren zu lassen und zu deuten. Sie umfaßt in Ergänzung dazu die Fähigkeit und das Bestreben, sich dem anderen zu erschließen, darzustellen und sich quasi einsichtig zu machen. Soziabilität meint Kommunikations- und Interpretationsfähigkeit mit Andersheiten aus der Person-, Gegenstands- und Ideenwelt. Soziabilität sollte nicht eingeengt werden auf Anpassungs-, Einordnungs- und Identifikationsbereitschaft. Intakte Soziabilität umfaßt neben diesen Formen der Bejahung und Zusage auch jene der Verweigerung des Widerstandes und der Veränderung (vgl. KOBI, 1982, S. 20).

Soziabilität

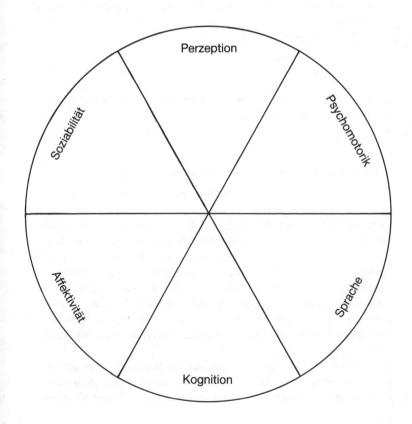

Im Falle einer Behinderung und einer damit verbundenen Einschränkung einer der o. g. Bereiche müssen deren Auswirkungen auf sämtliche Persönlichkeitsbereiche beachtet werden. Die hier theoretisch aufgeteilten ‚Strukturfelder' der Person stehen in einem engen gegenseitigen Bedingungszusammenhang. Ist ein Bereich beeinträchtigt, besteht die Gefahr, daß auch andere Bereiche davon betroffen sein können. Daraus läßt sich die Notwendigkeit ableiten, daß eben nicht nur dieser eine beeinträchtigte Bereich gefördert werden muß. Auf die Notwendigkeit einer ganzheitlichen Förderung muß immer wieder hingewiesen werden. Erzieher in der Heilpädagogik haben in diesen Bereichen ihre Aufgabe nicht in Form von „therapeutischen", sondern erzieherischen Ansätzen; daraus folgt:
– Nicht Gestaltung von Therapieverfahren bzw. ‚objektive' Veränderung (negativer) Merkmale – sondern Hilfen zur Daseinsgestaltung und Daseinsdeutung und Herstellung des psychosozialen Gleichgewichtes.

2.6.2 Begegnungsstile

Erzieherisches Handeln in der Heilpädagogik sollte sich von folgenden Begegnungsstilen leiten lassen:

Fördern durch fordern – der appellative Begegnungsstil

appellativer Begegnungsstil

Appelieren wird hier komplex im Sinne der vielen Bedeutungsnuancen von appello verstanden als:
Anreden, Ansprechen, Auffordern, Mahnen, Zur-Rechenschaft-ziehen, Um-Hilfe-Anrufen (z. B. zur Mitarbeit im Sozialisationsprozeß); Nennen, Benennen usw. Alle diese Teilaspekte ohne repressiven Charakter spielen integrativ verflochten oder auch einzeln als situative Umgangsakzente eine Rolle und kennzeichnen das Bemühen um ein richtig verstandenes, in jeder Erziehung unverzichtbares Fördern durch Fordern. Akzentuierungen dürfen bei dem hier gemeinten appellativen Begegnungsstil jedoch nicht zu negativ wirkenden Vereinseitigungen führen.
Bedeutsam scheint hier das ‚appellative Gespräch', die sachliche Auseinandersetzung mit neu eingetretenen Situationen und das Durchdenken und Verarbeiten einzelner Ereignisse und Gegebenheiten im

Leben des Kindes, Jugendlichen oder Erwachsenen. Wobei Gesprächsform und -inhalt abhängen von den jeweiligen individuellen Fähigkeiten des Edukanten.

Der konektive Begegnungsstil

Der Begriff konektiv, abgeleitet vom lateinischen conecto enthält Inhalte wie: Verknüpfen, Verbinden (meist innerlich), sowie Zusammenfügen.

Gute Voraussetzungen hierfür ergeben sich besonders zum Beispiel im Alltag familienergänzender und familienersetzender Einrichtungen. Ideenreich und kommunikationsintensiv lassen sich gerade zahllose Lebenssituationen vom Spiel bis zum Pflichtenkreis sozialagogisch vor allem für wichtige Individualeinflüsse nutzen. Vom akzeptierenden Umgangsverhalten bis zum gezielten Beratungsgespräch, von konfliktzentrierten Gruppengesprächen bis zu Rollenspiel und antizipierendem Verhaltenstraining für kritische Lebenssituationen bietet sich ein breites Spektrum an, im Sinne konektiver Zielsetzung.

konektiver Begegnungsstil

Der liberative Begegnungsstil

„Gerade die angestrebe indidviduelle Lebenstüchtigkeit im Gesellschaftsgefüge fordert neben dem appelativen und konektiven auch den liberativen Begegnungsstil.

Lösen aus der Bindung, seelisches Abnabeln, wie es natürliche Entwicklungsprozesse ohnehin mit sich bringen, Befreien im positiven Sinne, Freigeben in die Selbstentscheidung und Selbstverantwortung, zum Training der Verantwortungsfähigkeit sind aus dieser Sicht Hauptforderungen.

Der liberative Begegnungsstil soll und kann dies besonders leisten. Am lateinischen Wort libero orientiert, reicht dieses Befreien über Freimachen, Aufheben, Ungültig-Machen bis zum Lossprechen. Mit diesem Stil-Prinzip ist also ein sehr totaler Anspruch gestellt.

Komplex gesehen ist dadurch nicht nur der natürliche oder der professionelle Erzieher aller Aufprägung täglich gefordert, sondern jedes Mitglied der Gesellschaft trägt diesbezüglich Verantwortung, z. B. dem schwirigen Kind, dem Andersartigen, dem Rand- und Außenseiter vorurteilsfrei eine Chance zu geben." (vgl. HISCHER, 1981, S. 322 f.).

liberativer Begegnungsstil

Mit Recht weist HISCHER darauf hin, daß diese Begegnungsstile „integriert in ein agogisches Gesamtkonzept, . . . intensiv und differenziert mit speziellen, aber ebenso mit ganz alltäglichen Zielgruppen" Anwendung finden können.

MEINERTZ/KAUSEN (1981) verweisen auf die „pädagogische Haltung" des Heilerziehers, die geleitet sein soll von Geduld, Abstand und kritischer Aufgeschlossenheit. In der heilpädagogischen Arbeit stellen sich nicht so schnell Erfolge ein, wie viele Erzieher sich vielleicht erhoffen. Man vergißt, daß bedingt durch die unterschiedlichsten Einschränkungen bzw. Behinderungen, Förderung und Veränderung von Verhaltensweisen häufig nur in kleinen Schritten möglich sind.

Heilpädagogische Methoden sind grundsätzlich nicht „von jenen der üblichen Erziehung und Bildung" zu unterscheiden. „Unterschiede ergeben sich allerdings dadurch, daß – je nach Behinderungssituation – einerseits bestimmte Erziehungsmittel und Unterrichtsformen einen Wirkungsverlust erleiden und zum Teil völlig unbrauchbar werden, und daß andererseits spezielle Maßnahmen sich aufdrängen, um einem beeinträchtigten Erziehungsverhältnis gerecht werden zu können.

Die Notwendigkeit derartiger Modifikation didaktischer und methodischer Art ist zum Teil von vornherein evident (die visuelle Veranschaulichung fällt im Blindenunterricht weg und muß durch andere Formen ersetzt werden), in anderen Fällen werden jedoch in sturer Konsequenz inadäquate Erziehungsmittel eingesetzt (z. B. Appelle an den sogenannten Guten Willen, wo kaum ein solcher vorhanden sein kann)". (KOBI, 1982, S. 27).

2.6.3 Psychomotorische Förderung

So scheint neben den alltäglichen Erziehungsaufgaben für den Erzieher der Aufgabenbereich der Förderung einzelner Fähigkeitsbereiche ein zentrales Betätigungsfeld zu sein. Wobei jegliche Förderung immer vor dem Hintergrund einer ganzheitlichen Erziehung zu geschehen hat.

Förderung als Entwicklung von Basis-Funktionen

Nach KOBI (1982) umfaßt *Förderung* sämtliche Bestrebungen, welche, von den verschiedenen Fähigkeitsbereichen ausgehend, Basis-Funktionen zu entwickeln versuchen. Förderung ist – in Ergänzung zu einer gegen den Fehler gerichteten Therapie – um das Fehlende bemüht. Sie ist fähigkeitsbezogen, im Unterschied zu einem (später daraus zu entwickelnden) ‚klinischen' Unterricht, in welchem es bereits um die

Vermittlung schulisch bedeutsamer Grundtechniken bzw. eines nach fachlogischen Prinzipien geordneten Wissens geht.

Zur psychomotorischen Förderung gehören Beziehungen des Körpers zu Raum und Zeit ebenso wie Koordination und Sicherheit im Bewegungsablauf. „Vom erzieherischen Standpunkt aus geht es dabei in erster Linie um das Bereitstellen von Situationen mit stark motivierendem Aufforderungscharakter, die das Kind zur Bewegung und damit zum Umgang mit seinem Körper und dessen Bewegungsvermögen sowie mit Personen und Objekten herausfordern. Bewegungserziehung muß als organisiertes Prinzip und als manifester Bestandteil in eine jede Erziehung einbezogen werden, dies jedoch insbesondere bei dem in seiner Entwicklung beeinträchtigten Kind. Je nach Alter und Entwicklungsstand bzw. nach Grad und Umfang der Beeinträchtigung wird man dabei unterschiedlich vorgehen und verschiedene Schwerpunkte setzen müssen. Bewegungserziehung ist jedoch nur dann als sinnvoll zu bezeichnen, wenn sie als zweckfreie und lustvolle Betätigung vom Kind erlebt wird und sich an den Bedürfnissen und Interessen des Kindes orientiert. Von daher bieten sich besonders die Ebenen des Spiels und des Sports an." (PAPENKORT, 1978, S. 375).

psychomotorische Förderung

Es soll also eine Verbesserung der Bewegungseigenschaften und die Ausbildung von Bewegungsfertigkeiten über grob- und feinmotorische Koordinationsübungen, sowie durch organ- und muskelbeanspruchende Konditionsübungen erstrebt werden. „Die Ausbildung des Bewegungsvermögens zu voller Funktionshöhe zielt jedoch nicht ab auf eine einseitige quantitative Leistungssteigerung, sondern ist stets in dem qualitativen Aspekt der individuellen Persönlichkeitsentfaltung untergeordnet." (ebd. S. 376).

individuelle Persönlichkeitsentfaltung

In spielerischer Weise kann das Kind seinen Körper und dessen Bewegungsmöglichkeiten erfahren (Klettern, Springen, Laufen, Kriechen, Schaukeln, usw.). Gewandtheits- und Geschicklichkeitsspiele an feststehenden Geräten oder mit beweglichen Gegenständen sollen hinreichend Anreiz bieten zur Förderung grob- und feinmotorischer Koordination und aufgrund ihres vielseitigen organ- und muskelbeanspruchenden Charakters auch auf eine Verbesserung der Kondition zielen.

Es sei noch darauf verwiesen, daß je nach Ausprägungsgrad von Koordinations-, Haltungs- und Organleistungsschwächen in vielen Fällen nur in Zusammenarbeit mit krankengymnastisch geschultem Personal Förderungsangebote gemacht werden sollten. Entsprechende Hinweise finden wir bei BLUMENTHAL (1973); Diem (1973); FROSTIG (1973).

Rhythmik und Musik in der Heilpädagogik
Die Bedeutung von Rhythmik und Musik in der heilpädagogischen Arbeit ist inzwischen unbestritten, dienen sie doch als Hilfen zur Kontaktaufnahme zum behinderten Kind. Wir können es aus der ‚Isolation' heraus zu einem Erleben seiner selbst und der Umwelt führen. „Laufen, kriechen, krabbeln, sich bücken und aufrichten, springen, hopsen, sich drehen, klettern, sind Bewegungsübungen, die durch den sinnvollen Einsatz von Rhythmikmaterial und Musikinstrumenten spielend durchgeführt werden können.

Diese Übungen lassen sich in fünf Gruppen einteilen – je nach Fähigkeiten, die dadurch geweckt, entwickelt und gefördert werden:
- *Ordnungsübungen:* Dazu gehören Übungen im freien Raum, im beschränkten Raum, Ordnung in Dingen, in Funktionen (unterbrechen, umschalten und durchhalten können), in der Sprache.
- *Konzentrationsübungen:* Dazu gehören akustische, visuelle, taktile und kinästhetische Konzentrationsübungen.
- *Gedächtnisübungen:* Sie erfolgen in drei Stufen: Erleben, Erkennen, Benennen.
- *Phantasie- und Spielübungen:* Dazu gehören das Hantieren, Experimentieren, Konstruieren, Gestalten.
- *Soziale Übungen:* Sie befähigen das Kind zur Einordnung, Unterordnung und Überordnung. (vgl. VON OY/SAGI, 1984, S. 144).

2.6.4 Perzeptionstraining

Hierzu gehören vor allem Übungen im visuellen, auditiven und Taktilkinästhetischen Bereich. Dabei scheinen folgende heilerzieherische Fragen bedeutsam zu sein: Welche Reize kann ein Kind ‚objektiv' sowohl qualitativ als auch quantitativ aufgrund seines perzeptiven Systems aufnehmen. Wie kann es diese Reizkonfiguration ‚subjektiv' aufgrund seiner individuellen Verarbeitungsmöglichkeiten umwelt- und handlungsorientiert umsetzten?
Das Schema von KOBI auf den Seiten 88/89/90 soll Ansatzpunkte für erzieherisches Handeln liefern.

Heilpädagogisch von Bedeutung ist die Tatsache, daß die „perzeptiven Systeme nicht weniger, aber auch nicht mehr sind, als eine Möglichkeit zum Sehen, Hören, Tasten usw. Ob, wie weit und in welcher Art sie situativ und temporal ergriffen, realisiert und ausgeschöpft wird, ist entscheidend von sozialen und personalen Erfahrungen, Mustern, Interessen, Bedürfnissen usw. abhängig.
Heilpädagogisch von Interesse ist nicht das Wahrnehmen-können aufgrund regulärer instrumenteller Ausstattung, sondern das Wahrnehmen subjektiv über das perzeptive Instrumentarium und der individuell unterschiedliche Einsatz. Es geht also um die Realisierung vorhandener Möglichkeiten.

2.6.5 Förderung der Sprachentwicklung

Sprachförderungsprogramme können aufgrund der kaum faßbaren Komplexität des Phänomens Sprache und der damit verbundenen Beeinträchtigungen hier kaum umfassend dargestellt werden. Hier sei auf die entsprechende Fachliteratur verwiesen.
KOBI zeigt Begrenzungen auf, die bei allzu eng gefaßten Definitionsversuchen und den davon abgeleiteten Therapie- und Fördermaßnahmen entstehen können.

zu eng gefaßte Therapie- und Fördermaßnahmen

– Begrenzungen, welche Sprach-Behinderungen von vornherein auf Lautsprachbehinderungen einschränken. Damit fällt der sowohl sprachgenetisch, entwicklungspsychologisch, sozialpsychologisch, nicht zuletzt aber auch der heilpädagogisch (man denke diesbezüglich etwa an hörgeschädigte, an manche autistische, an mutistisch-geistigbehinderte oder intensiv sprechmotorisch behinderte Kinder) eminent wichtige Bereich der nonverbalen Kommunikation ebenso wie jener des „beredten Schweigens" außer Betracht.

– Begrenzungen, aufgrund derer Sprach-Behinderungen von vornherein auf die objektivierbaren, vorzugsweise organischen funktionellen Anomalien eingeschränkt werden. Dadurch wird der existentiell bedeutsame Aspekt der nicht person- und situationsgemäßen Sprachbehinderung – z.B. des soziokulturell benachteiligten oder des fremdsprachigen Kindes und die mit deren Sprachsituation verbundene Identitätsproblematik – außer acht gelassen.

	Gesichtssinn	Gehörsinn	Tastsinn	Körpersinn (zusammenfassende Bezeichnung für die meist nur unterschwellig bewußten Wahrnehmungen der Position, der Schwere, der Richtungsänderung, der Ausdehnung und Begrenzung, der physiologischen Bedürfnisse usw. der personalen Leiblichkeit)	Geschmackssinn	Geruchssinn
Modalitäts- spezifische Leistungsstufe						
– Sinnesorgan	visuelles System: das Auge und die damit verbundenen cerebralen Zentren	auditives System: das Ohr und die damit verbundenen Zentren	taktiles System: die Haut und die damit verbundenen neutralen und cerebralen Systeme	Gleichgewichtsorgan; Muskeln, Sehnen, Gelenke; innere Organe und diverse z. T. subjektiv nicht präzis lokalisierbare Organsysteme	Zunge, Gaumen und die damit verbundenen neutralen und cerebralen Systeme	Nasenhöhle und die damit verbundenen neutralen und cerebralen Systeme
– Reiz	optisch (Lichtwellen zwischen 400–760 milli-μ	akustisch (Schalldruckwellen zwischen 20–20 000 Hz)	haptisch (Druck-, Temperaturdifferenzen)	Muskelkontraktionen; Beschleunigungen, Lageveränderung; mechanische, chemische, physikalische Reize	Lösungen	gasförmige Stoffe
– Wahrnehmungsmodalität	Sehen. Aspekthafte Ausschnitte im Wachzustand; auch aus dem Fernraum	Hören. Kugelförmig und permanent; auch aus dem Fernraum	Tasten. Aufbau von Sukzessivgestalten im Nahraum	meist unterschwellig-diffus und nicht exakt lokalisierbar. Nur bei Überschreiten von Belastgrenzen ins Bewußtsein tretend	Schmecken im oralen Nahbereich	Riechen im Nahbereich
– Wahrnehmungsaktivität des Subjekts	Augen-, Kopf-, Körperbewegungen	Kopfbewegungen	Tastbewegungen	meist keine willkürliche Aktivität	Zungen-, Kieferbewegungen	Inhalieren; schnuppern
– Reizverarbeitung	visuell	auditiv	taktil (-kinästhetisch)	via allgemeines „Befinden" und Existenzgefühl. Via Körperbewußtsein, Körperschema, Orientierung im Koordinatensystem	gustatorisch	olfaktorisch
– Orientierung über ...	Lage, Bewegungen und Form von Objekten im Raum, Farben, Schattierungen, Tiefen, Distanzen	Geräusche, Klänge, Töne, Sprache, Raumlage und Entfernungen von Schallquellen	Größe, Form, Konsistenz, Oberflächenbeschaffenheit von Körpern	Allgemeine Befindlichkeit Homöostase; Stellung, Ort, Bewegung, Lageveränderung, Geschwindigkeit, Schwer- und Fliehkräfte, Gewichte, Objekt/Subjektgrenzen usw.	Geschmacksqualitäten: süß, sauer, bitter, salzig. Genießbarkeit	Düfte, Genießbarkeit; eventuell Gifte
Modalitätsspezifische Funktionsausfälle und Irregularitäten	diverse Formen und Grade von Sehbehinderungen bis hin zur Blindheit	diverse Formen und Grade von Hörbehinderungen bis hin zur Gehörlosigkeit	diverse Formen und Grade von taktilen und Sensibilitätsstörungen und -ausfällen	diverse Formen und Grade von Störungen bezüglich Gleichgewicht, Organempfinden, physiologischen Reizen (Schmerz, Hunger, Durst usw.)	Störungen/Ausfälle des Geschmacksempfindens	Störungen/Ausfälle des Geruchsempfindens

Supramodale Leistungsstufe			
– Intermodalität	verstanden als Fähigkeit, die Daten aus verschiedenen Sinnesbereichen situativ miteinander in Beziehung zu setzen, ihre gemeinsame Gegenstandszugehörigkeit zu erfassen und sie schließlich auch vorstellungsmäßig miteinander zu verbinden und zu koordinieren		
– Serialität	verstanden als Fähigkeit, Reizfolgen temporal miteinander zu verbinden und als ein zusammengehöriges Ganzes aufzufassen, Reihungsprinzipien und Abfolgen zu erkennen und zu produzieren		
– Bedeutungsverleihung und subjektive Steuerung	verstanden als eine bereits kognitive Fähigkeit, einem Stellvertretungsprinzip gemäß Zeichen und Symbole zu verstehen, in Sinnbezirken zu orten, einzugliedern und umgekehrt zeichengebend und bedeutend sich mitzuteilen		
Störungen und Irregularitäten bezüglich der subjektiven Wahrnehmungsverarbeitung, -steuerung und -kontrolle			
– Hyposensibilität	mangelhafte visuelle Reizbeachtung („hinwegsehen" über Dinge/ vage, fragmentarische, zufällige Erfassung	„überhören" akustischer Reize und entsprechend vage, fragmentarische, zufällige Erfassung	verminderte Beachtung von Berührungs-/ Tastempfindungen (sich anstoßen, verbrühen, schneiden usw.)	z. B. mangelhafte Registratur von Schmerzen und somatisch-physiologischen Bedürfnissen (z. B. Hunger als Appetit; Blasenspannung als Bedürfnis zum Wasserlösen usw.)	verminderte/gestörte Geruchs-/Geschmacksempfindlichkeit (z. B. Erde, Kot, Stoff usw. essen)
– Hypersensibilität	Gesteigerte, faszinative oder aversive Reaktionen auf (zum Teil sehr spezielle) Reize				
	z. B. glitzernde Gegenstände	z. B. bestimmte Tonfrequenzen (z. B. Schreien anderer Kinder)	z. B. Pelze, Filze, Fädchen usw. Berührungsscheu gegenüber klebrigen, schmierenden Materialien	z. B. überschießende Reaktionen (unter Umständen catastrophic reactions); Idiosynkrasien.	spezielle Reize, Überreaktionen z. B. Übelkeit, Erbrechen auf bestimmte Gerüche und Geschmacksqualitäten

	Gesichtssinn	Gehörsinn	Tastsinn	Körpersinn	Geschmackssinn/Geruchssinn
– Figur-Grund-Differenzierungsschwierigkeiten	z. B. figuralen Details in strukturiertem Hintergrund (Heraussuchen von Gegenständen, Bild- und Figurelementen)	z. B. btr. Tönen, Melodie oder Sprachelementen in Gesamtkomplex oder bei Hintergrundgeräuschen	z. B. beim Ertasten von Oberflächendetails	z. B. Körperschema- und Körperimagostörungen, mangelhafte Registratur btr. Position und „Befindlichkeit" des Körpers oder von Teilen desselben; psychomotorische Adaptationsschwierigkeiten an wechselnde Umweltanforderungen; Probleme der Ortung im Koordinationssystem usw.)	z. B. einen bestimmten Duft/Geschmack aus einer Speise herausspüren
– Lokalisationsschwierigkeiten	Lagemerkmale einer Figur beachten	Richtungshören	z. B. Gewichtsunterschiede lokalisieren beim Ausbalancieren		z. B. Geruchsquellen finden
– Formunterscheidungsschwierigkeiten	Gegenstands-, Bild-, Figurunterscheidungen nach visuellen Merkmalen	Melodien, Klopfrhythmen, Geräusche, Stimmen, Sprechdynamik usw. unterscheiden	taktile Gegenstandsunterscheidungen im Dunkeln, im Krabbelsack usw.		Geruchs- und Geschmacksqualitäten und -intensitäten differenzieren
– Gestaltaufbauschwierigkeiten	z. B. beim Nachzeichnen, Ausmalen, Zeichnen, beim Bauen, Modellieren, Zusammensetzen usw.	z. B. beim Nachsprechen, -singen	z. B. beim Nachahmen von Bewegungen		
– Schwierigkeiten in der Hierarchisierung der Stimuli	z. B. „Rote Ampel" ist wichtiger als über die Straße rollender Ball	z. B. auf die Anweisungen des Lehrers hören	z. B. Schubs durch Nachbarn durch Beachtung von dessen Mimik und Entschuldigung in seiner Bedeutungslosigkeit erfassen		z. B. sich durch Sättigungsgefühl vor einem „Überessen" abhalten lassen
– Schwierigkeiten btr. Wahrnehmungsverbindung	z. B. Ofen-heiß/Glocke-läuten/Zunehmendes Motorengeräusch-sich nähernde Autos/u.a.m.				

Wahrnehmungsbereiche, Wahrnehmungsorganisationsstufen und Wahrnehmungsstörungen (nach KOBI 1983, S. 146–148)

– Begrenzungen, welche Sprach-Behinderungen zwar im psychophysischen Funktionsganzen des Sprachorganismus ansiedeln, dabei jedoch Bereiche unberücksichtigt lassen, welche nicht unmittelbar der „Oralität" angehören. – Erst in jüngerer Zeit begann sich diesbezüglich die Erkenntnis durchzusetzen, daß Sprach-Behinderungen keine topologische Einschränkung auf den Artikulations-, Stimm- und Atmungsapparat gestatten, da auch schon bei einfachsten Sprechakten perzeptive (neben den auditiven auch visuelle und taktil-kinästetische), kognitive, umfassend psychomotorische, sowie affektive und soziale Faktoren mitbeteiligt sind.

– Begrenzungen, durch welche Sprach-Behinderungen von vornherein auf den Kreis von Individuen eingeschränkt werden, die an einer (scheinbar) isolierten Sprachbehinderung leiden, als wären Perzeption – Sprache – Intelligenz nebeneinanderliegende, gesondert zu betrachtende „Gegenstände" und nicht vielmehr Konstrukte und Sichtweisen menschlichen Verhaltens.

– Begrenzungen, aufgrund derer die Problematik von vornherein exklusiv im und am sogenannten „Patienten" geortet wird und in Konsequenz hierzu die Kommunikationsschwierigkeiten – im Grunde genommen völlig sprachwidrig – monologisch, statt dialogisch angegangen werden... Heilpädagogisch geht es nicht nur darum, einem behinderten Kind Sprache zu vermitteln, sondern auch – via Beratung und Modellernen – die nähere Mitwelt mit diesem Kind angemessen sprechen und kommunizieren zu lehren.

– Begrenzungen, über welche die Rehabilitationsbemühungen polarisiert und in der Folge in beziehungslose Territorien einer organisch-funktionell orientierten medizinisch-logopädischen Therapie einerseits und einer lernpsychologisch orientierten erzieherisch-unterrichtlichen Sprachheilpädagogik andererseits aufgespalten werden.

– Begrenzungen, aufgrund derer Sprachheilpädagogik und Sprachtherapie sich von vornherein beschränken auf die Arbeit an der Sprache (ihres Schülers bzw. Patienten), wodurch die gleichfalls kommunikationsbedeutsame Arbeit mit der Sprache (z.B. im Sinne einer Erziehungsberatung oder Gesprächstherapie) ausgeklammert wird. Hier wird die Tatsache negiert, daß jede Sprachtherapie und -erziehung nicht nur am, sondern mit dem Medium arbeitet... (vgl. KOBI, 1983, S. 162f.).

ganzheitliche Betrachtungsweise im intra- und interpersonellen Sinn

Daraus ergibt sich eine „ganzheitliche Betrachtungsweise" sowohl im intrapersonellen, wie auch im interpersonellen Sinne: Das heißt, Sprache realisiert sich – gleichgültig über welche Störungsmuster, in welcher Behinderungsform, auf welcher Ausdrucksstufe – intrapersonell als eine Leistung, an welcher sämtliche Fähigkeitsbereiche beteiligt sind –, und Sprache ist wesensmäßig dialogisch und daher in einem interpersonellen Beziehungsnetz zu orten. Sprache schafft nicht nur Beziehung, sie ist bereits Beziehung." (ebd. S. 168).

2.6.6 Förderung von Lernprozessen innerhalb und zwischen intrapersonalen Fähigkeitsbereichen

Hier wird der Zusammenhang einzelner Fähigkeitsbereiche im Sinne eines ganzheitlichen Förderungsansatzes verdeutlicht. Für die Heilpädagogik bedeutet dies, daß Behinderungen bestimmte Fähigkeiten eines Kindes schmälern und dadurch den Erwerb und die Ausbildung von Fertigkeiten, die für die personale und soziale Lebensgestaltung von Bedeutung sind, erschweren oder in bestimmten Bereichen völlig unmöglich machen. „Unser Augenmerk richtet sich demnach auf *funktional, personale Beeinträchtigungen des Subjekts* und nicht auf Schädigungen des Objekts. Beispiel: Heilerzieherisch ausschlaggebend ist nicht der medizinische Sachverhalt (Glaskörpertrübung, Netzhautablösung, Katarakt usw.) sondern der Umstand, daß ein Kind (aus welchen Gründen auch immer) keine visuellen Erfahrungen machen kann und sich in einer von Sehenden für Sehende erfaßten, eingerichteten und dargestellten Welt merkwürdig verhält und präsentiert." (KOBI, 1983, S. 138).

Heilerzieherisch von Bedeutung ist:

– nicht die objektive Schädigung an sich, sondern der Umstand, wie sich diese Schädigung intra- und interindividuell ausprägt;
– nicht der Zustand, der medizinisch oder juristisch als Behinderung definiert wird, sondern der daraus folgende Behinderungszustand.

Dies ist individuell verschieden und muß für den Einzelfall immer neu abgeklärt werden.

zur / von der	Psychomotorik	Perzeption	Sprache	Kognition	Sozialität
Psychomotorik	*Psychomotorisches Training* Koordination (einschließlich Rhythmus, Flexibilität, Geschwindigkeit, Geschicklichkeit, Kraft, Gleichgewicht, Ausdauer (nach *Frostig*)	Durch Bewegung Geräusche erzeugen, Figuren laufen, mimen, malen. Durch Bewegung Raum- und Zeitdimensionen erschließen	Bewegungsabfolgen in Sprache fassen, beschreiben, (va. auch am eigenen Körper). Von Bewegungen zu Sprechrhythmen (z. B. bei Zählakt und arithmetischen Operationen) lautes Sprechen	Bewegungen „verinnerlichen", sich vorstellen. Bewegungsprobleme lösen. Bewegungsplanung in wechselnden Raum- und Zeitverhältnissen. Bedeutung von Handlungsabfolgen erschließen	Koordination von Bewegungsabläufen zwischen Partnern. Gemeinsame, aufeinander abgestimmte Bewegungen (Tanz z. B.). Einander in die Körpersphäre aufnehmen. Bewegungen des Partners nachahmen, weiterführen
Perzeption visuell auditiv taktil/kinaesthetisch (gustatorisch) (olfaktorisch)	Bewegungen steuern gemäß akustischen (Rhythmen, Melodien, Signale) optischen (Gesten, Symbole) taktil-kinaesthetischen (Berührungen, Vibrations-, Temperaturempfindungen) Leitzeichen.	*Perzeptions-Training* optische (Form-, Farb-, Größen-, Weiten- usw. Differenzierungen), akustische (Höhen-, Stärken-, Klang- usw. Differenzierungen) taktilkinaesthetische (Druck-, Temperatur-, Bewegungs- usw. Differenzierung)	Verbalisierung auditiver visueller, taktilkinaesthetischer Empfindungen (Gegenstände, Bilder, Zeichen oder eigene, propriorezeptive Körpergefühle betreffend)	Bedeutungszuordnung, Klassifizierung, Assoziation von Perzeptions-Daten (beim Lesen beispielsweise)	Sozial bedeutsame Signale beachten und sinngemäß deuten (Mimik, Hinweisgesten, Sprachdynamik, Tonfall); Erfahrung der Gegenseite machen auch im Sinne der Voraussempfindung der vorgesehenen Handlung. Selbstwahrnehmung.
Sprache Artikulation Redefluß, -rhythmus Stimmklang Phonation Syntax, Grammatikalisierung	Bewegungsanweisungen ausführen in diversen raum-zeitlichen Zuordnungen Lautsprache in Gebärden umsetzen: Lautgebärden, Phonomimik, Pantomime, Scharaden, gebärdendes Rezitieren, mimetische Spiele	Expressive Sprachgestaltung: artikulatorisch, phonatorisch; mimisch, gestisch; bildhaft, malerisch, melodisch, rhythmisch, schrift-symbolisch	*Sprach-/Sprechtraining* Sprach-, Sprech-, Redestimm-, Sprachaufbau und Sprachgebrauch-Übungen	Kognitiver Nachvollzug sprachlich (mündlich/ schriftlich) vermittelter Sachverhalte und Denkinhalte, sprachkritische Überprüfung z. B. auf Objektivität	Aussprache (sich dem anderen mitteilen/dem anderen zuhören) – Dialog (aufeinander eingehen) Diskussion (sich gemeinsam auf einen Sachverhalt beziehen) Sich sprachlich adäquat (d. h. unmißverständlich) ausdrücken
Kognition Abstraktion Begriffsbildung Kombination Vergleich Logik, Konsequenz, Symbolik	Handelndes Experimentieren (auch mit Bewegungsideen und -vorstellungen) Durchprobieren von Handlungsentwürfen. Probleme (Rechenaufgaben z. B.) in Handlung (sketch) umsetzen, nachvollziehen	Probleme, Ideen, Pläne: via Zeichnung, Skizze, Modell, Symbol versinnlichen, zum Ausdruck und zur Darstellung bringen, *einsichtig*, *einfühlbar* machen, Ideen in sinnliche Erfahrung überführen	Verbalisierung von Überlegungen, Denkprozessen („lautes Denken"). Brainstorming. Der Gedanken habhaft werden durch sprachliche Fixierung (v. a. im Hinblick auf das konvergente, „logische" Denken)	*Denk-Training* Methodologische und metadenkkritische Überlegungen (heuristischer, logistischer Art) das „know how" und das Problemlösungsverhalten betreffend	Ergründung, Begründung sozialer Beziehungen, Zusammenhänge und Konflikte. – Aufstellen sozialer Regeln und Konventionen
Sozialität Eigenbezug Personenbezüge Gegenstandsbezige Konfliktbearbeitung	Stimmungen, Affekte, soziale Bedürfnisse in Bewegung („Körpersprache") zum Ausdruck bringen	Soziale Signale nonverbaler Art setzen, Aufmerksamkeit erwecken und Eindruck machen in sozial integrativer, weiterführender Form	Bedürfnisse, Meinungen, Wünsche usw. dem Partner in sprachlogischer und situationsgemäßer (unmißverständlicher) Art kundtun	Wirkungen der eigenen Person und deren Verhalten auf andere abschätzen und „bedenken"	*Sozial-Training* Sich unter wechselnde Systembedingungen in verschiedenen Sozialräumen (Familie; Schule; Altersgenossengruppe) bei Spiel, Arbeit, gemeinsamer Aktion usw. bewegen

Zur Förderung von Lernprozessen, aus KOBI 1983, S. 135/136

2.7 Das System heilpädagogischer Einrichtungen

Nachfolgende Übersicht (sh. S. 95) gibt einen Überblick über das System der (Re)Habilitationseinrichtungen bei uns in der Bundesrepublik Deutschland. Dieses System hat zum Teil historischen Ursprung, ausgehend von einzelnen Behindertengruppen.

Auf einzelne Bereiche dieser Übersicht wurde an anderer Stelle schon ausführlicher eingegangen (siehe Frühförderung). Eine vertiefte Erörterung der einzelnen Teilbereiche dieser Übersicht würde den Rahmen dieses Buches sprengen. Deshalb sollen hier nur noch grundsätzliche Überlegungen angestellt werden.

- Das System der Behinderteneinrichtungen ist sehr differenziert und auf „Sonderförderung" behinderungsspezifisch ausgerichtet.
- Viele Einrichtungen haben spezialisierte Aufgaben mit dem Ziel einer behinderungsspezifischen Hilfe.
- Dieses System fördert tendenziell die Segregation, da es (einige Modelleinrichtungen ausgeschlossen) sich ausschließlich auf nur eine Behinderungsart konzentriert und keine gemeinsame Förderung unterschiedlich Behinderter bzw. Behinderter und Nichtbehinderter enthält.
- Je geringer die Zahl der jeweiligen Behindertengruppe statistisch bei uns vertreten ist, je größer ist das Einzugsgebiet von sog. Frühförderstellen. Das bedeutet für manche behinderten Kinder ein bereits sehr frühes Fernsein von zu Hause, bzw. die Frühförderung geschieht in überregionalen Zentren. Mit der Folge langer Anfahrtswege für betroffene Kinder und deren Eltern bzw. für den Frühförderer bei Hausbesuchen.
- Das System der Hilfe ist für betroffene zum Teil so unübersichtlich, daß sie ohne Beratung und Hilfestellung durch Fachleute sich kaum zurechtfinden können.
Gerade hier haben Erzieher in Regeleinrichtungen eine wichtige Informationsaufgabe.

In Anlehnung an den 1. Bayer. Landesplan für Behinderte (1. BLB 1974) sollen die einzelnen Funktionsbereiche zur Übersicht S. 95 kurz beschrieben werden.

Bereich / Altersstufen	Frühförderung Elemetarerziehung	Schule	Berufsausbildung Umschulung	Arbeit	Wohnen	Medizin	Beratung
0–6 Jahre	Pädiatrische Klinik Intensivstation – Sozialpäd. Zentrum; Frühförderstelle – Sonderkindergarten (integr. Kindergarten)					Praxis	Familien- und Erziehungsberatung
						Krankenhaus	Schulberatung
6–18 Jahre		Schulvorbereitende Einrichtung			Wohnheim für behinderte Kinder und Jugendliche	Fachklinik (je nach Behinderung)	Jugendamt Erziehungsbeistand
		Sonderschule: Lernbehindert, Geistigbeh., Erziehungsbeh., Sprachbeh., Blinde u. Sehbehinderte, Hörgesch., Krankenhaus			Dauerheim (heilpäd. bzw. therap. Heim)		kommunale Behindertenberatung
		Sonder-Berufsschule	Berufsbildungswerk		Internat bei Berufsbildungsw.		Beratung durch Sondereinrichtung
über 18 Jahre			WFB (Trainings- und Arbeitsbereich)	Werkstatt für Behinderte (WFB)	Wohnheim bei WFB und/oder Berufsförderwerk	Kur-Spezialklinik	Beratung durch Behindertenverband
			Berufsförderungswerk		Wohnheim für Behinderte	Rehabilitationsklinik	Leistungsträger
							Sozialamt
					Wohngemeinschaft für Behinderte	Reha-Zentrum	Arbeitsamt

nicht auf Altersstufen begrenzt

Behindertenzentrum

Funktionsbereich: Frühförderung behinderter Kleinkinder

Drohende Behinderungen können vermieden werden und vorhandene Behinderungen und ihre Folgen gemildert oder beseitigt werden, wenn die Behinderung so früh wie möglich erkannt und behandelt wird. Die Frühförderung umfaßt die Früherkennung und die Frühbehandlung. In Verbindung mit der Früherkennung ist die allgemeine *Gesundheitsvorsorge* zu sehen, deren Ziel es ist, im Rahmen von sog. Vorsorgepflichtuntersuchungen Behinderungen bzw. drohende Behinderungen rechtzeitig zu erkennen.
Die Frühförderung muß so rechtzeitig wie nur möglich einsetzen. Zur Früherkennung sind in bestimmten Fällen daher notwendig:
– qualifizierte und spezialisierte Fachleute verschiedener Fachrichtungen,
– das Zusammenwirken dieser Fachleute zu einer umfassenden Früherkennung,
– stationäre (teilstationäre) Einrichtungen, die eine längere Beobachtung des Kindes ermöglichen.

An die Früherkennung schließt sich die Frühbehandlung an. Diese umfaßt die Einübung motorischer, sensorischer, sprachlicher, kognitiver und sozialer Fertigkeiten, sowie die Ermutigung und Anleitung zu einer aktiven Auseinandersetzung mit der Umwelt und der eigenen Behinderung. Frühbehandlung ist Wahrnehmungsschulung und Kommunikations- und Bewegungstraining.
Das behinderte Kind braucht die Nähe der Familie. Deshalb sollte Frühförderung flächendeckend organisiert werden, so daß die Einzugsgebiete nicht zu groß sind.

Funktionsbereich: Schulvorbereitende Einrichtung

Schulvorbereitende Einrichtungen haben die Aufgabe, die körperliche und geistige Entwicklung des voraussichtlich sonderschulbedürftigen, aber ohne besondere Vorbereitung nicht sonderschulfähigen Kindes durch anhaltende Unterweisung je nach Art seiner Behinderung zu fördern, daß es mit Beginn seiner Schulpflicht oder seiner etwa gemäß dem Schulpflichtgesetz verfügten Zurückstellung vom Schulbesuch fähig ist, dem Unterricht der in Betracht kommenden Sonderschule zu folgen.

Schulvorbereitende Einrichtungen dienen nicht dazu, von der Erfüllung der Volksschulpflicht zurückgestellte Kinder zur Volksschulfähigkeit hinzuführen; dies ist Aufgabe der sogenannten Schulkindergärten. Dies schließt jedoch nicht aus, daß Kinder schulvorbereitende Einrichtungen besuchen, die später voraussichtlich in die Sonderschule gehen müßten, die aber in der schulvorbereitenden Einrichtung so gefördert wurden, daß sie doch Aufnahme in die Volksschule finden.

Funktionsbereich: Allgemeinbildende Schulen für Behinderte

Kinder und Jugendliche, die infolge ihrer Schädigung in ihrer Entwicklung und in ihrem Lernen so beeinträchtigt sind, daß sie in den allgemeinbildenden Schulen nicht oder nicht ihrer Befähigung entsprechend gefördert werden können, werden in Sonderschulen aufgenommen. Diese sollen eine der Begabung und der individuellen Eigenart der Schüler gemäße Bildung und Erziehung vermitteln, dadurch zu sozialer und beruflicher Eingliederung führen und den Behinderten zu einem erfüllten Leben verhelfen.

Die Sonderschulen aller Behinderungsarten sollten grundsätzlich nur an Standorten errichtet werden, die auch Grund- und Hauptschulen besitzen. Dies ist erforderlich, um die Durchlässigkeit zwischen den Schularten zu fördern. Es soll insbesondere die Möglichkeit nicht verbaut werden, normal begabte und nichtbehinderte Kinder mit behinderten Kindern und Jugendlichen in gemeinsamen Schulen zu unterrichten. Für Kinder und Jugendliche, deren Behinderung den Verbleib in den allgemeinen Schulen zuläßt, soll ein Stütz- und Förderunterricht eingerichtet werden.

Folgende Sonderschulen gibt es in der Bundesrepublik Deutschland:

– Sonderschule für Lernbehinderte
– Sonderschule für Körperbehinderte
– Sonderschule für Sprachbehinderte
– Sonderschule für Verhaltensgestörte/Erziehungsschwierige
– Sonderschule für Schwerhörige
– Sonderschule für Gehörlose
– Sonderschule für Sehbehinderte
– Sonderschule für Blinde
– Sonderschule für geistig Behinderte

Weiterführende Schulen für Behinderte: Auch Behinderten soll es ermöglicht werden, weiterführende Schulen zu besuchen, soweit ihre Fähigkeiten dafür ausreichen. Dies setzt voraus, daß Schulen zur Verfügung stehen, in denen auf die eingeschränkte körperliche Leistungsfähigkeit der Schüler Rücksicht genommen wird.

Funktionsbereich: Berufsbildung für behinderte Jugendliche

Je nach Art und Schwere der Behinderung, die den Bildungsweg entscheidend bestimmen, hat der behinderte Jugendliche die Möglichkeit, die allgemeinen Bildungseinrichtungen oder die speziellen Ausbildungseinrichtungen für Behinderte zu besuchen.
Ziel der Berufsausbildung ist es, auch und gerade für den behinderten Jugendlichen eine möglichst qualifizierte abgeschlossene Ausbildung zu erreichen. Die Auswahl der Berufe sollte durch die Fähigkeiten des einzelnen Behinderten und die Lage am Arbeitsmarkt bestimmt werden und nicht von hergebrachten Vorstellungen über sogenannte typische Behindertenberufe.
Für die spezielle Berufsausbildung behinderter Jugendlicher stehen zur Verfügung:
– Überbetriebliche Ausbildungsstätten für Behinderte mit angeschlossener Sonderberufsschule,
(Überbetriebliche Ausbildungsstätten mit einer Kapazität von über 300 Plätzen und einer modernen Fachkonzeption werden als *Berufsbildungswerke* bezeichnet).
– selbständig bestehende Sonderberufsschulen,
– sonstige berufliche Schulen für Behinderte.

Funktionsbereich: Arbeits- und Beschäftigungsmöglichkeiten für Behinderte am freien Arbeitsmarkt und in Werkstätten

Aufgabe der Rehabilitation muß es sein, einen seinen Fähigkeiten und Neigungen entsprechenden Arbeitsplatz zu bekommen bzw. zu behaupten, sei es auf dem allgemeinen Arbeitsmarkt, sei es in einer für berufliche Betätigung von Behinderten eigens geschaffenen Werkstätten.

Je stärker die Behinderung, desto mehr muß der Arbeitsplatz eines Behinderten vom üblichen Bild eines Arbeitsplatzes abweichen; sonst können viele Behinderte ihre verbliebenen Fähigkeiten im Beruf gar nicht erst einsetzen. Wenn und solange der Behinderte Arbeit leisten kann, sind alle Möglichkeiten der Rehabilitation einzusetzen, um ihn zu unterstützen.

Kann der Behinderte an dem ihm angepaßten Arbeitsplatz trotz längerer Einarbeitungszeit nicht ein Mindestmaß an „wirtschaftlich verwertbarer Leistung" erbringen, so liegt keine Arbeit vor, sondern nur Beschäftigungs- oder Arbeitstherapie.

Die Rehabilitation will jedem Behinderten, dem ein Mindestmaß an Leistungsfähigkeit verblieben ist, einen geeigneten Dauerarbeitsplatz vermitteln.
Die Arbeitsplätze der Behinderten werden in der überwiegenden Zahl dem *allgemeinen Arbeitsmarkt* angehören. Ist ein solcher Arbeitsplatz wegen der Behinderung nicht zu finden, so ist ein Platz in einer *Werkstatt für Behinderte* am geeignetsten. Aufgabe dieser Werkstätten ist es, Behinderte, die wegen Art und Schwere der Behinderung nicht, oder noch nicht, oder nicht wieder auf dem allgemeinen Arbeitsmarkt tätig sein können, einen Arbeitsplatz oder eine Gelegenheit zur Ausübung einer geeigneten Tätigkeit zu bieten. Sie sollen es den Behinderten ermöglichen, ihre Leistungsfähigkeit zu entwickeln, zu erhöhen oder wiederzugewinnen und ein dem Leistungsvermögen angemessenes Arbeitsentgelt zu erreichen.

Funktionsbereich: Heime
(nach § 78 des Gesetzes für Jugendwohlfahrt)
Für Bayern gelten in Ergänzung zu § 78 des Gesetzes für Jugendwohlfahrt Richtlinien für Heime und andere Einrichtungen, in denen Minderjährige dauernd oder zeitweise ganztägig oder für einen Teil des Tages, jedoch regelmäßig betreut werden, oder Unterkunft erhalten.

Dazu gehören insbesondere
- Tagesstätten
- Heime nach dem Bayerischen Heimdifferenzierungsprogramm
- Nebenstellen der Heime, die an das Heim pädagogisch, finanziell und organisatorisch angegliedert sind
- Einrichtungen für Behinderte
- Schülerheime, soweit sie nicht nach dem Bayerischem Gesetz über das Erziehungs- und Unterrichtswesen (BayEUG) der Schulaufsicht unterliegen.

Im Sinne der *inneren Differenzierung* können Einrichtungen verschiedene Aufgaben, z.B. heilpädagogischer und therapeutischer Art oder gemeinsame Erziehung Behinderter und Nichtbehinderter übernehmen.

Allgemein gilt für diese Einrichtungen, daß sie nach ihrem Konzept, der personellen Besetzung, dem Bau und der Ausstattung, der organisatorischen und wirtschaftlichen Führung in der Lage sein müssen, das leibliche, geistige und seelische Wohl der Kinder und Jugendlichen zu gewährleisten.

Heime sind nach diesen Richtlinien Einrichtungen, die Kinder und Jugendliche (auch junge Erwachsene) vorübergehend oder für längere Zeit ganztägig aufnehmen. Das Heim soll von seiner Größe und Struktur her so gestaltet sein, daß es für Kinder und Mitarbeiter überschaubar ist.

Im einzelnen werden folgende Heimformen unterschieden:

- Das *heilpädagogisch orientierte* Heim nimmt in der Regel Kinder auf, deren Familie ausgefallen ist oder bei welchem milieubedingte Entwicklungsdefizite vorliegen. Es bietet eine altersentsprechende und gegenüber dem bisherigen Milieu kompensatorische Lebensumwelt an, um Entwicklungsausfälle auszugleichen und Fehlentwicklungen zu verhindern bzw. abzubauen.
- Das *heilpädagogische Heim* nimmt verhaltensauffällige Kinder und Jugendliche auf, die durch konstitutionelle und/oder Defizite in ihrer altersgemäßen Persönlichkeitsentwicklung erheblich beeinträchtigt sind. Der individuellen Problematik des Minderjährigen begegnet das heilpädagogische Heim mit intensiven, fachspezifischen, eng in die pädagogische Arbeit eingebundenen Methoden.
- Das *psychotherapeutische Heim* bietet primär psychotherapeutische Maßnahmen im Sinne einer gezielten Behandlung. Der Arbeit muß eine psychotherapeutische Konzeption zugrunde liegen, die auf nachweisbaren wissenschaftlichen Erkenntnissen und daraus abgeleiteten Methoden aufbaut.

Psychotherapeutische Verfahren sind nach einem Therapieplan durchzuführen und grundsätzlich befristet. In den Therapieplan sind deshalb auch Aussagen über die voraussichtliche Behandlungsdauer aufzunehmen.

Überregionale Beratungszentren dienen der psychotherapeutischen Kurzbehandlung und differenzierten medizinisch-psychologisch diagnostischen Aufgaben vor allem zur Hilfestellung von Erziehungsberatungsstellen (vgl. Richtlinien für Heime und andere Einrichtungen nach § 78 des Gesetzes für Jugendwohlfahrt, Gemeinsame Bekanntmachung der Bayer. Staatsministerien für Arbeit und Sozialordnung und für Unterricht und Kultus, 1985).

2.8 Fachkräfte in der Heilpädagogik

Das System der Behindertenhilfe ist in einem langen Prozeß gewachsen, wobei die einzelnen Berufsgruppen erst im Laufe der Jahre als spezielle „Behindertenberufe" – wie zum Beispiel der Heilpädagoge – entstanden sind. Allerdings hat sich die Berufsbezeichnung „Heilpädagoge als umfassende Berufsbezeichnung für den gesamten Kreis qualifizierten Fachpersonals, welches sich mit der Erziehung und Bildung behinderter Kinder und Jugendlicher, sowie mit diagnostischen, beratenden und planerischen Aufgaben im Behindertenbereich beschäftigt" (KOBI, 1982, S. 109) im deutschsprachigen Raum kaum durchgesetzt. Die Berufsbezeichnungen richten sich nach bestimmten Funktionen innerhalb des heilpädagogischen Arbeitsfeldes.

So finden wir für den schulischen Bereich in erster Linie Lehrer an Sonderschulen (Sonderschullehrer) mit spezieller Ausbildung für die Fachrichtungen:
– Lernbehindertenpädagogik
– Körperbehindertenpädagogik
– Geistigbehindertenpädagogik
– Verhaltensgestörtenpädagogik
– Gehörlosenpädagogik
– Schwerhörigenpädagogik
– Sprachbehindertenpädagogik
– Sehbehindertenpädagogik
– Blindenpädagogik

Im außerschulischen Bereich finden wir folgende Berufsgruppen:
– Diplom-Pädagoge (Diplom-Pädagogin/Univ.)
– Diplom-Psychologe/Diplom-Psychologin
– Diplom-Sozialpädagoge/Diplom-Sozialpädagogin (FH)

- Heilpädagoge/Heilpädagogin (FH) oder Heilpädagoge/Heilpädagogin mit Fachakademieabschluß oder mit Zusatzausbildung
- Erzieher/Erzieherin – Kinderpfleger/Kinderpflegerin
- Psychotherapeut/Psychotherapeutin
- Psychagoge/Psychagogin
- Logopäde/Logopädin
- Beschäftigungstherapeut/Beschäftigungstherapeutin
- Krankengymnast/Krankengymnastin, Bewegungstherapeut/Bewegungstherapeutin
- Lehrer/Lehrerin für rhythmisch-musikalische Erziehung
- Physiotherapeut/Physiotherapeutin
- Musiktherapeut/Musiktherapeutin
- Heilerziehungspfleger/Heilerziehungspflegerin und Heilerziehungspflegehelfer/Heilerziehungspflegehelferin

Ein Teil dieser Berufe ist nicht speziell für die Arbeit mit Behinderten ausgebildet. Für viele ist der Bereich Heilpädagogik eines von vielen Tätigkeitsfeldern, manchmal sind sie auch nur zu einem Teil ihrer Arbeitszeit dort tätig.

Die Frage der Berufsbezeichnungen im heilpädagogischen Arbeitsfeld ist sehr verwirrend und man sollte sich im Einzelfall nach Ausbildung sowie nach Tätigkeitsfeld bzw. Funktionsfeld einer in der Heilpädagogik tätigen Person genau erkundigen.

Genau so vielfältig wie die einzelnen Berufe ist auch die Ausbildung geregelt. „An einigen Universitäten wird ein Studienschwerpunkt Heilpädagogik für den achtsemestrigen Diplomstudiengang Pädagogik angeboten; an den katholischen Fachhochschulen Freiburg und Nordrhein-Westfalen in Köln und an der Evangelischen Fachhochschule Rheinland-Westfalen-Lippe in Bochum gibt es einen grundständigen Fachhochschulstudiengang Heilpädagogik, der nach sechs Studiensemestern und einem berufspraktischen Jahr zum staatlich anerkannten Diplom-Heilpädagogen führt. Außerdem gibt es für staatlich anerkannte Erzieher(innen) oder Sozialpädagogen(innen) mit Berufspraxis die Möglichkeit, an etwa 40 Fachschulen für Sozialpädagogik eine achtzehnmonatige heilpädagogische Zusatzausbildung zu absolvieren. Auf anthropologischer Grundlage kann man in vier Jahren zum Heilpädagogen am Rudolf-Steiner-Seminar für Heilpädagogik in Eckwälden ausgebildet werden." (DEPNER et. al. 1983, S. 32). In Bayern gibt es spezielle Fachakademien für Heilpädagogik mit einer dreijährigen Ausbildung zum Heilpädagogen.

DEPNER et. al. kommen in ihrer Untersuchung zur Professionalisierung im System der Behindertenhilfe (1983) zu dem Ergebnis, daß es sicher Bestrebungen in der Praxis gibt, die Mehrzahl der Funktionsbereiche in der Heilpädagogik mit Heilpädagogen und Heilerziehungspflegern abzudecken. Es wird jedoch bisher die Bedeutung der Mitarbeit dieser o. g. anderen Berufe nie ernsthaft in Zweifel gezogen.

Nachfolgende Tabelle (auf S. 105) soll die unterschiedlichen Ausbildungs- und Beschäftigungsebenen (Universität, Fachhochschule, Fachschule bzw. Fachakademie in Verbindung mit den verschiedenen Beschäftigungssystemen zeigen.

Zwischen dem Freistaat Bayern und den Spitzenverbänden der freien Jugendhilfe wurde gemäß § 78 Abs. 3 JWG folgende Vereinbarung über geeignete Kräfte in den Heimen geschlossen:

1. Als *pädagogische Fachkräfte* für die Gruppenleitung gelten **pädagogische**
   - diplomierte, graduierte bzw. staatlich anerkannte Sozialarbeiter/ **Fachkräfte**
   Sozialpädagogen
   - staatlich anerkannte Erzieher
   - entsprechend ausgebildete akademische Fachkräfte (z.B. Diplompädagogen, Diplompsychologen) mit Praxis in sozialpädagogischen Einrichtungen
   - Personen, die gemäß der Bekanntmachung des Staatsministeriums für Arbeit und Sozialordnung als fachlich qualifiziert anerkannt sind
   - Heilerziehungspfleger, insbesondere in sonderpädagogischen Einrichtungen
   - Personen mit vergleichbarer sonderpädagogischer Ausbildung, z.B. Heilpädagogen
   - Diakone mit sozialpädagogischem Ausbildungsschwerpunkt
   - andere Kräfte mit gleichwertiger Ausbildung (z.B. SOS-Kinderdorfmütter, Waldorf-Pädagogen in den jeweiligen Einrichtungen)

2. Als *therapeutische Fachkräfte* gelten insbesondere **therapeutische**
   - entsprechend ausgebildete akademische Fachkräfte mit thera- **Fachkräfte**
   peutischer Zusatzbildung

- diplomierte, graduierte bzw. staatlich anerkannte Sozialarbeiter/ Sozialpädagogen mit therapeutischer Zusatzausbildung
- Kinder- und Jugendpsychotherapeuten, Kinder- und Jugendpsychiater

gruppenübergreifende Fachkräfte

3. Als *gruppenübergreifende Fachkräfte* gelten neben den obengenannten pädagogischen Fachkräften insbesondere:
   - Psychologen
   - Diplompädagogen
   - Sonderpädagogen
   - Lehrer
   - Theologen
   - Beschäftigungs- und Arbeitstherapeuten
   - Krankengymnasten
   - Logopäden

pflegerische Fachkräfte

4. Als *pflegerische Fachkräfte* gelten insbesondere
   - Kinderkrankenschwestern
   - Heilerziehungspfleger

pädagogische Hilfskräfte

5. Als *pädagogische Hilfskräfte* gelten insbesondere
   - staatlich geprüfte Kinderpfleger
   - Heilerziehungspflegehelfer
   - Personen, die einen sozialpädagogischen Beruf anstreben
   - Helferinnen im freiwilligen sozialen Dienst
   - ausländische Fachkräfte, deren Ausbildung in Bayern nicht anerkannt ist.

Anzumerken sei noch, daß die Ausbildung von Erziehern in Bayern an Fachakademien und in anderen Bundesländern an Fachschulen für Sozialpädagogik erfolgt.

Zusammenfassend sei mit KOBI (1982, S. 109) festgestellt: „Heilpädagogik stößt aufgrund ihres Praxisbezuges, ihrer Subjekt- und Wertorientiertheit, ihrer Interdisziplinarität, ihrer Inhalte und sozialpolitischer Fragestellungen gegenüber dem universitären Traditionalismus noch oft der Art nach auf ähnliche Widerstände, wie sie Behinderte in ihrer Mitwelt zu erfahren pflegen:
Man möchte die Behinderten samt dem heilpädagogischen Fachpersonal in die traditionell caritative Ecke abgeschoben wissen."

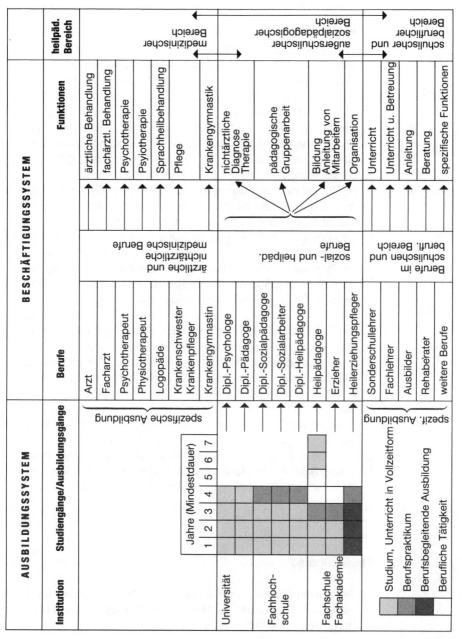

Zusammenhang zwischen Ausbildung und Funktion in Heilpädagogischen Einrichtungen (vgl. DEPNER et. al. 1983, S. 36)

Zusammenfassung:

Früherkennung ist der frühest mögliche Zeitpunkt in der Entwicklungsphase des Kindes, zu dem ein eingetretener Behinderungszustand erkannt wird. Die pädagogische Effizienz einer möglichst frühen Erkennung und Förderung behinderter Kinder ist im entwicklungspsychologischen Kontext von Reifung und Lernen zu sehen. Für die Entwicklung z.B. des Hörens, der Sprache, des Sehens oder elementarer Bewegungsformen werden sog. kritische oder auch sensible Phasen angegeben. In diesen Perioden ist der Organismus in erhöhtem Maße bereit, auf Stimulation und Übung hin zu lernen. Eine frühe Förderung behinderter Kinder ist jedoch nicht ausschließlich unter dem Gesichtspunkt behinderungsspezifischer Behandlung zu sehen, sondern als Möglichkeit ganzheitlicher Förderung. Um eine möglichst frühe Förderung behinderter Kinder zu ermöglichen, wurde die Regionalisierung der Frühförderstellen angestrebt. Diagnose und Förderung können nicht getrennt voneinander betrachtet werden. Da es sich bei heilpädagogischen Problemen um sehr komplexe Zusammenhänge handelt, sollte eine diagnostische Abklärung nicht nur von einem Fachmann vorgenommen werden. Für die Behandlung von Behinderungen wurden verschiedene Therapiemethoden entwickelt wie z.B. Sprachtherapie, Musiktherapie, Spieltherapie, Verhaltenstherapie. Ansatzmöglichkeiten für (heilerzieherisches) Handeln finden wir nicht nur in der Behinderung an sich, sondern im Behinderungszustand. Erzieher in der Heilpädagogik haben ihre Aufgabe nicht in Form von „therapeutischen", sondern erzieherischen Ansätzen, d.h. nicht Gestaltung von Therapieverfahren bzw. objektive Veränderung „negativer" Merkmale, sondern Hilfe zur Daseinsgestaltung und Herstellung des psychosozialen Gleichgewichtes.

Denkimpulse:

1. Diskutieren Sie einzelne Fähigkeitsbereiche des Kindes, die heilpädagogisch gefördert werden sollten. Vergessen Sie nicht eine ganzheitliche Betrachtungsweise.

3 Spezielle Heilpädagogik

Dieses Kapitel informiert Sie über
- die verschiedenen Behinderungsformen
- eine symptomatische Betrachtungsweise der hauptsächlichsten Behinderungen
- allgemeine und speziell pädagogische Hinweise für den Erzieher.

Aus spezieller (differenzieller) Sichtweise gliedert sich die Heilpädagogik „traditionellerweise nach den hauptsächlichsten Behinderungen" (KOBI, 1983, S. 11). Diese Betrachtungsweise liefert den klassischen Zugang zum Problem der Behinderung, wobei gerade in älteren Veröffentlichungen häufig nur die Behinderung als solche ins Blickfeld der Betrachtung kam und weniger das „als Behinderungszustand" bezeichnete komplexe Bedingungs- und Handlungsgefüge. Dennoch kann nicht darauf verzichtet werden, die einzelnen Behinderungen definitorisch zu betrachten.

3.1 Verhaltensauffällige und Verhaltensgestörte

3.1.1 Begriffsklärung – Klassifikation – Abgrenzung

Für den Bereich Verhaltensstörungen gibt es in der sonderpädagogischen Literatur eine Reihe von Begriffen, Definitionsversuchen und Symptomschilderungen. „Kinder und Jugendliche mit Symptomen abweichenden psychosozialen Verhaltens werden in der Sonder- und Sozialpädagogik mit einer größeren Anzahl wechselnder, doch inhaltlich nahezu äquivalenter Begriffe bezeichnet. So finden wir Begriffe wie:
- Entwicklungsgestörte, (-gehemmte, -geschädigte)
- Erziehungsschwierige, Schwererziehbare
- Gemeinschaftsschwierige, Gemeinschaftsbedrängende und -bedrängte
- Verhaltensgestörte (vgl. MÜLLER, 1970, S. 50; zit. n. BITTENER et. al. 1974, S. 16).

In neueren Veröffentlichungen wird auch von Verhaltensauffälligen (KLUGE, 1979, S. 288) gesprochen.

Da der Begriff Verhaltensgestörte die am weitesten verbreitete Bezeichnung sein dürfte, konzentriert sich unsere Betrachtungsweise auf den Versuch, ihn gegenüber Verhaltensauffälligen abzugrenzen.

unterschiedliche Begriffe für die Symptomatik abweichenden Verhaltens

Definition Verhaltensstörung

Nach einer Definition des DEUTSCHEN BILDUNGSRATES (1974, S. 40 f.) gilt als verhaltensgestört, „wer aufgrund organischer, vor allem hirnorganischer Schädigungen oder eines negativen Erziehungsmilieus in seinem psychosozialen Verhalten gestört ist und in sozialen Situationen unangemessen reagiert und selbst geringfügige Konflikte nicht bewältigt.

Das Erziehungsmilieu kann insoweit negativ sein, als dem Kinde die notwendige emotionale Zuwendung nicht gewährt wurde, das Kind verwöhnend inkonsequent oder frustrierend erzogen wurde, ihm für die Lebensbewältigung notwendige Grundverhaltensweisen nicht anerzogen wurden und aufgrund einer besonderen sozioökonomischen und soziokulturellen Situation die Erziehung anregungsarm war, beziehungsweise Normen vermittelt wurden, die von der Verhaltenserwartung der Gesellschaft abweichen. Außerhalb der Familie kann das Kind beziehungsweise der Jugendliche noch zusätzlich durch Bezugsgruppen in seinem Verhalten geprägt werden, deren Verhaltensnormen und Zielsetzungen denen der Gesellschaft nicht entsprechen. Für das Verhalten in der Schule bedeutet das eine Störung der Leistungsmotivation, des Lern- und Leistungsverhaltens sowie eine Störung der Kommunikationsfähigkeit. Als Folge davon haben verhaltensgestörte Kinder und Jugendliche häufig Lerndefizite, stören die Lerngruppen beziehungsweise werden durch sie verunsichert und bedrängt und erhalten einen negativen sozialen Status."

gruppenbedrängende u. gruppenbedrängte Kinder

Neben dieser Definition finden wir jedoch auch eine Reihe symptomatischer Beschreibungsversuche von auffälligem bzw. gestörtem Verhalten. So wird z. B. unterschieden zwischen *gruppenbedrängenden* und *gruppenbedrängten* Kindern. Zu den gruppenbedrängten Kindern werden solche gezählt, die von ihren Spiel-, Lern- und Leistungsgruppen ausgeschlossen werden, die unter aktiveren Gruppenmitgliedern leiden, die Ängstlichen, Schüchternen, Gehemmten.

Als gruppenbedrängend werden solche Kinder gesehen, die sich „unbeherrscht" verhalten, die motorisch sehr unruhig sind, sich häufig pädagogischen Maßnahmen widersetzen und dadurch die Gruppe sehr stark belasten.

Des weiteren findet man Aufzählungen von Verhaltensweisen, die als verhaltensgestört bezeichnet werden. Dazu gehören u.a.: Einnässen, Nägelbeißen, Zähneknirschen, Daumenlutschen, Ängstlichkeit,

Depressionen, krankhafte Zustände überbetonter Heiterkeit, Selbstmordversuche, übertriebene Eifersucht, Fortlaufen, Herumtreiben, Diebereien und Betrügereien usw.
HAVERS (1978, S. 15 f) unterscheidet folgende Kategorien:
- Verstöße der Schüler gegen die Arbeitsanforderungen der Schule (Konzentrationsstörungen, Faulheit)
- Verstöße gegen Interaktionsregeln für den Umgang mit Schulkameraden (Stoßen, Schlagen, Wegnehmen, Anlügen, Beschimpfen, Verprügeln)
- Verstöße gegen Interaktionsregeln im Umgang mit Lehrern und anderem Schulpersonal (Ungehorsam, Provokation)
- Verstöße gegen die Normen von Schulklasse und Schule (Schwätzen, Scharren, Beschädigung von Schulinventar, Mogeln bei Prüfungen, Vespätung und Schwänzen des Unterrichts).

Eine andere Form der Klassifikation von Verhaltensstörungen unterscheidet:
- Funktionsstörungen und abnorme Gewohnheiten innerhalb der Körpersphäre
- Störungen der Ich-Gefühle
- Soziale Störungen
- Störungen im Tätigkeits- und Leistungsbereich.

In einem mehr pädagogisch orientierten Gliederungsvorschlag unterscheidet man:
- Verhaltensauffälligkeiten im körperlichen Bereich
- Verhaltensauffälligkeiten im psychischen Bereich
- Verhaltensauffälligkeiten im zwischenmenschlichen Bereich
- Auffälligkeiten im Arbeits- und Leistungsbereich.

Die oben beschriebenen Versuche einer Beschreibung bzw. Klassifikation von gestörem Verhalten unterliegen der Gefahr, einzelnen Personen situationsunabhängige Merkmale zuzuschreiben und die Störungsursache in den betreffenden Person zu sehen. Deshalb sei vor einer vorschnellen einseitigen Betrachtungsweise dieses Phänomens Verhaltensstörung gewarnt.

Gefahr der situatiosnunabhängigen Merkmalszuschreibung

„Die Erscheinungsweisen auffälligen bzw. abweichenden Verhaltens sind so mannigfaltig wie menschliche Verhaltensweisen überhaupt. Es gibt keinen Bereich kindlichen Verhaltens, in dem sich nicht „Störungen" – oder was die jeweilige Gesellschaft als solche definiert – entwickeln könnten. Diesem Umstand müssen die Bemühungen um eine Klassifikation der Verhaltensstörungen Rechnung tragen." (BITTNER et. al. 1974, S. 19).

Zur Klärung dieser Situation scheint der Begriff Verhaltensauffälligkeit neutraler zu sein, da er nicht einer bestimmten Person ein – situationsunabhängiges – Merkmal zuschreibt, sondern die Aufmerksamkeit, mit der ein bestimmtes Verhalten als „auffällig" wahrgenommen und charakterisiert wird, auf den Wahrnehmenden zurücklenkt; dieser nämlich hat sich zunächst Rechenschaft darüber abzulegen, aus welchem Grund – d.h. auf dem Hintergrund welcher Normen, welcher Vorstellungen von „normalem" Verhalten, welcher Einschätzung von Situationszusammenhängen, welcher Bewertung sozialer Verhaltensweisen usw., – er ein bestimmtes Verhalten auffällig registriert. Die von ALISCH (1978 S. 8 f.) vorgenommene Definition des Begriffes „Auffälligkeit" soll zu einer weiteren Klärung beitragen.

grundsätzliche Merkmale des Begriffs Auffälligkeit

„Ebenso wie man, wenn man Normen wissenschaftlich untersuchen will, keine Normen selbst festlegen muß, sondern nur die Merkmale des Begriffs ‚Norm' anzugeben braucht, kann man Auffälligkeit untersuchen, ohne inhaltlich sagen zu müssen, was man jeweils persönlich für auffällig hält. Solche Untersuchungen sind möglich, wenn der Forschungsgegenstand durch einen Begriff gekennzeichnet ist, dessen Merkmale ohne irgendeinen Bezug zu verabsolutierbaren Normalitätsvorstellungen abgegeben und festgelegt werden."

Grundsätzlich gelten folgende Merkmale:
- Auffälligkeit kann nur von einer Person A aus ihrer eigenen Sicht mit Bezug auf eine andere Person festgestellt werden.
- Diese Feststellungen beinhalten, daß entweder Verhalten oder psychische Zustände der Person B von den normativen Erwartungen der Person A abweichen.
- Die Person A verfügt über Vorstellungen, ob bestimmte Abweichungen von einer Erwartung als schwerwiegend (= nicht tolerierbar) oder als nicht so schwerwiegend (= noch tolerierbar) anzusehen sind.
- Bei nicht tolerierbaren Abweichungen wird A sog. Korrekturmaßnahmen ergreifen.
- Tolerierbare Abweichungen können einerseits akzeptiert werden; d.h. es folgen keine Reaktionen von A; A könnte jedoch annehmen,

daß B bei Nichtreaktion auf gerade noch tolerierbare Abweichungen dann auch nicht tolerierbare Abweichungen zeigt. Ist dies der Fall, wird A prophylaktische Maßnahmen einleiten.

Demnach ist für die Klärung von auffälligem Verhalten folgendes von Bedeutung:
1. Eine Person (z. B. der Erzieher) hat gegenüber einer anderen Person (z. B. seinem Kind in der Gruppe) eine bestimmte Verhaltenserwartung.
2. Der Erzieher stellt nun fest, daß das Kind ein Verhalten zeigt, das der Erwartung nicht entspricht.
3. Der Erzieher wird nun versuchen, Korrekturmaßnahmen gegen dieses Verhalten einzuleiten.
4. Es könnte auch sein, daß der Erzieher ein bestimmtes Verhalten eines Kindes an sich noch akzeptiert, jedoch glaubt, daß das Kind im Falle dieses Akzeptierens auch noch andere Verhaltensweisen zeigt, die nicht mehr tolerierbar sind. Deshalb wird der Erzieher bereits auf ein an sich noch tolerierbares Verhalten reagieren.

Wir müssen wegkommen von der Einschätzung, daß das einzelne Kind „gestört, behindert, oder krank" ist, und den daraus sich ergebenden Folgerungen der Behandlung. Vielmehr müssen wir erkennen, daß auffälliges Verhalten immer in Verbindung zu *erwartetem Normverhalten* gesehen werden muß.

Diese Betrachtungsweise hinsichtlich auffälligen Verhaltens dürfte zu einer relativen Objektivierung beitragen. „Der Erzieher, der Auffälligkeit diagnostiziert hat, wird prophylaktische erzieherische Handlungen realisieren, um dem Auftreten unerwünschten Verhaltens (unerwünschter Zustände) entgegenzuwirken. Um dabei einerseits möglichst effektive Handlungen wählen zu können, andererseits jedoch auch dem Educanten gerecht zu werden, empfiehlt es sich, auf möglichst rational begründete Informationen zurückzugreifen und Erziehung rational zu planen." (ALISCH, 1978, S. 9).

3.1.2 Statistische Angaben

Da unter Wissenschaftlern und Pädagogen keine Einigkeit besteht, wann eine Person als verhaltensgestört zu bezeichnen ist, lassen sich keine zuverlässigen Aussagen über das Ausmaß von Verhaltensauffälligkeiten machen. Schätzungen belaufen sich auf etwa 1 bis 30% eines Geburtsjahrgangs, je nach Einteilungskriterium.

3.1.3 Mögliche Ursache- und Bedingungsfaktoren

mögliche Bedingungsfaktoren für auffälliges Verhalten

Eine Schilderung von Verursachungsfaktoren für auffälliges Verhalten enthält die Problematik einer vereinfachenden monokausalen Sichtweise, vor allem dann, wenn wir für die Erklärung von Verhaltensweisen einfache Wenn-dann-Denkweisen an den Tag legen. Deshalb sei hier ausdrücklich darauf hingewiesen, daß es sich um *mögliche* Bedingungsfaktoren handelt, die häufig in Verbindung zu anderen Faktoren auftreten, und die für den Einzelfall immer neu überprüft werden. Wenn also z. B. aus einer Überprüfung von Anamnesen als verhaltensgestört bezeichneter Kinder hervorgeht, daß 46,5% der Kinder Einzelkinder sind, dann läßt diese noch nicht den Schluß zu, daß jedes Einzelkind ein potentiell verhaltensgestörtes Kind ist. Deshalb sollen folgende Schilderungen nur unter diesen Einschränkungen gesehen werden.

KLUGE (1972) berichtet von Untersuchungen, nach denen Erzieherinnen nach möglichen Ursachen für psychosoziale Auffälligkeiten bei ihren Kindern befragt wurden. Daraus ergab sich, daß die Befragten vor allem folgende beiden Ursachengruppen als bedeutsam herausstellten:
– Die häufigste Ursache (mit 44,5% aller Nennungen) für das Entstehen auffälligen Verhaltens sehen Erzieherinnen in Erziehungsfehlern der Eltern wie etwa zu „harte", zu „weiche" oder „vernachlässigende" Erziehung;
– Als fast ebenso wichtig gilt das häusliche Milieu (43,3%) für das Zustandekommen von kindlichen Verhaltensauffälligkeiten; ungeordnete Familienverhältnisse oder unharmonische Ehen (vgl. KLUGE, 1979, S. 290 f.).

Im Rahmen dieser Befragungen untersuchte KLUGE auch sogenannte objektive Lebensdaten, die mit dem Auftreten von Verhaltensauffälligkeiten in Zusammenhang stehen könnten:

- 46% aller als verhaltensauffällig bezeichneten Kinder sind Einzelkinder; 21,5% sind jüngste Kinder, 22,9% sind älteste Kinder und nur 4,7% sind mittlere Kinder;
- 84,3% aller als verhaltensauffällig im sozialen Bereich bezeichneten Kinder stammen aus 1-Kind-Familien oder aus 2-Kind-Familien, 11% aus Familien mit drei Kindern und nur 4,7% aus Familien mit vier oder mehr Kindern;
- Fast ⅔ aller verhaltensauffälligen Kinder haben berufstätige Mütter; ⅓ davon arbeiten ganztägig;
- Etwa jedes vierte Kind, das als verhaltensauffällig gemeldet wurde, lebt in einer unvollständigen Familie oder von seinen Eltern getrennt (vgl. ebd. S. 290).

Es sei nochmals erwähnt, daß hinsichtlich der Entstehungsbedingungen je nach Betrachtungsweise des Phänomens Verhaltensauffällige, auch unterschiedliche Erklärungsansätze vorliegen. „Der Entstehungszusammenhang scheint komplex in jeweils unterschiedliche Konfigurationen und mit vielfältigen Verknüpfungen der verschiedensten Faktoren." (RUSCHENBACH et. al. 1980, S. 68).

Verknüpfung unterschiedlicher Faktoren

Die gesamte Problematik dieses Sachverhaltes läßt sich nach RAUSCHENBACH exemplarisch an einem beliebigen und gleichwohl typischen Beispiel aufzeigen:

> Der siebenjährige Uwe ist seit heute morgen ein „Fall". Ohne ersichtlichen Grund hat er in der Pause mit dem Zeigestock um sich geschlagen, zwei Schüler getroffen und dabei einen im Gesicht schwer verletzt. Die Eltern haben Anzeige erstattet. – Dies ist nicht der erste Vorfall, der die Lehrerin veranlaßt hat, mit den Eltern von Uwe zu sprechen, um diese auf das Verhalten ihres Sohnes aber auch auf ihre eigene Situation als Lehrerin in der Klasse aufmerksam zu machen. Immer wieder bringt Uwe mit seinen aggressiven Ausbrüchen die Klasse durcheinander und macht große Schwierigkeiten. Aber nun, meint die Lehrerin, müsse etwas geschehen. Die Eltern sind insofern ratlos, als Uwe ihnen zu Hause keinen besonderen Anlaß zu Klagen gibt.

Dieser Vorfall ist eine gewöhnliche Situation aus dem Schulalltag, der verdeutlicht, welche vielschichtigen Gründe das Verhalten des Schülers Uwe haben kann. Im Kontext diesbezüglicher wissenschaftlicher Erklärungen könnte dieses Verhalten etwa bedingt sein durch
- Schwierigkeiten in der Schule
- Kontaktschwierigkeiten,
- soziale Benachteiligung (häusliches Milieu, Randgruppe usw.)
- Probleme mit Geschwistern oder Spielkameraden,

- Schwierigkeiten in der Familie,
- körperliche Störungen usw. (vgl. ebd. S. 69).

„Stellt man im Hinblick auf die Zuordnung der Ursachen von Verhaltensauffälligkeiten Überlegungen an, so kann dies auf drei Ebenen geschehen:
- Auf der *subjektiven Ebene* lassen sich vor allem an der Person des Kindes auffällige Merkmale feststellen, zumeist organischer oder psychischer Art;
- Auf der *intersubjektiven Ebene* liegen die Schwierigkeiten vor allem in den Beziehungen des Kindes zu anderen, etwa zu den Eltern, den Geschwistern oder einem Lehrer;
- auf der *gesellschaftlich-situativen Ebene* liegen die Ursachen vor allem im Lebensfeld des Kindes bzw. in den zugrundeliegenden Bedingungen der Felder, in denen die Störung auftritt, etwa der Schicht, der ökonomischen Situation, besondere gesellschaftliche Belastung und institutionelle Bedingungen" (vgl. ebd. S. 70).

3.1.4 Aggression als bedeutsamste Form auffälligen Verhaltens

Grundsätzlich sei darauf verwiesen, daß „Aggression nichts eindeutig im Verhalten Vorfindbares ist" (SELG, 1977, S. 15). „Jede Zuschreibung von Aggression ist bereits eine Interpretation von Verhalten. Im Alltag bezeichnet X bestimmte Ausschnitte a aus dem Verhaltensstrom von Z als Aggression, während Y ganz andere Handlungen b als Aggression interpretiert. Psychologischem Sprachgebrauch ist weitgehend gemeinsam, daß mit Aggression ein Austeilen schädigender Reize gemeint wird." (ebd. S. 16).

Aggression ist ein Austeilen schädigender Reize

Unterschiede bestehen jedoch in der Frage nach der Absicht, die hinter einer aggressiven Handlung steht. Einzelne Autoren sprechen nur dann von Aggression, wenn eine direkte oder indirekte Schädigung eines Individuums beabsichtigt wird. Wäre dem so, so könnte man Aggressionen bei Kindern z.B. nicht erforschen, da sie nicht zu diesem Verhaltenskomplex zählen. Für SELG besteht eine Aggression „in einem gegen einen Organismus oder ein Organismussurrogat gerichteten Austeilen schädigender Reize ... eine Aggression kann offen (körperlich, verbal) oder verdeckt (phantasiert), sie kann positiv (von der Kultur gebilligt) oder negativ (mißbilligt) sein." (ebd. S. 16).

KOBI befaßt sich mit Aggressivität aus pädagogischer Sicht und fordert, die Begriffe Aggression/Aggressivität so zu definieren, daß sie sich als brauchbar erweisen zur Erfassung (heil)-pädagogischer Probleme und Aufgabenstellungen. Demnach ist für die Heilpädagogik entscheidend, daß Erscheinungsformen aggressiven Verhaltens nicht eindimensional zu erfassen sind.

mehrdimensionale Betrachtungsweise

Wir haben also, wenn wir Aggression beschreiben, nicht nur das einzelne Kind, sondern den Bereich Kind-Erzieher; Kind-Kind, Kind-Gruppe bzw. Gruppensituation. Je nach Perspektive des Betrachters, der Verhalten beobachtet und bewertet, wird sich das Phänomen Aggression verschieden darstellen. Im allgemeinen Sprachgebrauch verbindet man mit der Bezeichnung Aggressivität die Vorstellung von Feindseligkeit, Brutalität und Gewalt.

„In formaler Hinsicht ist zu beachten, daß Aggression/Aggressivität sich nicht als statistische, sichtbare Merkmale oder Eigenschaften präsentieren. *Aggression bezeichnet einen Akt, eine Handlung oder eine Handlungsabfolge. – Aggressivität* bezeichnet einen Zustand (eine Befindlichkeit, eine Konstellation, allenfalls auch eine überdauernde Verhaltenstendenz), der permanent von verschiedenen *intra- und interpersonellen* Zustandsgrößen abhängig ist und der ein Hervorbrechen aggressiver Akte unmittelbar erwarten oder gehäuft auftreten läßt." (KOBI, 1978, S. 134).

Aggression als Handlung

Aggressivität als Zustand

Inhaltlich ist nach KOBI (1978) zu beachten, daß Aggression/Aggressivität von drei Instanzen her bestimmt wird. Sie ist zeitlich und situativ von der Intention des Subjekts, der Interpretation des Objekts und gesellschaftlicher Konventionen abhängig.

Für die Erklärung von Aggression finden wir verschiedene Theorien bzw. Hypothesen:

1. Triebtheorien

Aggressionen entspringen nach diesen Vorstellungen einem naturgegebenen Trieb. So wies vor allem LORENZ (1963) auf den Aggressionstrieb hin. Dieser Aggressionstrieb habe mehrere Funktionen zu erfüllen. Die Aggression gehört demnach zur Grundausstattung des Menschen. Von Beobachtungen tierischen Verhaltens herkommend, hat LORENZ

Aggressionstrieb

den Versuch unternommen, die „Naturgeschichte der Aggression" als angeborenen Aggressionstrieb zu beweisen. Diese Triebtheorie wird heute jedoch überwiegend abgelehnt mit der Begründung, daß Lorenz unzulässige Analogieschlüsse vom Tier auf den Menschen gezogen habe.

Die von FREUD entwickelte Aggressionstheorie, die einen Destruktionstrieb postuliert, der aus dem Todestrieb abgeleitet wird, findet heute kaum noch Anhänger. FREUD selbst hat seine These als spekulativ und vorläufig bezeichnet.

Dessen ungeachtet haben FREUDS Anhänger seine Theorie weniger als spekulativ und vorläufig betrachtet.

2. Frustrations-Aggressions-Theorie

Frustration führt zu Aggression

Als wichtigster Vertreter gilt DOLLARD (1939; 1971). Ursprünglich geht diese Theorie davon aus, daß jede Frustration zu einer Aggression führt bzw. jede Aggression auf eine Frustration zurückzuführen sei. Als Frustration gilt dabei die Störung einer bestehenden zielgerichteten Aktivität. In der Wissenschaft ist heute die Eindeutigkeit dieser Aggressions-Frustrations-Hypothese sehr umstritten. Einigkeit besteht nur darin, daß „die allgemeine Aggressivität eines Menschen sich aus der Summe seiner lebensgeschichtlichen Frustrationen ergeben kann. Nach SELG führt die Frustration „beim Betroffenen zu einer meßbaren Erregung, welche nachfolgendes Verhalten intensiviert" (SELG, 1974, S. 29). Nach den Lerntheorien wird nicht nur die Form aggressiven Verhaltens gelernt, sondern schon „die Bereitschaft zur Aggression".

3. Lernpsychologische Theorie

Aggression wird erlernt

Hier gilt folgende Grundannahme: Aggression wird wie anderes Verhalten erlernt; es gibt beim Menschen keinen spezifischen Aggressionstrieb und keine spezifischen Aggressionsauslöser. Die wichtigsten Lernkonzepte besagen, daß Verhalten, welches zu einem Erfolg, zu einer negativen oder positiven Bekräftigung führt, beibehalten wird (operante oder instrumentelle Konditionierung). Besondere Bedeutung für die Aggressionsentwicklung erhält das Lernkonzept *Lernen am Modell oder Imitationslernen.* In einer Reihe von Experimenten konnte belegt werden, daß Demonstration von Aggression, sei es direkt oder indirekt im Film, bei Kindern als Beobachtern zu einem Anstieg aggressiven Verhaltens führt. Es wäre jedoch zu einseitig, würde man Lernen auf die Aneignung einzelner Verhaltensweisen beschränken. Gelernt werden Einstellung, Werthaltungen mit ihren kognitiven, emotional-affektiven und Verhaltenskomponenten (vgl. SELG, 1977, S. 21).

Für den Praktiker in der Erziehung geben die verschiedenen Theorien bzw. Hypothesen zwar gewisse Interpretationshilfen, sie vermögen jedoch nicht immer, das „in der Erziehungspraxis vorfindliche Verhaltensinventar und die mannigfaltigen Interaktionsmuster" mit einzubeziehen (KOBI, 1978, S. 136f.). Was den Erzieher besonders beschäftigt, sind die Faktoren, die in bestimmten Situationen aggressives Verhalten eines Kindes bewirken können. Ausgehend von der Erkenntnis, daß im einzelnen „Aggressivität" als Bereitschaft, als Verhaltensdisposition vorhanden ist, die wiederum von „unterschiedlichen psychophysischen, sozio-kulturellen und biographisch-erfahrungsgeschichtlichen Quellen gespiesen ist" (ebd. S. 137), ist festzustellen, daß je nach Situation intraindividuell verschiedene Aggressionen beim einzelnen auftreten können. Nachfolgendes Schema von KOBI (1978, S. 137) soll diese gegenseitige Abhängigkeit der unterschiedlichsten Faktoren verdeutlichen:

Agressivität als Verhaltensdisposition: Eine dynamische Konstellation

Aggression als Handlung (direkt/indirekt, unmittelbar/aufgeschoben, verdeckt/offen)

mit Widersprüchen und Antagonismen. Selten monotendent/gleichgerichtet

- **Anreiz** (abhängig von Sensibilität/Vulnerabilität; Konditioniertheit auf bestimmte Reizkonfigurationen; Gesinnung; Gestimmtheit)
- **Emotion** (abhängig von Energiepotential, Regulation; Affektkultur; Sensibilität)
- **Gesinnung** (abhängig von interiorisierter Ideologie; Eigen- und Fremderfahrungen)
- **Wille** (abhängig von momentaner Verfügungsgewalt; Gesinnung; Gestimmtheit; Situationsbeurteilung)
- **Angriffsziel** (abhängig von Entwicklungsstand; Situationsbeurteilung; Regulation; Konvention/Legitimation)
- **Energiepotential** (abhängig von Konstitution; Alter-, Reife-, Entwicklungsstand; momentaner Disponiertheit)
- **Regulation** (abhängig von Energiepotential; cerebralen Hemmungsmechanismen; interiorisierten Regulativen; konditionierten Hemmungen; antizipierten Sanktionen)
- **Ausführung,** Strategie, Taktik (abhängig von Entwicklungsstand, Erfahrungen, Habits, Durchhaltevermögen [sozialer] Intelligenz)
- **Instrumentarium** (abhängig von Inventar, Fertigkeiten, Angriffsziel, Bekanntheit von Interaktions-Modellen; Legitimation)

3.2 Lernbehinderung

3.2.1 Begriffsklärung

Beeinträchtigung der Erziehungsfähigkeit und Bildbarkeit

Der Begriff Lernbehinderung bezeichnet nach KANTER „einen realantropologischen Sachverhalt: die schwerwiegende, umfängliche und langandauernde Beeinträchtigung der Lernprozesse und des Lernaufbaues eines Menschen. Ihre pädagogische Korrespondenz findet diese in einer ebensolchen Beeinträchtigung der Erziehungsfähigkeit und Bildbarkeit des Menschen und betrifft damit seine gesamte Personogenese. Lernbehinderung wird auf diese Weise zur pädagogisch-anthropologischen Kategorie. Bei grundsätzlicher Übereinstimmung in der Beurteilung des Sachverhaltes ‚Lernbehinderung' als erziehungswissenschaftlich zu analysierende Gegebenheit bestehen über Normen, Grade und Strukturiertheit dieses Phänomens sowie über Fragen seiner Bedingtheit und Veränderbarkeit zum Teil recht unterschiedliche Auffassungen." (KANTER, 1976, S. 34).

Mängel im Lernprozeß

KOBI trifft folgende Unterscheidung:
„Lernbehinderte Schüler zeigen in den verschiedenen Phasen des Lernprozesses mehr oder weniger ausgeprägt Mängel:
- auf der Stufe der Motivation (schwache, diffuse, labile oder zeitlich und thematisch sehr eng begrenzte Motivation. Aufgrund wiederholter Frustrationserlebnisse im schulischen Lernsektor, auch Desinteresse, Schulverdruss);
- auf der Stufe der Problemerfassung (mangelhaftes Aufgaben- und Problembewußtsein, naive Selbstsicherheit, diverse Ausweichreaktionen, wenig Durchhaltevermögen);
- auf der Stufe der Problemlösung (diverse Mängel im Bereich der Intelligenzfunktionen und Kreativität);
- auf der Stufe der Ausführung (expressive Störungen hauptsächlich im psychomotorischen, sprachlichen z.T. auch im sozialen Bereich);
- auf der Stufe der Verfestigung und der Verfügbarkeit (mangelhafte Merk- und Reproduktionsfähigkeit, mangelhafte Kenntnisse, bzw. Problemlösungsmethoden und Aneignungstechniken);
- auf der Stufe der Übertragung (starke Gebundenheit des Gelernten an primäre Systembedingungen, Schwierigkeiten bei sinngemäßer Übertragung auf neue Situationen)" (KOBI, 1982, S. 70).

Andere Autoren, wie zum Beispiel BACH, bestimmen die Gruppe der Lernbehinderten aus der pädagogischen Aufgabe. „Im allgemeinen wird ein Kind als lernbehindert angesehen, wenn seine seelisch-geistige Gesamtsituation um etwa ein bis zwei Sechstel unterhalb des Regelbereiches liegt, sich also im Rahmen dessen befindet, was bei einem IQ von etwa 60/65 bis 80/85 unter mäßigen sonstigen Bedingungen an Lernleistungen zu erwarten ist. Zu den Bedingungen, die im oberen Grenzbereich von Intelligenzbeeinträchtigungen des genannten Grades konstitutiv für Lernbehinderung sind, zählen insbesondere umfänglichere und nicht nur vorübergehende, oft gehäuft auftretende körperliche Entwicklungsrückstände, körperliche Auffälligkeiten, Sinnesbeeinträchtigungen, umschriebene hirnorganische Schäden, sozio-kulturelle Benachteiligungen, familiäre Belastungssituationen, emotionale Beeinträchtigungen, Verhaltensstörungen bzw. ausgeprägte Fehlhaltungen. Neben der Intelligenzbeeinträchtigung des genannten Grades ist ein wesentliches und dauerndes Leistungsversagen in mehreren Lernbereichen für den Sachverhalt der Lernbehinderung kennzeichnend." (BACH, 1971, S. 8f.).

Bedingungen für Intelligenzbeeinträchtigungen

Das Lernverhalten ist gekennzeichnet durch:
- Dauernde sachlich und quantitative Eingeengtheit des Lernfeldes (Aufnahmefähigkeit für konkretes und Bedürfnisbezogenes).
- Reduzierte Abstraktivität (vorwiegend motorische und sensorische Ansprechbarkeit).
- Eingeschränkte Gliederungsmöglichkeit für Lernaufgaben (spezielle Führungsbedürftigkeit im Lernprozeß).
- Verlangsamung, Verflachung und zeitliche Begrenztheit der Lernprozesse (unregelhafte Lerndynamik)
- Geringe, vorwiegend diffuse Spontaneität (permanente Anregungsbedürftigkeit) (ebd. S. 11).

Lernverhalten bei Lernbehinderten

Nachdenklich dürfte uns KOBIS relativ einfache Schlußfolgerung stimmen: „Lernbehinderungen bewirken Lehrbehinderungen dadurch, daß die betreffenden Kinder
- langsamer und umständlicher lernen;
- daß sie auf differenzierte Lernschritte und ein vermehrtes Trainingsangebot angewiesen sind;
- daß ihnen die Ablösung von handlungsgebundenen, konkreten Denkformen Schwierigkeiten bereitet und sie vermehrt der Veranschaulichung bedürfen;

Lernbehinderungen bewirken Lehrbehinderungen

– und daß sie schließlich theoretisch-abstraktem, ihrem unmittelbaren Erleben abliegendem Wissen wenig Interesse abzugewinnen vermögen." (KOBI, 1982, S. 70).

Damit wird ausgedrückt, daß Lernbehinderung nicht einfach als ein Eigenschaftskomplex einer Person gesehen werden kann, sondern daß auch hier eine Reihe von Ursache und Bedingungsfaktoren eine Rolle spielen.

3.2.2 Ursache- und Bedingungsfaktoren

Ursachefaktoren für Lernbehinderung

In der einschlägigen Literatur finden wir weitgehende Übereinstimmung hinsichtlich der Ursachefaktoren für Lernbehinderung, wenngleich hinsichtlich des Auftretens und der Bedeutung der einzelnen Faktoren für Lernprozesse unterschiedlich akzentuiert wird.

Als Hauptgruppen lassen sich unterscheiden:

organische Bedingungen

– organische Bedingungen: Ein intaktes funktionstüchtiges Zentralnervensystem ist die Voraussetzung für ungestörtes Lernen. Liegen Organschädigungen des Zentralnervensystems endogener sowie vor-, während- oder nachgeburtlich erworbener Art vor, kann man auf jeden Fall eine Einschränkung der Lernprozesse prognostizieren. Art und Intensität der hemmenden Auswirkungen lassen sich jedoch nur für den Einzelfall genauer bestimmen.

psycho-soziale Bedingungen

– psycho-soziale Bedingungen: Hierzu gehören emotionale Zuwendung im frühen Kindesalter, Anerkennung, Geborgenheit, emotionale Wärme, Anregung, Motivation, Erziehungsverhalten, Familienstruktur, familiäre Verhältnisse, Erwartungs- und Vorurteilshaltungen u. a.

sozio-kulturelle Bedingungen

– sozio-kulturelle Bedingungen: Dazu gehören geistige Anregung, Spiel-Experimentier- und Betätigungsmöglichkeiten, sprachliche Anregung, Leistungsmotivation, subkulturelle Sozialisationsmuster u. ä.

sozio-ökonomische Bedingungen

– sozio-ökonomische Bedingungen: Hierzu sind zu zählen wirtschaftliche Verhältnisse, Wohnsituation, Einkommensverhältnisse, Gesellschaftsstruktur u. ä.

Nachfolgende Abbildung soll diese Zusammenhänge noch verdeutlichen:

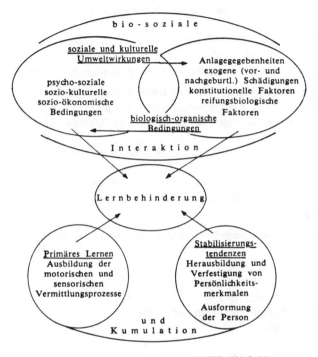

Bedingungsfelder für das Entstehen von Lernbehinderungen (KANTER 1976, S. 51)

Diese Darstellung läßt erkennen, daß viele der Faktoren eng miteinander verbunden sind. „Um den Kreis der bestimmenden Faktoren von Lernen und Lernbehinderung zu schließen, ist eine letzte Gruppe von Bedingungen einzubeziehen. Sie soll hier mit dem Sammelbegriff „Stabilisierungstendenzen" umschrieben werden. Gemeint sind damit Prozesse im Entwicklungsgang, vor allem des heranwachsenden Menschen, die eine Profilierung und Verfestigung des einzelmenschlichen Verhaltensrepertoires im Sinne der sich ausbildenden Persönlichkeitsstruktur bewirken. In dem Maße, wie bestimmte Lernwirkungen oder -ausfälle kommulativ anwachsen und sich durch häufige Interaktionsabläufe überdauernde Strukturgitter ausbilden, kommt es in Verbindung mit endogenen Steuerungsfunktionen zu einer Ausformung der

Person mit einem relativ festen Gefüge; und eben diese sich ausbildenden Persönlichkeitsfaktoren steuernder und integrierender Art bestimmen, erwünscht oder unerwünscht, zunehmend das Lern- und Leistungsbild des Menschen." (KANTER, 1976, S. 51 f.).

verschiedene Betrachtungsebenen der Bedingungsmöglichkeiten von Lernbehinderung

Zur Verdeutlichung der vielfältigen Bedingungsmöglichkeiten für Lernbehinderung soll das Phänomen Lernbehinderung nach KANTER (ebd. S. 53f.) unter verschiedenen Betrachtungsebenen analysiert werden:

1. Lern- und Leistungs- bzw. Verhaltensbesonderheiten
2. Mögliche Bedingungsfaktoren von Lern- und Leistungsausfällen
3. Soziale Normierungs-, Beurteilungs- und Reaktionsweisen

Zu 1.) Lernbeeinträchtigungen, gleich welcher Ursache bzw. Entstehungsgeschichte, zeigen sich im Verhaltens- und Leistungsbereich. Zur Abschätzung von Lernbehinderungen haben Beeinträchtigungen folgender Leistungs- und Verhaltensvariablen an Bedeutung gewonnen:

Fähigkeiten und Fertigkeiten im psychischen und psychomotorischen Bereich
- Psychomotorik
- Perzeptionsleistungen
- Intelligenzniveau
- Intelligenz- und Leistungsstruktur
- Sprache

Schulisches Lernen und schulische Leistungen
- einzelne Fächer und Gegenstände
- bestimmte Sektoren
- global

Antrieb/Steuerung/Motivation

Emotionalität (Affektivität)
- in aktuellen Situationen
- Dauergestimmtheit

Soziabilität
- soziale Kompetenz
- Entsprechen normierter Sozialordnung

„Aufgabe dieser Betrachtungsebene ist allerdings nicht – das sei ausdrücklich betont – das bloße Feststellen ... von Verhaltens- und Leistungsabweichungen, sondern die Analyse der Struktur der jeweiligen Leistungs- und Verhaltensbesonderheit ...." Aus pädagogischer Sicht kann es nur darum gehen, Ansatzpunkte für gezielte Förderungsmöglichkeiten zu finden. Nicht Selektion nach bestimmten Leistungskriterien, sondern Förderung nach den Möglichkeiten des Individuums.

Zu 2.) Hier sollen **mögliche** Bedingungsfaktoren von Lern- und Leistungsausfällen analysiert werden, die jedoch immer auf den Einzelfall entsprechend geprüft werden müssen und somit keinen Generalitätsanspruch haben. Dennoch sei auf sie verwiesen.

Soziale, kulturelle, ökonomische Bedingungen
- Frühe emotionale Beziehungen
- Familiäre Verhältnisse
- Wohn- und Wirtschaftsverhältnisse
- Subkulturelle Sozialisationsmuster
- Sozial- und Kulturraum
- Ökonomische Gegebenheiten
- Gesellschaftsstruktur

Biologisch-organische Bedingungen
- Pathologische (klinische wie subklinische) Gegebenheiten
- Reifungsbiologische Besonderheiten
- Konstitutionelle Besonderheiten

Interaktions- und Kumulationswirkungen

Primäre und sekundäre Mehrfachbehinderungen
- Zusammenwirken mehrerer primärer Schädigungen
- „konsekutive Persönlichkeitsverbildungen" im Gefolge von exogenen und endogenen Schädigungen.

Zu 3.) Soziale Normierungs-, Beurteilungs- und Reaktionsweisen als Bedingungsfaktoren für Lernbehinderung, erhalten ihre Bedeutung in Sozialeinflüssen auf den einzelnen. „Behinderung, hier Lernbehinderung, ist nicht nur individuelle Gegebenheit, sondern ebenso ein interaktional bestimmtes, gesellschaftlich definiertes und sozialgewertetes Phänomen. Es lassen sich damit zwei Gruppen von sozialen Einflüssen

aufzeigen (die allerdings bis zu einem gewissen Grade ineinander übergehen):
- Psychosoziale, soziokulturelle und sozioökonomische Bedingungen
- Soziale Reaktionsweisen, (Vor-)Urteilsbildungen sowie soziale Normierungs- und Zuweisungsprozesse

Erstere bilden als sozial vermittelte exogene Faktoren hemmende bzw. fördernde Momente im individuellen Lerngeschehen und Lernaufbau. Sie lassen sich als Anteil der interindividuellen Variabilität des Lern- und Leistungsverhaltens aufklären und tragen zur Ausbildung der gewordenen Persönlichkeitsmerkmale eines Menschen bei. Beispiele dafür wären psychische Entwicklungsrückstände, wie sie durch ‚Massenpflege' bei emotionalen Mangelsituationen im Kindesalter entstehen können, oder zu geringe Leistungsmotiviertheit gegenüber Schulanforderungen durch mindere Interessenhaltung der Eltern.

Die zweite Gruppe betrifft die Reaktionsweisen der sozialen Umwelt auf abweichendes Verhalten und Sondergruppenstatus. Sie schlagen sich nieder in sozialen Zuschreibungsprozessen und Rollenzuweisungen, in Vorurteilsbildungen sowie in gesellschaftlichen Hierarchisierungen und werden damit ebenfalls zu hemmenden bzw. fördernden Umwelteinwirkungen für das Lerngeschehen. Beispiele dafür wären der sogenannte Pygmalioneffekt, die soziale Deklassierung der Behinderten, insgesamt alle Segregations-, Isolations- und Stigmatisierungsprozesse" (KANTER, 1976, S. 56).

Diese drei Betrachtungsebenen sollen nochmals „die Mehrperspektivität des Erscheinungsbildes Lernbehinderung verdeutlichen. Lernbehinderung läßt sich auf diese Weise gleichzeitig beschreiben:

    als individuelles Ereignis variabler Ursache und Genese,
    als gesellschaftlich vermitteltes und definiertes Phänomen,
    als Versagen gegenüber speziell gesellschaftlichen (in diesem Falle schulischen) Anforderungen.

Eine Beurteilung selektiv und exklusiv nur unter dem einen oder anderen Aspekt würde dem Gegenstand nicht gerecht werden." (ebd. S. 56).

3.3 Geistige Behinderung

3.3.1 Begriffsklärung

„Geistige Behinderung liegt vor, wenn die seelisch-geistige Gesamtsituation eines Menschen auf Dauer und trotz optimaler (auch gegebenenfalls vorhandene sensorielle oder andere körperliche Beeinträchtigungen berücksichtigender) erzieherischer Bemühungen den Rahmen dessen nicht überschreitet, was bei einem Intelligenzquotienten unter 60 ± 5 zu erwarten ist – im Unterschied zur Lernbehinderung, die unter anderem durch darüberliegende Intelligenzquotientwerte zwischen 60 ± 5 und 80 ± 5 grob zu kennzeichnen ist.

Der Intelligenzquotient allein ist kein ausreichendes Kriterium für geistige Behinderung; er ist nur insofern von Interesse, als er ungefähre Aussagen über das vorab zu erwartende Lernverhalten erlaubt. Besonders im Grenzbereich zur Lernbehinderung kommen weiteren Kriterien – insbesondere der Erziehungs- und körperlichen Situation – erhöhte Bedeutung zu, ohne daß sich hier eindeutige Grenzen ziehen lassen." (BACH, 1974, S. 19).

Die geistige Behinderung äußert sich als mehr oder weniger deutliche Verminderung bzw. Einschränkung der Lernfähigkeit der betroffenen Menschen. Die intellektuellen Fähigkeiten werden nicht oder nur verlangsamt ausgebildet. Die Erfahrung hat gezeigt, daß Geistigbehinderte häufig eine gewisse Merkfähigkeit besitzen, praktischen Sinn haben und auch kombinieren können, wenn ihnen das zu Verbindende visuell angeboten wird. „Die Herabsetzung der Lernbasis reicht dabei vom noch möglichen (wenngleich verspäteten) Erwerb einfachen Sprachdenkens in präzisen Situationen, bis auf eine Stufe, wo allenfalls noch Reiz-Reaktions-Schemata hergestellt werden können." (KOBI, 1982, S. 67).

Geistige Behinderungen

psychiatrisch	intelligenz-diagnostisch	lernpsychologisch	heilpädagogisch	
Schwachsinn, Oligophrenie	Intelligenzmangel -defekt	herabgesetzte Lernbasis	Geistesschwäche (Lernbehinderung) Geistige Behinderung	
Debilität: Entwicklungsstand bis max. 12jährig	IQ 75–55	Stufe des einfachen verbalen Lernens, Sprachdenkens und Symbolgebrauches	beschränkt schulisch/ theoretisch bildbar in den Kulturtechniken	Zunehmende Tendenz zur Mehrfachbehinderung
Übergangsformen: Lernbehinderung ⟶ Geistige Behinderung!				
Imbezilität: Entwicklungsstand bis max. 7jährig	IQ 55–35	Stufe des operanten Konditionierens, des Handlungsdenkens und -verständnisses, des anschaulich vollziehenden Lernens	praktisch bildbar hinsichtlich Selbstbesorgung und einfacher beruflicher Tätigkeit	
Idiotie: Entwicklungsstand bis max. 2jährig	IQ 35 und tiefer	Stufe des reflektorischen Lernens und der Herstellung einfacher Reiz-Reaktions-Schemata	Einfache Beschäftigung . . . Trainierbare Einzelabläufe . . . Anregbarkeit . . . Pflegebedürftigkeit	

Übersicht geistige Behinderung; nach KOBI, 1982, S. 67

Oligophrenie/ Schwachsinn

In der einschlägigen Literatur finden wir unterschiedliche Klassifikationen, wie o. g. Schema zu entnehmen ist. So finden wir unter dem Oberbegriff Oligophrenie (Schwachsinn) eine Einteilung in:
- Debilität (Entwicklungsstand bis max. 12jährig)
- Imbezilität (Entwicklungsstand bis max. 7jährig)
- Idiotie (Entwicklungsstand bis max. 2jährig)

Wobei mit dem hier angegebenen Entwicklungsstand ausgesagt werden soll, daß zum Beispiel ein geistig schwer behinderter Mensch sich mit den Mitteln und Möglichkeiten verwirklichen muß, die normalerweise einem 2jährigen zur Verfügung stehen.

intelligenzdiagnostische Abstufung

Eine weitere Klassifikationsmöglichkeit liefert uns die Intelligenzdiagnostik durch Bemessen des Intelligenzquotienten. Interessant für die heilpädagogische Arbeit dürfte jedoch vor allem die lernpsychologische und heilpädagogische Abstufung sein. Hier wird versucht, Aussagen über die Einschränkung bzw. Herabsetzung der Lernbasis zu treffen und gleichzeitig Möglichkeiten der Bildbarkeit anzugeben. Die beiden letztgenannten Einteilungskriterien sind für die heilpädagogische Arbeit relevanter, da sie wesentlich aussagekräftiger und weniger negativ besetzt sind, wobei zu berücksichtigen ist, daß vorgefundenes Lernverhalten stets unter bestimmten Bedingungen gewordenes und ebenso weiter beeinflußbares Lernverhalten, also kein Lernverhalten „an sich" ist (BACH, 1974, S. 45). Wenn die Besonderheiten des Lernverhaltens Geistigbehinderter beschrieben werden, so geschieht dies unter dem Vorbehalt, daß die zu treffenden Feststellungen nicht immer für den ganzen Personenkreis Gültigkeit haben, und daß die Feststellungen das heute vorfindbare Lernverhalten Geistigbehinderter betreffen und nicht die heute vorhandenen Lernmöglichkeiten.

So besteht nach BACH die Gefahr, „geistige Behinderung als etwas statisches aufzufassen, dementsprechend Etikettierungseffekte auszulösen und durch unbewußte Reduzierung der erzieherischen Erwartungen und Bemühungen zur Erfüllung der negativen Prognose im Sinne von Rollenfixierung beizutragen.
Als Folge eines derartigen, durch statische Auffassungen bedingten Automatismus werden manche Erwicklungsstagnationen geistigbehinderter Jugendlicher und Erwachsener zu verstehen sein, so wenn z.B. die Sicherheit vorherrscht, daß Geistigbehinderte ja doch stets Kinder bleiben." (BACH, 1979, S. 10).

3.3.2 Ursachen

Im Gegensatz zu Lernbehinderungen, bei denen vorwiegend soziokulturelle Ursachefaktoren diskutiert werden, finden wir die häufigsten Ursachefaktoren bei geistiger Behinderung im Bereich der organischen Ursachen. Um die Vielfalt der möglichen Einzelursachen deutlich zu machen, sei nochmals auf das Kapitel 2.1 (Ätiologische Fragen) hingewiesen. Diese Ursachefaktoren sind jedoch nicht nur für geistige Behinderung relevant, sondern auch für weitere z.B. körperliche Behinderungen.

Deshalb sollen hier nur noch einige Ursachefaktoren erläutert werden:
Phenylkentonurie (Phenylbrenztraubensäureschwachsinn). Es handelt

Störung des Eiweißstoffwechsels	sich hier um eine Störung im Eiweißstoffwechsel. Eiweiß wird nicht verarbeitet bzw. umgesetzt; das kann zu einer ständigen inneren Vergiftung führen. Die Phenylketonurie kann durch den *Guthrie-test* in den ersten 3 bis 5 Tagen nach der Geburt diagnostiziert werden. Ein geistiger Entwicklungsrückstand ist jedoch erst nach ca. einem halben Jahr zu erkennen. Durch phenylalaninarme bzw. phenylalaninfreie Diät kann dem Entstehen der Symptome vorgebeugt werden. Der Phenylalaninspiegel muß ständig überwacht werden. Hier ist eine frühzeitige Erkennung notwendig, da bereits eingetretene Schäden irreversibel sind. Die Behandlung muß etwa bis zum 10.–12. Lebensjahr durchgeführt werden, danach genügt es meist, sich mit eiweißarmer Normalkost zu ernähren.
Störung des Kohlehydratestoffwechsels	*Galaktosämie* (Störungen des Kohlenhydratestoffwechsels). Hier handelt es sich um eine Ernährungsstörung mit Milchunverträglichkeit; dies wiederum führt zur Erkrankung der Leber, hat aber auch geistige Behinderung sowie Linsentrübung und Sehstörungen zur Folge. Die Häufigkeit der Galaktosämie wird etwa auf 1:40000 Geburten geschätzt. Therapeutisch müssen Milch oder Milchprodukte entzogen werden. Bei Früherkennung und rechtzeitig einsetzender Behandlung bestehen gute Aussichten auf Erfolg.
	Kretinismus (Mangel in der Entwicklung des Schilddrüsenhormons). Dies bringt eine Verlangsamung oder Verzögerung der Entwicklung mit sich. Der Kretinismus geht häufig auf Jodmangel zurück; ihm kann durch Jodprophylaxe vorgebeugt werden.
chromosomale Veränderungen	Als spezielles Krankheitsbild soll hier noch auf chromosomal verursachte Oligophrenien hingewiesen werden. Dieses relativ komplexe Phänomen wurde in seinem klinischen Bild von HARBAUER/SCHMIDT ausführlich erklärt und soll deshalb hier zusammenhängend zitiert werden. (HARBAUER/SCHMIDT, 1979, S. 463 f.) In den Zellen des menschlichen Körpers und den unreifen Keimzellen sind die Chromosome diploid vorhanden. In ihnen sind die Gene verankert. Beim Menschen umfaßt der diploide Chromosomensatz 23 Chromosomenpaare, davon zählen 22 Paare zu den Autosomen, die geschlechtsunabhängig sind. Die Gene der Gonosome (X- und Y-Chromosom) sind geschlechtsgebunden. Beim weiblichen Geschlecht ist das X-Chromosom doppelt vorhanden, das männliche Geschlecht besitzt das Chromosomenpaar XY. Die Oligophrenie ist um so stärker, je höher die Zahl der X-Chromosome ist (X-Polysomien).

Als die am häufigsten vorkommende Form gilt die TRISOMIE 21 (Langdon-Down-Syndrom, Mongoloidismus). „Soweit die körperlichen Symptome ausgeprägt bestehen, ist die klinische Diagnose möglich. Dies ist gekennzeichnet durch einen kurzen Schädel und verkleinerten Kopfumfang, die Lidspalten sind schrägstehend und meist schmal, darüber hinaus besteht ein Epikanthus (sichelförmige Hautfalte im inneren Augenwinkel, sog. Mongolenfalte; der Verf.), ein Hypertelorismus (weiter Augenabstand)".

Trisomie 21 (Mongoloidismus)

Die Nasenwurzel wird flach mit meist etwas sattelförmigem Rücken, die Zunge ist groß, der Mund oft gering geöffnet, so daß die vergrößerte Zunge sichtbar wird. Der Ohransatz liegt tiefer.
Häufig finden sich Mißbildungen am Herzen und den großen Blutgefäßen. Die gesamte psychophysische Entwicklung ist erheblich verlangsamt. Die frühkindlichen Entwicklungsdaten liegen stets verspätet. Diese Kinder erreichen freies Gehen meist erst nach dem 3. Lebensjahr. Auch die Sprachentwicklung ist deutlich verlangsamt, oft erheblichen Grades. Sprachstörungen sind häufig.

Ein differenzierter Gebrauch der Sprache ist vielen Kindern, auch im späteren Leben, nicht entsprechend möglich. Ihr intellektueller Entwicklungsstand bewegt sich meist im Bereich der Imbezilität.
Im frühen Lebensalter sind Kinder mit Down-Syndrom meist leicht zu ‚führen'. Sie bereiten kaum Erziehungsschwierigkeiten und ordnen sich durch ihre ‚Gutmütigkeit' und durch ihr ‚drolliges' Verhalten in die familiäre Atmosphäre ein.

Ursächlich läßt sich für die Chromosomaberration ein vom Alter der Mutter abhängiger und ein vom Alter der Mutter unabhängiger Typ erkennen. Beim ersten Typ (etwa ⅔ aller Fälle) kommt es nach dem 35. Lebensjahr der Mutter zu einem steilen Anstieg der Häufigkeit der Geburt betroffener Kinder. So trifft zwischen dem 40. und 44. Lebensjahr auf 80 Geburten und nach dem 45. Lebensjahr auf 30 Geburten ein Kind mit einem Langdon-Down-Syndrom. Die durchschnittliche Geburtshäufigkeit des Langdon-Down-Syndroms liegt bei 2,19‰ (1:480).

Autistische Verhaltenweisen bei Geistigbehinderten wurden von KANNER (1943) und ASPERGER (1944) unabhängig voneinander erfaßt und beschrieben. Mit dem Begriff *Autismus* wird eine schwere Beziehungsstörung zur dinglichen und personalen Umwelt bezeichnet, wobei die Beziehungsstörung in der Regel zu Personen größer ist als gegenüber

autistische Verhaltensweisen

Dingen. „Der frühkindliche Autismus wird heute zumeist den Psychosen, d. h. den Krankheiten mit tiefgreifenden Veränderungen des Realitätsbezuges und umfassenden Störungen der Persönlichkeit zugeordnet." (WEBER, 1982, S. 4). Über die Entstehung autistischer Verhaltensweisen gibt es zahlreiche zum Teil auch widersprüchliche Hypothesen. „Genetische, somatische und psychosoziale Faktoren dürften von Bedeutung sein" (NEUHÄUSER, 1974, zit. n. KLEIN, 1979, S. 213).

„Geistigbehinderte Kinder haben häufig zerebrale Bewegungsstörungen oder epileptische Anfälle, Hör- oder Sehbehinderungen in unterschiedlichen Ausprägungsgraden. Es ist anzunehmen, daß sich gerade bei den mehrfachbehinderten Kindern auch deprivationsbedingte autistische Verhaltensweisen aufgrund mangelnder Kommunikations- und Interaktionsprozesse entwickeln. Aus diesen zusätzlich organisch bedingten Behinderungen und dem individuellen autistischen Lernverhaltensmuster, das sich als zentrale Wahrnehmungs- und Sprachstörung (Teil- oder Unfähigkeit, den Sinngehalt der Sprache zu verstehen) zeigt, ist zu vermuten, daß dem Autismus Hirnfunktionsstörungen zugrundeliegen, auch wenn nach den gegenwärtig verfügbaren Methoden deren sicherer Nachweis nicht immer gelingt.

Da durch Wahrnehmungs- und Sprachstörungen individuelles, kommunikatives und soziales Lernen erheblich erschwert oder gar unmöglich wird, ergeben sich sekundäre, psychosozial bedingte Lernverhaltensbehinderungen, die autistische Verhaltensweisen kumulativ werden lassen.
Daraus ergeben sich für die Erziehung weitreichende Konsequenzen: Sie hat bei den aufzuspürenden individuellen Verhaltensfähigkeiten zu beginnen, also dort, wo das Kind in seinen ersten Entwicklungsansätzen steckengeblieben ist." (KLEIN, 1979, S. 214).

typische Verhaltensmerkmale für autistisches Verhalten

Als typische Verhaltensmerkmale gelten:
– Rückzug auf sich selbst
– Stimmungslabilität und Neigung zu Affektausbrüchen
– Stereotype motorische Aktivitäten
– Festhalten an Gewohnheiten bzw. zwanghafte Ängstlichkeit und Widerstand gegen Veränderungen
– Neigung, sich selbst Schmerzen zuzufügen
– Ich- und Steuerungsschwäche
– Wahrnehmungsschwäche

- Selektives Wahrnehmen von Dingen und Menschen
- Fehlendes Nachahmungsverhalten

„Säuglinge und Kleinkinder mit autistischen Verhaltensweisen sind in der Regel sehr ruhig und spruchlos, sie sehen oft ausgesprochen hübsch aus. Deshalb seien wichtige Erkennungszeichen genannt, die vom 6. Lebensmonat deutlich hervortreten können und der sofortigen diagnostischen Abklärung (auch im Hinblick auf mögliche Seh- oder Hörbehinderung) bedürfen und zur Einleitung einer Einzelerziehung (Hausfrüherziehung) sowie Therapie Anlaß geben sollten, um drohende Verfestigung autistischer Verhaltensweisen und sekundäre Verhaltensstörungen auf ein Minimum zu reduzieren oder verhindern zu können:

Signale für frühzeitiges Erkennen

- Sie sind in ihrer Motorik häufig auffallend ruhig. Es mangelt ihnen an Eigenaktivität.
- Sie führen keine Gegenstände (Beißringe, Rassel, Holzring etc.) zum Mund und saugen nicht daran.
- Ihre Lalläußerungen und Lautaktivitäten treten sporadisch und leise-monoton auf.
- Sie nehmen keinen Blickkontakt (Augenkontakt) auf.
- Sie reagieren nicht auf Lächeln, Liebkosungen und Ansprache. Liebkosungen gegenüber sind sie gleichgültig oder lehnen sie ab.
- Sie trinken oder kauen nicht im erwarteten Maß.
- Sie strecken nicht die Hände der Mutter entgegen, um aufgenommen zu werden.
- Sie beobachten ihre Umwelt nicht, sind nicht an ihr interessiert.
- Sie hantieren erstarrt in Stereotypien.
- Sie haben oft Störungen beim Ein- und Durchschlafen.
- Sie erscheinen oft schwerhörig bis taub oder sehbehindert bis blind.

3.4 Sprachbehinderungen

3.4.1 Begriffsklärung

„Sprachbehinderte sind solche Personen, die vorübergehend oder dauernd in unterschiedlichem Ausmaß unfähig sind, die allgemeine Umgangssprache in Laut und Schrift altersüblich aufzunehmen, zu verarbeiten und zu äußern und die deshalb in ihrer Persönlichkeits- und Sozialentwicklung sowie ihrer seelisch-geistigen und körperlichen Leistungsfähigkeit gefährdet oder beeinträchtigt sind. Die Unfähigkeit

Definition von Sprachbehinderung

kann sich auf eine, mehrere oder alle sprachlichen Teilfunktionen erstrecken." (KNURA, 1974, S. 105).

Die Einteilung der Sprachbehinderungen kann unter verschiedenen Gesichtspunkten erfolgen. Grundsätzlich sei auf die Problematik der Gefahren einer begrenzten Sichtweise hingewiesen. Unter Berücksichtigung der komplexen Zusammenhänge für die Entstehung von Sprachschwierigkeiten sollen hier rein symptomatisch die einzelnen Sprachbehinderungen beschrieben werden. Da die von KOBI zusammengefaßte Klassifizierung die wesentlichen notwendigen Informationen enthält, soll diese hier übernommen werden (vgl. KOBI, 1982, S. 61f.).

3.4.2 Formen der Sprech und Sprachbehinderungen

Sprache als System von Zeichen
Bevor wir uns mit den Formen der Sprach- bzw. Sprechbehinderungen befassen, ist zu klären, was Sprache in seiner Begrifflichkeit bedeutet. Sprache ist ein System von Zeichen. Dieser Zeichencharakter beinhaltet drei Dimensionen:

syntaktischer Aspekt
Der *syntaktische Zeichenaspekt* bezeichnet die Beziehung der Zeichen untereinander (Ausrichtung an der Grammatik).

semantischer Aspekt
Das Zeichen unter *semantischem Aspekt* stellt die Beziehung zwischen den Zeichen und dem zu bezeichnenden Gegenstand (sinnvolle Aussage).

pragmatischer Aspekt
Der pragmatische Zeichencharakter beinhaltet die Beziehung der Zeichen zu den Menschen, die sie gebrauchen (kommunikativer pragmatischer Aspekt) (vgl. TSCHAMLER, 1983, S. 18).

Sprache ist also einerseits das „Sprechen an sich" und das Verstehen der Sprache in seinem Zeichencharakter. Die meisten als Sprachbehinderung bezeichneten Beeinträchtigungen beziehen sich auf den eigentlichen Sprechakt und müßten somit eigentlich als Sprechbehinderung bezeichnet werden.

Wie wollen uns an die allgemein gängige Einteilung halten, wonach unterschieden wird zwischen:
- Artikulations- und Lautbildungsstörungen
- Redefluß- und Rhythmusstörungen

- Stimm- und Stimmklangstörungen
- Sprach- und Sprachaufbaustörungen.

3.4.2.1 Artikulations- und Lautbildungsstörungen

Stammeln (Dyslalie) – ist das Unvermögen, einzelne oder mehrere Laute und/oder deren Lautverbindungen korrekt (gemäß der phonetischen Lautnorm) aussprechen zu können. Stammeln gilt als die unter Kindern am weitesten verbreitete Sprachstörung. Es gibt Laute, die für das Kind leichter oder schwerer zu artikulieren sind. Die Laute der *ersten Artikulationszone*, die mit den Lippen oder mit Hilfe der unteren Lippe und der oberen Schneidezähne gebildet werden, sind relativ leicht zu artikulieren und werden demnach auch relativ selten falsch gesprochen. Diese Laute werden auch Labiallaute (Lippenlaute) genannt. Dazu gehören die Laute: * M * W * B * P * F *
Man nimmt an, daß diese Laute deshalb relativ leicht durch das Kind erlernt werden, weil sie von den Lippen abzulesen sind, woraus wiederum abzuleiten ist, daß stark sehbehinderte Kinder hier natürlich mehr Schwierigkeiten haben können. Eine falsche Artikulation der Labiallaute ist relativ selten, wenn hier Stammelfehler auftreten, dann nicht in Form der falschen Artikulation, sondern in der Form, daß einzelne Laute weggelassen werden.

Stammeln (Dyslalie)

1. Artikulationszone

Die *zweite Artikulationszone* befindet sich zwischen Zungenspitze und oberer Zahnreihe. Zum Bilden dieser Laute ist vor allem eine gewisse Zungengeschicklichkeit erforderlich. Die Zunge muß eine Luftrille bilden, damit der Luftstrom, der beim Sprechen erzeugt wird, durch die Mitte entweichen kann. In dieser Artikulationszone werden die Laute * T * D * N * L * S * Z * SCH * R * gebildet.

2. Artikulationszone

An der *dritten Artikulationszone* werden die sog. Gaumenlaute gebildet. Hierzu gehören die Laute * G * K * CH * NG *. Häufig stellen wir fest, daß diese Laute durch andere ersetzt werden.

3. Artikulationszone

Bildung der Konsonanten nach Artikulationszonen

1. Artikulationszone: Zwischen den Lippen oder Unterlippe und oberer Zahnreihe
2. Artikulationszone: Zwischen Zungenspitze und oberer Zahnreihe
3. Artikulationszone: Zwischen Zungenrücken und Gaumen

Entstehungsort der Konsonanten	1. Artikulationszone mit Stimme	1. Artikulationszone ohne Stimme	2. Artikulationszone mit Stimme	2. Artikulationszone ohne Stimme	3. Artikulationszone mit Stimme	3. Artikulationszone ohne Stimme
Verschlußlaute (Explosiva)	b	p	d	t	g	k
Reibelaute	w	f, v	s, j (frz.) th (engl.)	s, ss, ß sch	j	ch
R-Laute (Zitterlaute)	r (Lippen-r)		r (Zungen-r)		r (Gaumen-r)	
Nasallaute	m		n l		ng	
x = ks; z = ts; h entsteht im Kehlkopf						

Übersicht zur Bildung der Konsonanten nach Artikulationszonen; (vgl. BERENDES, 1967, S. 12 f.)

partielles, muliples und universelles Stammeln

Wir können davon ausgehen, daß die Konsonanten und weniger die Vokale gestammelt werden. Erstreckt sich der Stammelfehler auf einige wenige Laute, so nennt man dies *partielles Stammeln*. Fehlt eine größere Anzahl von Lauten oder werden viele Laute falsch gesprochen, so nennt man dies *multiples Stammeln*. Ist die Sprechweise durch fehlende oder/und falsch gesprochene Laute völlig unverständlich, wird dies als *universelles Stammeln* bezeichnet.

Die häufigsten Stammelfehler werden nach dem mangelhaft gebildeten Laut benannt:

Sigmatismus

Sigmatismus: die Falschbildung der sogenannten ‚Zischlaute' S, Z und in manchen Fällen auch das Sch.
Sigmatismus-interdentalis (Lispeln): die Zunge wird fälschlicherweise zwischen die Schneidezähne gepreßt, so daß ein stumpfer S-Laut entsteht;
Sigmatismus-lateralis: die Zunge wird fälschlicherweise gewölbt, so daß die Luft seitlich entweicht und ein wässriger S-Laut entsteht; Wird der S-Laut durch einen anderen leichter zu bildenden Laut ersetzt, spricht man von *Parasigmatismus*.

Auch *Rhotazismen* (r-Fehler) sind relativ häufig. Der R-Laut wird ausgelassen oder durch ch oder l ersetzt.
Die falsche Lautbildung des K und G wird als *Kappazismus* bezeichnet. Häufig finden wir jedoch die Form der Sprechstörung, daß diese Laute K oder G durch leichter zu bildende Laute ersetzt werden, so spricht das Kind zum Beispiel ‚Tuchen' statt ‚Kuchen'.

Im Laufe der Sprachentwicklung macht jedes Kind eine Phase durch, während der es stammelt. Man bezeichnet dies als entwicklungsbedingtes oder physiologisches Stammeln. Im Laufe des Kindergartenalters sollten die letzten falschen Lautbildungen jedoch normalerweise überwunden werden. Das Kind ist in der Regel bis zum 6. Lebensjahr in der Lage, alle Laute der Muttersprache korrekt zu gebrauchen.

entwicklungsbedingtes oder physiologisches Stammeln

Stammeln tritt in unterschiedlichen ursächlichen Zusammenhängen auf: verzögerte Sprachentwicklung, cerebral bedingte Funktionsstörungen (z. B. bei Zerebralparetikern), deformierte Sprechwerkzeuge, Schwerhörigkeit, Geistesschwäche, Verwahrlosung, schlechte Vorbilder. Entscheidend für die Diagnose und auch die daraus resultierende Behandlung ist die Erkenntnis, Stammeln nicht als „bloße Störung des mechanischen Sprechvorganges" zu bezeichnen.

Ursachefaktoren

„Störungen lassen sich in folgenden Bereichen nachweisen und vermuten:
- im sozialen Bereich: schlechte sprachliche Vorbilder, Erziehungsfehler usw.
- im impressiven Bereich: Störungen der auditiven Wahrnehmung,
- im zentralen Bereich: phonematische Differenzierungsschwäche, Störungen des motorisch-kinästhetischen Analysators, Unreife der motorischen Zentren und Bahnen.
- im expressiven Bereich: motorische Ungeschicklichkeit, Schädigung oder Anomalien der Sprechwerkzeuge." (KNURA, 1974, S. 111).

Dysarthrie – ist eine Störung des äußeren Sprechvorgangs infolge von Erkrankung der zerebralen Zentren, Bahnen und Kerne der am Sprechvorgang beteiligten Nerven. Sie betreffen den gesamten Sprechvorgang: die Artikulation, die Phonation (Stimmbildung) und die Respiration (Atmung) (vgl. ebd. S. 115).

Dysarthrie

Dysglossie — *Dysglossie* – ist die Artikulationsstörung infolge organischer Veränderungen an den äußeren Sprechorganen.

3.4.2.2 Redefluß- und Rhythmusstörungen

Stottern *Stottern* gilt als eine Störung des Redeflusses, welche durch Verkrampfung und durch unkoordinierte Bewegungen der Atmungs-, Stimm- und Artikulationsmuskulatur zustande kommt. Stottern ist eine Störung des Sprechablaufes, die sich darin äußert, daß bereits der Beginn der Rede nicht gelingt oder der Redefluß durch krampfartige **klonisches und** Wiederholung einzelner Laute *(klonisches Stottern)* oder durch pres**tonisches** sendes Verharren in einer Artikulationsstellung *(tonisches Stottern)* **Stottern** unterbrochen wird.

Flickwörter Die Symptomatik ist nicht nur interpersonell, sondern auch intrapersonell und situativ verschieden. Durch die Verwendung von Flickwörtern, durch die Umgehung gefürchteter Laute (Verwendung sinnverwandter Wörter, die mit einem für den Sprecher neutralen Laut beginnen) und **dysphemischer** dem daraus zuweilen resultierenden ungewöhnlichen Satzbau **Dysgramma-** (dysphemischer Dysgrammatismus), durch Mitbewegungen im Bereich **tismus** der Mimik (primäre Mitbewegungen) und der Körpermotorik (sekundäre **Mitbewegungen** Mitbewegungen) kann sie sehr auffällig werden und den gesamten Kommunikationsprozeß nachhaltig stören.

Über die Entstehung des Stotterns gibt es unterschiedliche Theorien. Die wichtigsten sind:

Dysphemie- *Dysphemie-Theorien:* „Sie sehen Stottern als ein Teilsymptom einer **Theorie** komplexen hirnorganischen bzw. konstitutionellen Funktionsstörung, zum Teil auf erblicher Grundlage mit neurophysiologischen und biochemischen Veränderungen.

Ihre Beweisführung basiert auf der Feststellung, wonach Stotternde häufiger stotternde Verwandte haben als Nichtstotternde und bei eineiigen Zwillingen, falls es zum Stottern kommt, in der Regel beide Kinder stottern, bei zweieiigen nur eins . . .

Diese Beweisführung reicht jedoch nicht aus, um hinreichend zu belegen, daß Stottern organisch oder dispositionell bedingt ist. Als Haupteinwand wird die Unbeständigkeit des Stotterers genannt, seine augenscheinliche Abhängigkeit u. a. von der Situation, den Interaktionspartnern, der Bedeutung, die der Sprecher seiner Aussage zumißt." (KNURA, 1980, S. 44).

Neurose-Theorie: Stottern ist für sie ein Ausdruck eines psychoneurotischen Zustandes auf der Basis von verdrängten, unbewußten seelischen Konflikten aus der Zeit der frühen Kindheit, die je nach der zugrundegelegten Neurosenlehre unterschiedlich gesehen und betont wird. Dementsprechend wird das Stottern beschrieben als Ausdruck etwa

Neurose-Theorie

- für eine Ambivalenz zwischen dem Impuls, etwas mitzuteilen und dem Gegenimpuls, etwas zu verschweigen (DÜHRSSEN, 1955),
- für die Angst, die aus einer gestörten Eltern-Kind-Beziehung resultiert (MURPHY und FITZSIMONS, 1960),
- für ein unbewußtes Zurückdrängen unerwünschter Gedanken und Gefühle, die mit der Thematik des Saugens, Essens, Ausscheidens, Untersuchens zu tun haben (TRAVIS, 1957),
- für eine Verdrängung unbewußter Ausdrucksbewegungen wie Beißen oder Saugen, die als Fixierung in der kindlichen Ich-Entwicklung infolge einer frühen Trennungsangst aufzufassen sind und durch overprotektives, ängstliches oder ambivalentes mütterliches Verhalten begünstigt werden (GLAUBER, 1958),
- für eine Lebenstechnik, sich aus der Furcht vor Unvollkommenheit den Anforderungen der Gemeinschaft zu entziehen (ADLER, 1931),
- für das Streben nach einem idealisierten Bild von sich selbst: „Demosthenes-Komlex" (BARBARA, 1954).

(vgl. KNURA, 1974, S. 119).

Lerntheorien: „Sie interpretieren Stottern als ein gelerntes Fehlverhalten und verweisen u. a. auf den Konsistenzeffekt, d. h. auf die Tendenz, in gleichen Situationen bei denselben Wörtern zu stottern, ferner auf den Adaptionseffekt, der darin zu sehen ist, daß sich das Stottern beim wiederholten Lesen eines Textes immer mehr verringert und auf die Beobachtung, daß der erwachsene Stotternde voraussagen kann, wann und wobei er stottert." (KNURA, 1980, S. 44).

Lerntheorien

Einige Autoren wie HEESE (1967), SEEMANN (1969) und andere vertreten einen komplexen Ansatz. Sie gehen davon aus, daß Stottern häufig aus dem Zusammenwirken von Dispositionen und Umwelteinflüssen entsteht, dementsprechend von vielen Faktoren in individuell unterschiedlicher Verteilung und Ausprägung bedingt sein kann und keine einheitliche Störung darstellt.

komplexe Ansätze

Beginn des Stotterns Das Stottern beginnt in den meisten Fällen im 3./4. Lebensjahr, also während der Sprachentwicklung. Eine geringe Häufung des Auftretens zeigt sich im 6./7. Lebensjahr, also im Einschulungsalter; ein leichter Anstieg der Häufung ist im Alter von 14 Jahren festzustellen. Das Stottern zeigt im Hinblick auf seine Schwere eine mit Dauer der Störung zunehmende Tendenz, d. h. eine anfangs leichte Stottersymptomatik verschlimmert sich in der Regel und führt mit steigendem Lebensalter des Betroffenen häufig zu Resignation, Depression und Isolation. (vgl. KNURA, 1974, S. 120).

Die Behandlung des Stotterns ist weitaus schwieriger als z. B. die des Stammelns. So werden über eine speziell logopädische Behandlung (Atem-, Stimm-, Artikulationsübungen) hinaus sehr oft je nach theoretischem Ansatz psychotherapeutische Behandlungen durchgeführt.

Poltern *Poltern* – Auch das Poltern ist eine Redefluß-Störung. Man bezeichnet damit ein überstürztes, hastig-übersprudelndes Reden, bei welchem Silben, Wörter und ganze Satzteile ausgelassen, verwechselt oder verstümmelt werden. Für die Entstehung des Polterns werden sowohl anlagemäßige als auch zentrale und psychische Faktoren verantwortlich gemacht. Die Schriftsprache des Polterns zeigt ähnliche Symptome wie die Lautsprache: die Schrift ist fahrig, es kommt manchmal zu Auslassung von Buchstaben und Wörtern. Im Gegensatz zum Stottern, mit dem Poltern häufig verwechselt wird, zeigt der Betroffene kein Störungsbewußtsein. Er spricht vor Fremden und in Prüfungssituationen besser, während sich in ungezwungener Umgangssprache die Poltersymptomatik verstärkt. (vgl. ebd. S. 121).

3.4.2.3 Stimm- und Stimmklangstörungen

Dysphonie *Dysphonie/Aphonie.* Leitsymptom der Dysphonie ist die gestörte Fähigkeit zur Stimmgebung (wobei Flüstern, Lachen, Weinen und Singen normal sein können) bzw. eine chronische (bei starker stimmlicher Beanspruchung) heiser klingende Stimme. Neben einer Übungsbehandlung, die auf Lockerung der verspannten Stimmgebung zielt, ist eine Aufarbeitung der psychischen Konflikte des Betroffenen notwendig.

Mutationsstörungen der Stimme. Sie treten im Zusammenhang mit dem pubertären Stimmbruch vorübergehend als normale, physiologisch bedingte Erscheinung auf. Sie zeigen sich darin, daß sich die Sprechstimmlage den altersentsprechenden physiologischen Gegebenheiten nicht anpaßt. Die Folge ist ein geringer Stimmumfang, eine relativ hohe Sprechstimme, eine verschleierte Stimme und leichte Stimmermüdung beim Sprechen und Singen. Sie kommt bei Jungen häufiger vor als bei Mädchen.

Mutationsstörungen der Stimme

Näseln. Bei der Artikulation der Laute dringt der Luftstrom abwechselnd durch den Mund oder durch die Nase. Das Gaumensegel ist nach der Zunge der fleißigste Muskel unseres Mundraumes. Es muß sich ständig heben und senken, um den Nasenraum für die Phonation zu versperren oder freizugeben. Bei den Lauten M, N, ng, tritt durch Öffnung des Gaumensegels der Phonationsstrom durch die Nase aus, bei allen übrigen Lauten dringt der Phonationsstrom durch den Mund.

Näseln

Wenn der Nasenraum durch das Gaumensegel nicht verschlossen werden kann, kommt es zum sog. *offenen Näseln.* Der Luftstrom dringt bei fast allen Lauten ganz oder teilweise durch die Nase. Die Sprache klingt entstellt und ist oft schwer verständlich. Die Hauptursache für offenes Näseln ist die Gaumenspalte. Die Spalte kann durch den weichen Gaumen, den harten Gaumen, den Oberkiefer und die Oberlippe gehen. Die Gaumenspalte wird durch mehrere Operationen geschlossen. Allerdings bringt die medizinische Behandlung des Schließens der Gaumenspalte nicht gleichzeitig eine Normalisierung der Sprache mit sich. Eine weitere Ursache für offenes Näseln kann eine Lähmung des Gaumensegels sein.

offenes Näseln

Beim *geschlossenen Näseln* ist dem Phonationsstrom die freie Nasenpassage verlegt, z. B. organisch durch extrem vergrößerte Rachenmandeln, Nasenpolypen, Nasentumoren usw.

geschlossenes Näseln

3.4.2.4 Sprach- und Sprachaufbaustörungen

Stummheit (Mutismus) kann die „Folge von Gehörlosigkeit sein, kann jedoch auch ohne Sinnesbeeinträchtigung im Zusammenhang mit schweren Formen geistiger Behinderung (Idiotie) und sekundär (Sprachverlust, Verstummen) als Folge von Hirnschäden oder eines schweren psychischen Schocks auftreten. Stummheit kann ferner zum Zustandsbild eines kindlichen Autismus gehören." (KOBI, 1982, S. 64).

Mutismus

Aphasie/ *Aphasie/Dysphasie.* „Unter Aphasie versteht man den völligen Verlust
Dysphasie (Aphasie im eigentlichen Sinn) oder die Beeinträchtigung der Sprache
als Ausdrucksform des Denkens zu bedienen (motorische Aphasie)
oder sprachliche Äußerungen zu verstehen (sensorische Aphasie)."
Aphasie beruht auf Schädigungen des Großhirns einerseits und andererseits auf Störungsbildern, die sich bei Kindern und Erwachsenen,
zumeist auf der Grundlage einer entsprechenden konstitutionellen Disposition, als Reaktion auf ungünstige Umwelteinflüsse, anhaltende
Überforderungssituationen, Schreckerlebnisse usw. einstellen können
(vgl. ebd. S. 64).

Sprach- *Verzögerte Sprachentwicklung* ist der Ausdruck sehr verschiedenarti-
entwicklungs- ger Störungen. Sie reichen von anlagemäßigen bis milieubedingten
verzögerung sprachlichen Entwicklungsstörungen, es handelt sich also um eine
Spätentwicklung der Sprache. Sie zeigen sich darin, daß sich die
Kinder erst verspätet die Sprache ihrer Mitwelt aneignen. Es gibt
Kinder, welche (bei normalem Sprachverständnis) sich erst – bis gegen
das dritte Lebensjahr – kaum sprachlich äußern und scheinbar unvermittelt und plötzlich vieles in relativ kurzer Zeit wieder aufholen.
„Die Sprachentwicklungsverzögerungen können verursacht werden
- im sozialen Bereich: Mangelhafte Stimulation, ungünstige Mutter-Kind-Beziehung, Fehleinstellungen zum Sprachverhalten u. a.
- im impressiven Bereich: Störungen der auditiven Wahrnehmung in Zusammenhang mit Störungen der affektiven Sphäre (Übererregbarkeit, Apathie)
- im zentralen Bereich: Störungen im Dekodieren sprachlicher Zeichen (phonematisches Hören), Unfähigkeit zum Erkennen und Behalten von Schriftsprache (Wortblindheit), Störungen im Erkennen des Zeicheninhaltes, Störungen in der Bildung und Reproduktion von Sprechbewegungsmustern, motorische Ungeschicklichkeit und Schwerfälligkeit in der Lautbildung.
- im expressiven Bereich: Behinderung der Sprechbewegungen infolge motorischer Labilität oder Ungeschicklichkeit aufgrund von Reifungsverzögerungen, Schädigungen der Sprechwerkzeuge" (KNURA, 1974, S. 110).

Entscheidend ist für uns die Erkenntnis, daß der Spracherwerb sowohl von „endogenen", als auch von „exogenen" Faktoren abhängig ist. Sprache als Kommunikationsmittel umschließt sowohl den Sprecher als auch den Hörer. Zur Verdeutlichung dieses Sachverhaltes führt

KNURA (1974, S. 107 f.) das Modell von BECKER/SOVAK (1971) an, das in stark vereinfachter Weise das Regelsystem sprachlicher Kommunikation anschaulich machen soll.

Die vielfältigen Wechselwirkungen zwischen Individuum und Gesellschaft werden bei der verbalen Kommunikation wenigstens zweier Partner deutlich. Jeder Partner ist dabei Sender und Empfänger sprachlicher Zeichen. Als Empfänger verfügt er über eine *impressive Leistung* (Ohr ----- ZNS). In ihrem peripheren Abschnitt (Ohr) nimmt sie das Zugesprochene als akustische Zeichen auf – oder über das Auge das geschriebene – und leitet es, in nervöse Impulse umgesetzt, über ihren zentralen Abschnitt zur Dekodierungsstelle. Hier werden Impulse als Wortstrukturen entschlüsselt und unter Inanspruchnahme des im integrierten Zentrum individuell gespeicherten Zeichenvorrats inhaltlich erkannt. Das empfangene Zeichen wird seinem Bedeutungsgehalt entsprechend verstanden, wenn es auf ein identisches Zeichen im Speicher trifft, d. h. Sender und Empfänger müssen einen gemeinsamen Zeichenvorrat besitzen und verwenden, um miteinander sprachlich kommunizieren zu können.

Um auf die empfangenen Zeichen antworten zu können, wird der Empfänger zum Sender. Als solcher ruft er aus dem Speicher die entsprechenden Zeichen ab. Sie werden in der Kodierungsstelle in ein Sprechbewegungsmuster übersetzt, in Form zentral-nervöser Impulse über den zentralen Abschnitt der *expressiven Leistung* (ZNS ---- Artikulationsorgane) gesendet und im peripheren Abschnitt in sprechmotorische Bewegungen und damit in hörbare Sprachzeichen umgewandelt. Sobald der Partner diese empfangen und verstanden hat, ist der Kommunikationskreis geschlossen.

Jede individuelle sprachliche Aktion ist demnach ein fein koordiniertes Zusammenspiel rezeptiver, integrativer und expressiver Prozesse, welches ebenso vielfältig durch endogene und exogene Faktoren gestört werden kann.

Agrammatismus/Dysgrammatismus. Agrammatismus besteht in der Unfähigkeit, einen grammatisch richtigen Satzbau zustande zu bringen. Da im Laufe der Sprachentwicklung alle Kinder während geraumer Zeit Fehler machen, spricht man sinngemäß erst vom 5./6. Lebensjahr an von Agrammatismus. Von der Störung betroffen sind

Dysgrammatismus

Grammatik und Syntax, welche die Wortbeugung und Wortstellung im Satz regeln. Dem Dysgrammatismus liegt eine herabgesetzte Fähigkeit des Kindes zu bestimmten Wahrnehmungs- und Verallgemeinerungsprozessen zugrunde. Die Ausfälle können im rezeptiv-sensorischen, zentralen und expressiv-motorischen Teil liegen. Es können aber auch Störungen im sozialen Bereich vorhanden sein, etwa in Form von Vernachlässigung und Ablehnung, wodurch dem Kind die wichtige Stimmulation zu nachahmendem Sprachverhalten als einer wesentlichen Komponente des Spracherwerbs fehlt (vgl. KNURA, 1974, S. 112).

3.4.3 Sprache, Persönlichkeitsentfaltung und soziokulturelle Integration

soziokulturelle Integration durch Kommunikation und Interaktion

Das Kind wird innerhalb seines Kommunikationsfeldes in einen bestimmten Verstehens- und Kulturhorizont hineingeboren, und im Laufe der Entwicklung durchläuft es allmählich den Prozeß seiner soziokulturellen Integration und Persönlichkeitsentfaltung. Dieser Prozeß geschieht normalerweise in Form von Kommunikation und Interaktion zwischen dem Individuum und den Mitgliedern der Gesellschaft. Einen wesentlichen Anteil daran hat die Verwendung der Sprache. Sprache als ein konventionelles und dynamisches System von Zeichen eröffnet dem Menschen den Zugang zu historisch begründeter gesellschaftlicher Wirklichkeit und befähigt ihn, sich die Welt geistig verfügbar zu machen. Unser Denken und unsere kulturelle Existenz sind weitgehend sprachbezogen und sprachabhänig, und wir gewinnen unser Weltbild nornehmlich in der muttersprachlich gesteuerten Betrachtungs- und Denkweise (vgl. FLEHINGHAUS, 1978, S. 87).

Verlust des persönlichen Gleichgewichtes

Nach KNURA (1974) bedeutet Sprachbehinderung „einen Verlust des Gleichgewichtes in der Gesamtdynamik der Persönlichkeitsentwicklung. Sie führt im Zusammenhang mit negativen Lernerfahrungen während des Kommunikationsprozesses zu Lernstörungen, die sich mit Dauer der Behinderung zunehmend mehr auf das Leistungs- und Sozialverhalten auszuwirken vermögen. Diese Entwicklung gilt für alle Sprachbehinderungen, d.h. sie betrifft sowohl die Sprachentwicklungsstörungen und die früh- oder späterworbenen Störungen der Sprache als auch die reaktiven und psychogenen Sprachstörungen. Neben der je nach Art der Sprachstörung in unterschiedlicher Weise und in unterschiedlichem Ausmaß objektiv eingeschränkten sprachlichen Kommunikation bestimmt der Grad des subjektiven Störungsbewußtseins den eigentlichen Schweregrad einer Sprachbehinderung. Er steht in engem Zusammenhang mit solchen Merkmalen wie Leistungsversagen, soziale Isolation, Aggressivität, Gehemmtheit usw., die in Aussagen von Eltern, Lehrern, Psychologen und Ärzten zum psychosozialen Verhalten Sprachbehinderter immer wiederkehren und für bestimmte Sprachstörungen teilweise in vergleichenden Gruppenuntersuchungen nachgewiesen werden konnten.

Ob es durch eine Sprachbehinderung zu Fehlentwicklungen der Persönlichkeit kommt, hängt zunächst von den Erfahrungen ab, die das sprachbehinderte Kind in der Primärgruppe Familie sammelt. Häufig reagieren Eltern auf eine als Sprachstörung diagnostizierte Feststellung des Sprachfehlers ihres Kindes, je nach eigener Persönlichkeitsstruktur einerseits damit, daß sie versuchen, dem Kind alle Schwierigkeiten aus dem Wege zu schaffen und es vor „negativen" Erfahrungen zu schützen; andererseits finden wir Eltern, die dazu neigen, die sprachlichen Besonderheiten des Kindes zu ignorieren oder es zu kompensatorischen Leistungen anzuhalten, die häufig zur Überforderung des Kindes führen können. Häufig erleben wir auch Eltern, die die Bedeutung der Sprache insbesondere im sozialen Bereich nicht richtig einschätzen und Störungen der Sprache als begrenzte Ausfälle sehen, die sich schon von selbst wieder geben. Dies kann zur Folge haben, daß die Eltern die Notwendigkeit nicht erkennen, dem Kind bei der Verarbeitung frustrierender Erfahrungen im Zusammenhang mit seiner sprachlichen Einschränkung zu helfen.

Fehlentwicklungen durch Unverständnis der Eltern

3.5 Hörschädigung

3.5.1 Gehörlosigkeit und Schwerhörigkeit

Hörschädigungen sind phänomenologisch zu unterscheiden in Gehörlosigkeit und Schwerhörigkeit. *„Gehörlosigkeit* ist der bei einem Menschen bestehende Zustand einer so starken Hörschädigung, daß dieser Zusprache über Hörgeräte nicht mehr verstehen kann. Bestimmend für das Symptombild der Gehörlosigkeit ist auch die Beeinträchtigung der Sprache. Da sich diese um so nachhaltiger auswirkt, je früher die

Gehörlosigkeit

Gehörlosigkeit eingetreten ist, sind die sprachpathologischen Folgen unterschiedlich. So unterscheidet man 2 Gruppen von gehörlosen Kindern.

Zur 1. Gruppe zählen die Kinder, deren Gehörlosigkeit von Geburt an vorliegt, oder die noch vor der Erlernung der Lautsprache ertaubt sind. Die 2. Gruppe umfaßt die Kinder, die erst nach Erlernung der Lautsprache gehörlos geworden und in deren Besitz geblieben sind.

Verbindung Gehörlosigkeit und Spracherwerb

Beide Gruppen unterscheiden sich grundlegend voneinander. Während Kinder der 1. Gruppe die Lautsprache in einem langen Lernprozeß erwerben müssen, ist bei der 2. Gruppe das Hauptanliegen der Hörgeschädigtenpädagogik, die bereits erworbene Lautsprache zu erhalten und weiter zu entfalten. Folgerichtig bezeichnet man ein Kind, das ohne oder nur mit geringem Hörvermögen geboren wurde oder dieses vor der Spracherlernung verloren hat, als *vorsprachlich gehörlos,* und ein Kind, das sein Hörvermögen erst nach dem Spracherwerb eingebüßt hat, als *nachsprachlich ertaubt*. (LÖWE, 1979, S. 149).

Diese Verbindung von Gehörlosigkeit und Spracherwerb hat insofern ihre Bedeutung, als eine ‚unbehandelte' Gehörlosigkeit sich negativ auf den Spracherwerb bzw. auf den Erhalt der evtl. bereits erworbenen Sprache auswirkt. Im Volksmund finden wir häufig die Bezeichnung ‚taubstumm', was beinhaltet, daß ein Gehörloser gleichzeitig auch ohne Lautsprache ist, was nicht sein muß.

Gehörlosigkeit wird zum Teil noch unterteilt in
- Volltaubheit: Keine auditive Wahrnehmung, Hörverlsut 120 dB und mehr;
- Resthörigkeit: Wahrnehmung einzelner Geräusche/Klänge bestimmter Stärke und Frequenz; jedoch sprachtaub, Hörverlust 90 dB und mehr im Frequenzbereich der Sprache (vgl. KOBI, 1982, S. 58).

Die *Schwerhörigkeit* ist abzugrenzen gegenüber der Gehörlosigkeit und gegenüber der Normalhörigkeit. „So bezeichnet man alle Kinder als schwerhörig, deren Hörfähigkeit so stark beeinträchtigt ist, daß sie die Sprache in ihrer Umgebung nach Laut, Form und Inhalt nur unvollkommen erlernen.

Will man die Schwerhörigkeit dagegen zur Gehörlosigkeit abgrenzen, wird man sie als eine Hörschädigung beschreiben, bei der es noch möglich ist, Sprache hauptsächlich über das Gehör aufzunehmen.

Wie die Gehörlosigkeit beeinträchtigt sie nicht nur die *sprachliche* Entwicklung, sie gefährdet auch die *emotionale* und *kognitive* Entwicklung des Kindes und erschwert seinen *sozialen Kontakt* mit der Umwelt.

Beeinträchtigung der sprachlichen, emotionalen, kognitiven und sozialen Entwicklung

Für diese Folgen ist neben dem Zeitpunkt des Eintritts vor allem der Grad der Schwerhörigkeit von Bedeutung. Unter diesen Gesichtspunkten teilt man wie folgt ein:

Leichtgradige Schwerhörigkeit:
Der mittlere Hörverlust liegt in den Frequenzen von 500, 1000 und 2000 Hz; * bei einer Schallstärke von eta 25/40 dB.** Schwierigkeiten beim Verstehen von Flüstersprache.

Mittlere Schwerhörigkeit:
Der mittlere Hörverlust beträgt 40 bis 60/70 dB. Ohne Hörgeräte Schwierigkeiten im Verstehen von Umgangssprache.

Hochgradige Schwerhörigkeit:
Der mittlere Hörverlust liegt zwischen 60/70 und 90 dB. Übersteigt er 75 dB, spricht man von an Taubheit grenzende Schwerhörigkeit. Verstehen von Sprache ohne Hörgeräte nicht mehr möglich. Kinder mit an Taubheit grenzender Schwerhörigkeit werden zuweilen auch als hörrestig bezeichnet" (LÖWE, 1979, S. 150).

3.5.2 Ursachen von Gehörlosigkeit

Eine Unterteilung in verschiedene Ursachegruppen stößt insofern auf Schwierigkeiten, als sich tatsächliche Ursachen von Gehörlosigkeit in manchen Fällen weder anamnestisch noch pathologisch-anatomisch

---

* (Hertz: diese Maßzahl gibt die Schwingungen eines Tones pro Sekunde an – dem Normalhörenden ist ein Bereich von ca. 20 bis 20 000 Schwingungen zugänglich.
** dB – dezibel: mit dieser Einheit wird die Schallstärke gemessen.)

genau festlegen lassen. LÖWE führt Untersuchungsergebnisse von MOSER an, wonach bei etwa 25% aller hörgeschädigten Kinder die Ursachen unbekannt bleiben. So kann man aus praktischen Erwägungen folgende Unterteilung treffen:
- erhebliche Hörschäden und Mißbildungen
- prä- und perinatale Ursachen
- Hörschäden, die im Säuglings- und Kindesalter entstanden sind (vgl. LÖWE, 1974, S. 25).

Nach GRAF (1966) ist im Hinblick auf Hörschäden an folgende Risikogruppen zu denken:

Hereditäre Belastung
Blutsverwandtschaft
Starke Schwerhörigkeit oder Taubstummheit bei Eltern, Geschwistern, Verwandten

Pränatale Störungen
1. Viruserkrankungen der Mutter während der Frühschwangerschaft
2. Medikamente und Gifte
3. Blutgruppenunverträglichkeit
4. Blutungen und drohender Abort
5. Schwangerschaftstoxikose
6. Rezidivierender Schwangerschaftsikterus
   (in Abständen wiederkehrende Schwangerschaftsgelbsucht)

Perinatale Störungen
1. Schwere, lange dauernde Geburt
2. Komplizierte Geburt (manuelle und operative Entbindung, Extraktion)
3. Mangelgeburt (Geburtsgewicht, Körperlänge)
4. Atemstillstand in den verschiedensten Formen mangels Sauerstoff (Asphyxie, Zyanose, Hypoxie)
5. Pathologischer Neugeborener-Ikterus
6. Neugeborenen-Erkrankungen
   (Skepsis = Blutvergiftung durch pyogene Erreger
   Pneumonie = Lungenentzündung)

Postnatale Störungen
1. Verzögerte Säuglingsentwicklung
2. Schwere Säuglingserkrankungen
3. Meningo-Enzephalitis
4. Hirnschädigungen (Unfall, Narkose)
(vgl. GRAF, 1966, zit. n. LÖWE, 1974, S. 20 f.)

Kinder, die in die ersten drei Risikogruppen gehören, sollten nach Möglichkeit schon während der ersten Lebenstage in einem eigens für diesen Zweck konstruierten Spezialaudiometer auf Hörreaktionen geprüft werden. Kinder der dritten Gruppe sollten sofort nach Erkennen des Risikos auf etwaige Hörschäden untersucht werden.

3.5.3 Abgrenzung der Gehörlosigkeit von Schwerhörigkeit

Nach LÖWE ist das Vorhanden- bzw. Nichtvorhandensein von Sprache aus pädagogischer Sicht ein wichtiges Kriterium für die Abgrenzung einer Gehörlosigkeit von einer Schwerhörigkeit. Ein Kind, das im Vorschulalter die Sprache auf natürlichem Weg erworben hat, sei es auch nur mit Hilfe von Hörgeräten, gilt als schwerhörig. Das heißt, daß eine Abgrenzung zwischen Gehörlosigkeit und Schwerhörigkeit erst nach einer langen Beobachtung eines pädagogisch geförderten Kindes erfolgen kann und nicht schon bei der Erstuntersuchung.

Abgrenzung Gehörlosigkeit und Schwerhörigkeit aus päd. Sicht

Die Sprachentwicklung eines Kindes ist von vielen Faktoren abhängig, die in ihrem Zusammenwirken nur schwer meßbar sind, so daß kein Fachmann bei der Erstuntersuchung eines hörgeschädigten Säuglings sicher vorhersagen kann, ob er im Alter von 4 Jahren als gehörlos oder als schwerhörig anzusehen ist. Wer die Zwangsläufigkeit der sich selbst erfüllenden Vorhersagen kennt, wird sich hüten, ein Kind zu früh als gehörlos zu bezeichnen.

Eine solche Entscheidung ist jedoch dann zu treffen, wenn das Kind in eine sonderpädagogische vorschulische Einrichtung soll. Als Entscheidungshilfe kann folgendes gelten:
Ein gehörloses Kind ist ein „Augenmensch". Es nimmt Sprache überwiegend durch Sehen auf; es liest das Sprechen seiner Mitmenschen von deren Mund ab. Dies bedeutet jedoch nicht, daß es keine Hörgeräte braucht. Hörgeräte sind auch für gehörlose Kinder, die fast alle

gehörloses Kind nimmt Sprache durch Sehen auf

noch Hörreste haben, wichtige Hilfen. Diese Kinder können aber trotz dieser Hilfen Sprache nicht allein über das Gehör auffassen. Bei ihrer Sprachwahrnehmung steht das Sehen im Vordergrund.

schwerhöriges Kind nimmt Sprache noch über das Resthörvermögen auf

Ein schwerhöriges Kind ist dagegen ein „Ohrenmensch". Das ihm verbleibene Hörvermögen läßt es Sprache noch vorwiegend über das Gehör aufnehmen, und sei es nur mit Hilfe von Hörgeräten. Aber auch das schwerhörige Kind kann auf das Sehen nicht ganz verzichten. Es bietet ihm die Sprachwahrnehmung und ein besseres Sprechen, wie auch dem gehörlosen Kind geringe Hörreste eine Hilfe zum sicheren Absehen und zum besseren Sprechen sein können (vgl. LÖWE, 1979, S. 151 f.).

Wenn die (heil)pädagogische Aufgabe bei der Arbeit mit hörgeschädigten Kindern darin besteht, die Fähigkeiten des Kindes optimal zur Entfaltung zu bringen und ihm die erforderlichen Kommunikationstechniken zu vermitteln, so stehen hier grundsätzlich zwei Behinderungen im Wege:
1. der weitgehende Ausfall der lautsprachlichen Kommunikation und
2. die als Folgewirkung der frühkindlichen Gehörlosigkeit auftretende gravierende Retardierung der psychischen Entwicklung.

Retardierungen des hörgeschädigten Kindes

Nach LÖWE haben psychologische Forschungen an gehörlosen Kindern nachgewiesen, daß die intellektuelle Entwicklung hinter der gleichaltriger hörender Kinder zurückbleibt. Retardierungen wurden auch in der motorischen Entwicklung festgestellt. Die gilt insbesondere für Gleichgewichtsleistungen, für Simultanbewegungen und für die Geschwindigkeit von Bewegungsabläufen.

restriktive Erziehung im Elternhaus

Als Ursachen hierfür werden zum einen der Ausfall der von der Lautsprache ausgehenden Entwicklungsimpulse genannt, zum anderen liegt eine Hauptursache in der überwiegend restriktiven Erziehung des gehörlosen Kindes sowohl im Elternhaus, als auch nicht selten in den außerfamiliären Förderungseinrichtungen. Viele Eltern beschränken ihre Erziehung darauf, für das leibliche Wohl des Kindes zu sorgen, es vor schädigenden Einflüssen seitens der Umwelt zu schützen und Verletzungen vorzubeugen. Noch immer engen Eltern den natürlichen Aktionsradius ihres gehörlosen Kindes übermäßig ein. Damit nehmen sie ihm die Möglichkeit, selbst Erfahrungen zu sammeln. So erfahren viele Kinder erst viel zu spät, nämlich in vorschulischen bzw. schulischen Einrichtungen eine gezielte Förderung ihrer geistigen Fähigkeiten.

Als Hauptanliegen der Erziehung gehörloser Kinder nennt LÖWE die Erziehung zur persönlichen Unabhängigkeit und Selbstverantwortung. Diese Erziehung zur Selbsthilfe (selbst anziehen, waschen, essen, zur Toilette gehen usw.) muß schon in der frühen Kindheit einsetzen. Diesem Bemühen stehen neben der o. g. restriktiven Erziehung noch die Schwierigkeiten im Wege, das Handeln des in diesem Alter zumeist noch sprachlos gehörlosen Kindes auf nichtsprachliche Weise zu steuern.

Hilfe zur Selbsthilfe

Durch die Unterbringung Hörgeschädigter in Sonderschulen und den angeschlossenen Heimen kommt es nicht selten vor, daß Gehörlose lediglich lernen, sich anzupassen und sich unterzuordnen, da ihnen in ihrer Freizeit in vielen Heimen infolge Personalmangels kaum Gelegenheit geboten wird, ihre Aktivität selbst zu bestimmen. Die Kinder werden im ‚Schonraum' der Sondereinrichtung in jeder Hinsicht versorgt. Der Tagesablauf ist streng geregelt. Das Kind wird kaum ‚gezwungen', für sich selbst sorgen zu müssen und hat auch kaum Gelegenheit, dies zu üben. Hier liegt eine wichtige Aufgabe für Erzieher, Heilpädagogen und andere Verantwortliche in den Sondereinrichtungen. Als Folge solcher Erziehung haben wir eine Reduzierung der sozialen Bezüge, eine allgemeine Hilfsbedürftigkeit und Abhängigkeit von anderen. Häufig erleben Behinderte dies dann, wenn sie den ‚Schonraum' Schule und Heim verlassen müssen (vgl. LÖWE, 1974, 62 f).

‚Schonraum' der Sondereinrichtung

3.6 Blindheit und Sehbehinderung

3.6.1 Begriffsklärung und Abgrenzung

Für ‚Sehschädigung' als Behinderung gibt es unterschiedliche Definitions- und Klassifikationsversuche, aus sozialrechtlicher, schulpolitischer und ophtalmologischer (augenärztlicher) Sicht. „Blindheit ist das Extrem einer als Kontinuum aufzufassenden Dimension Sehschädigung. Auf diesem Kontinuum sind quantitativ und qualitativ verschiedene Grade und Arten des verbliebenen Sehvermögens zu unterscheiden, deren Bezeichnungen allerdings nicht immer einheitlich gehandhabt werden." (HUDELMAYER, 1975, S. 17).

Definition von Blindheit und Sehbehinderung

Die gröbsten Einteilungen lauten wie folgt:

SEHSCHÄDIGUNG			
Blindheit		**Sehbehinderung**	
Vollblindheit (Amaurose)	Praktische Blindheit	hochgradig	mindergradig
$S = 1/200$ und weniger	Wahrnehmung von Lichtschimmer Sehrestler $S = 1/50$ und weniger	Wahrnehmung vager Schatten $S = 1/25$ und weniger	Gegenstandsunterscheidung für Orientierung, nicht aber für Normalschule ausreichend $S = 1/4$ und weniger
S = Sehschärfe			

Zur Unterscheidung von Blindheit und Sehbehinderung

unterschiedliche Beschreibungen von Blindheit

Die unterschiedliche Auslegung des Begriffes Blindheit zeigt HUDELMAYER (1957 S. 17f.) auf.
Eine beliebige Auswahl von Grenzbeschreibungen, wie sie in der Fachliteratur und Gesetzgebung zu finden sind, mögen dies verdeutlichen. Als blind gelten dort beispielsweise Personen,
– wenn ihre Sehschärfe wirtschaftlich nicht mehr verwertbar ist,
– wenn sie ihr Weltbild nicht mehr optisch aufzubauen vermögen,
– wenn sie sich in unbekannter Umgebung nicht ohne fremde Hilfe zurechtfinden können,
– wenn sie ihre Vorstellungen überwiegend mittels Gehör und Tastsinn erwerben müssen,
– wenn sie auf blindentechnische Hilfen, insbesondere beim Lesen und Schreiben auf Braille-Schrift angewiesen sind,
– wenn sensorisches Unvermögen, gegenständlich zu sehen, vorliegt,
– wenn sie höchstens noch Lichtschein wahrnehmen,
– wenn sie bestenfalls noch hell/dunkel unterscheiden können,
– wenn sie Fingerzählen auf 1 Meter Entfernung visuell nicht mehr leisten können,
– wenn ihre Sehschärfe nicht mehr als $1/50$ beträgt,
– wenn ihre Sehschärfe nicht mehr als 20/200 ($1/10$) beträgt,
– wenn die Sehschärfe $2/20$ (Sehbehinderung, Anm. d. Verf.) oder weniger beträgt und das Gesichtsfeld auf 15 Grad oder weniger eingeschränkt ist.

Aus dieser Zusammenstellung wird deutlich, daß sich die Definitionen auf unterschiedliche Handlungsräume oder Lebensvollzüge beziehen (z.B. Beruf, Kulturtechniken, Verkehr), von unterschiedlichen Sehleistungen als Kriterien ausgehen (z.B. Sehen in der Ferne, in der Nähe, Weite des Gesichtsfeldes) und unterschiedliche Grade von Operationalisierbarkeit aufweisen (z.B. Sehschärfeangaben vs. allgemeine Beschreibungen).

3.6.2 Ursachen von Sehschädigungen

Der Ursachenkatalog der Blindheit hängt von den sozialmedizinischen Verhältnissen, von geographischer Lage und hygienischen Sitten der betreffenden Population ab. So findet man z.B. das Trachom (ägyptische Augenkrankheit), das in den Ländern der dritten Welt noch häufiger auftritt und zur Blindheit führt, bei uns praktisch nicht mehr. Auch die Onchozerkose, die von Parasiten verursachte „Flußkrankheit" als Ursache von Blindheit, tritt im mitteleuropäischen Raum nicht auf. Ebenso ist die Xerophthalmia (Austrocknung der Augapfeloberfläche), die auf Vitamin-A-Mangel als Folge von Unter- und Fehlernährung beruht, in Mitteleuropa statistisch nicht von Bedeutung. Es ist schwierig, abgesicherte Informationen über Blindheitsursachen zu geben. Ursachefaktoren liegen vor allem im medizinischen Interesse, wenngleich Zahlen über Häufigkeitsverteilung evtl. auch pädagogischen Wert haben können.

Aussagen über Ursachen finden wir in den unterschiedlichsten Ursachestatistiken, deren Verwertung jedoch exakt nicht immer möglich ist, da von unterschiedlichen Definitionen ausgegangen wurde.

Dennoch lassen sich einige Ursachefaktoren hier aufzählen:
- pränatale Einflüsse
- allgemeine Krankheiten (Stoffwechselerkrankungen, Tumore u.a.).
- Infektionen im Bereich des Sehapparates
- Verletzungen, Vergiftungen und Verätzungen.

Weiter finden wir in den Ursachekatalogen folgende Angaben:
- angeborene Mißbildungen
- Hydrophthalmus (kindliches Glaukom)
- tapetoretinale Degenerationen (Netzhautentartungen)

- Optikusatrophie (Sehnervschwund)
- Katarakte (Grauer Star)
- Retinoblastom (Tumoren der Netzhaut)
- Hornhauterkrankungen
- Retinopathia diabetica (Erkrankungen der Netzhaut infolge von Diabetes)

Zusammenfassend läßt sich sagen:
„Früher standen die entzündlichen Erkrankungen von Hornhaut und Gefäßhaut und die einer operativen Behandlung noch nicht zugänglichen durchbohrenden Verletzungen des Auges sowie Netzhautablösungen im Vordergrund. Die verbesserte medikamentöse Behandlung und die Entwicklung einer differenzierten Operationstechnik haben hier einen Wandel geschaffen. Erb- und Entwicklungsstörungen stehen jetzt an der Spitze der relativen Häufigkeitsskala von einschneidenden Sehschädigungen. Durch eine verbesserte Überlebenschance vorgeburtlich geschädigter Kinder haben sie auch eine absolute Zunahme erfahren." (PAPE, 1971, S. 17, zit. n. HUDELMAYER, 1975, S. 33).

3.6.3 Pädagogische Aspekte

fehlen wichtiger optischer Anreize

Durch den Ausfall der optischen Wahrnehmung entfallen für das *geburtsblinde Kind* wichtige Anreize zur Bewältigung seiner Umwelt und auch zum Lernen am (optischen) Modell. Der kindliche Bewegungsdrang wird häufiger als beim sehenden Kind durch nicht eingeplante Zusammenstöße und frustrierende Erlebnisse mit der Umwelt eingeschränkt. Die Folge davon sind Ängstlichkeit und ein In-sich-Zurückgezogensein. Die unbefriedigten Bewegungsbedürfnisse werden dann in stereotyper Weise abgeführt (Schaukeln, Augenbohren, Zappeln usw.).

Gefahr einer ungenügenden Anregung durch die Umwelt

Bei *blinden Kindern* erleben wir, daß durch den Ausfall des Entwicklungsimpulses einer optischen Anregung häufig auch eine restriktive Erziehung durch die Eltern geschieht. Sie glauben, ihre Kinder vor unliebsamen Erfahrungen verbunden mit Verletzungen schützen zu müssen. Willenlosigkeit und Apathie sind in der Regel die Folge einer ungenügenden Anregung durch die sehende Umwelt. Auch sind gelegentlich Verzögerungen in der kognitiven Entwicklung zu beobachten. Viele Eltern beschränken ihre Erziehung darauf, ihre Kinder zu versorgen, sie zu behüten, oft überzubehüten und dadurch engen sie den natürlichen Aktionsradius des blinden Kindes über Gebühr ein. Eltern blinder Kinder fällt es zum Teil sehr schwer, die notwendige fordernde und nicht nur versorgende Haltung dem Kind gegenüber zu zeigen.

„Akustische Orientierungsübungen, Tastversuche, Musik und Rhythmik können das Leben auch schon eines blinden Kindes ungemein bereichern. Anleitung zu bewußter Handlungskontrolle (beim Essen, Ankleiden und weiteren Alltagsverrichtungen) sind in der Blindenerziehung von grundlegend integrativer Bedeutung. Die Gefahr einer rein intellektuelltheoretischen und im Endeffekt verbalistischen Bildung ist stets im Auge zu behalten. Körperliche Aktivierung, psychomotorisches Training, Aktivierung und Differenzierung der Restsinne, der Aufbau einer adäquaten Vorstellungswelt (durch Schaffung auditiver, taktil-kinästetischer Surrogatvorstellungen) sowie die Einübung in die Verwendung und den Gebrauch der vielfältigen Blindenhilfsmittel, bilden insgesamt die zentralen Ziele der Blindenerziehung." (KOBI, 1982, S. 55 f.).

zentrale Ziele für die Erziehung von blinden Kindern

Das Erziehungs- und Bildungsziel für die Erziehung *sehbehinderter Menschen* besteht darin, sie auf ihr Leben unter den Bedingungen des Sehbehindertseins vorzubereiten, und zwar
- in ihrer natürlichen Umgebung, auf die sie pholygenetisch als Normalgesichtige eingestellt sind,
- in ihrer kulturell-technischen Umgebung, die unter den Bedingungen der Normalsichtigkeit eingerichtet wurde und dies daher voraussetzt und
- in ihrer sozialen Umgebung, in der sie (die Normalsichtigkeit, Anm. d. Verf.) als das Normale gilt.

Neben der Erreichung der beruflichen, kulturellen und sozialen Kompetenz setzt das die Integration des Leidens an der Behinderung im Leben der Person voraus." (MERSI, 1975, S. 186).

Für (heil)pädagogisches Handeln ist die Tatsache von Bedeutung, daß beim Sehbehinderten der gesamte „Gesichtskreis" eingeschränkt ist, d.h. es ist davon auszugehen, daß das gesamte Leistungsvermögen eingeschränkt sein kann. „So wird vom sehbehinderten Kind die Umwelt optisch nur unzulänglich bewältigt: sie bleibt ihm ‚undurchsichtig', fremd und bedrohlich. Ängstlichkeit, Unsicherheit, Regressionstendenzen, aber auch Trotz, Egozentrizität und Aggressivität können die Folgen davon sein. Durch die verminderte Nachahmungsmöglichkeit ist auch die intellektuelle Entwicklung gefährdet. Die undeutliche Gegenstanderfassung führt zu diffusen, lückenhaften Vorstellungen und mithin zu Verfälschungen und Mißdeutungen der Umwelt. Dies gilt vor allem für Objekte des Fernraumes, bei denen eine haptische Erfassung und Kontrolle nicht möglich ist." (KOBI, 1982, S. 56).

3.7 Körperbehinderung

3.7.1 Begriffsklärung

Eine allgemein verbindliche Begriffsbestimmung der Körperbehinderung existiert nicht. Relativ eindeutig ist jedoch die Definition von SCHÖNBERGER, die uns hier als Grundlage dienen soll:

„Körperbehindert ist, wer infolge einer Schädigung der Stütz- und Bewegungsorgane in seiner Daseinsgestaltung so stark beeinträchtigt ist, daß er jene Verhaltensweisen, die von Mitgliedern seiner wichtigsten Bezugsgruppen in der Regel erwartet werden, nicht oder nur unter außergewöhnlichen individuellen und sozialen Bedingungen erlernen bzw. zeigen kann und daher zu einer langfristigen schädigungsspezifischen individuellen Interpretation wichtiger sozialer Rollen finden muß." (SCHÖNBERGER, 1974, S. 209).

Zu dieser Definition stellt SCHÖNBERGER einige kritische Thesen auf mit der Absicht, die Problematik des Begriffes „Körperbehinderung" an sich in seiner Operationalisierbarkeit zu zeigen. Deshalb soll auf diese Thesen kurz eingegangen werden. Dem interessierten Leser wird jedoch empfohlen, sich mit dem ursprünglichen Text auseinanderzusetzen. (SCHÖNBERGER, 1974, S. 210 f.).

Als Realdefinition ist dies ein Bündel sich aufeinander beziehender Thesen . . .
1. Körperbehinderung ist die Folge einer Schädigung der Stütz- und Bewegungsorgane.
2. Die Behinderung bestimmt sich nach jenen Verhaltensweisen, die von Mitgliedern der wichtigsten Bezugsgruppen des Geschädigten in der Regel erwartet werden.

3. Die Behinderung besteht darin, daß rollenadäquate Verhaltensweisen nicht oder nur unter außergewöhnlichen individuellen und sozialen Bedingungen erlernt bzw. gezeigt werden.
4. Da es die körperliche Schädigung dem Behinderten erschwert oder verunmöglicht, wichtige soziale Rollen nach allgemein gültigen Normen zu definieren, muß er zu einer schädigungsspezifisch-individuellen Interpretation dieser Rollen finden.

Nach diesen Thesen erscheint Körperbehinderung zuerst als soziale Kategorie. Auf wen sie anzuwenden ist, darüber entscheidet ein komplexer Individual-Befund; er hat neben der medizinischen Bestimmung der motorisch-statischen Beeinträchtigung die psycho-soziale Gesamtsituation des Individuums und seiner wichtigsten Bezugsgruppen zu erfassen. Dies bedeutet, daß sich Körperbehinderung nur im Rahmen einer Individual-Diagnostik vollständig erfassen läßt. (vgl. SCHÖNBERGER, 1974, S. 215).

Wir wollen hier dennoch den Versuch unternehmen, eine Übersicht über körperliche Behinderungsformen zu geben.

3.7.2 Erscheinungsformen körperlicher Behinderung

Körperbehinderungen zeigen sich in unterschiedlichsten Formen und werden, wie schon erwähnt, unterschiedlich klassifiziert. KOBI unterscheidet zwischen:
- Mobilitätsbeeinträchtigungen (spastische Lähmung und Bewegungsablaufstörungen, schlaffe Lähmungen und Bewegungsbehinderungen, Mißbildungen und Verstümmelungen).
- Aktivitätseinschränkende, entwicklungsbehindernde, chronische Krankheiten (z.B. Epilepsie)
- Bio-soziale Adaptions- und Regulationsstörungen in bezug auf: psychomotorische Unruhe, Linkshändigkeit, Nahrungsaufnahme, Appetit- und Eßstörungen, Ausscheidung (Enuresis; Enkopresis).

„Von der heilerzieherischen Aufgabenstellung her erweist sich die Unterscheidung von *zentral* (cerebral) und *peripher* (nicht cerebral) bedingten Bewegungsstörungen als notwendig.
Für peripher körperbehinderte Kinder bilden die eingeschränkten Bewegungsmöglichkeiten das Primär- und Hauptproblem. Gewisse

periphere Körperbehinderungen

Retardationen außerhalb des psychomotorischen Bereichs sind im wesentlichen auf Erfahrungs- und Übungsmängel zurückzuführen. Sie können durch frühzeitig einsetzende Fördermaßnahmen in Grenzen gehalten oder ganz vermieden werden. Durch Funktionstraining, technische Hilfsmittel und die Unterstützung der kindlichen Eigeninitiative, können z.T. erstaunliche Normalisierungen der Leistungsfähigkeit erreicht werden.

Die häufigsten peripheren Körperbehinderungen sind:
- Nervenschädigungen, Wirbelsäulendefekte, Muskelerkrankungen, Erkrankungen des Skelettsystems
- Kinderlähmung
- Spaltbildungen (Spina bifida), Frakturen der Wirbelsäule (Querschnittslähmung)
- Glasknochenkrankheit
- Muskelschwund
- Dysmelien
- Luxationen

cerebralparetische Kinder Zentral geschädigte (cerebralparetische) Kinder sind in überwiegender Anzahl mehrfachbehindert, wobei die Bewegungsbeeinträchtigung zuweilen nicht einmal das Hauptproblem darstellt. Mehr oder weniger starke Intelligenzbeeinträchtigungen sind bei rund der Hälfte dieser Gruppe festzustellen. Gehäuft finden sich ferner Epilepsien, Hör-, Sprach- und Sehbehinderungen.

Da die Spontanbewegungen cerebralparetischer Kinder meist falschen Mustern folgen, können diese kaum kompensatorischen Zwecken dienen und müssen vom Säuglingsalter weg, in langwieriger physio- und ergotherapeutischer Arbeit ersetzt werden durch normale Abläufe. Die erwähnten Mehrfachbehinderungen machen darüber hinaus einen großen therapeutischen Aufwand notwendig, der seinerseits allerdings auch wieder eine enorme psycho-physische Belastung für das Kind und dessen Familie mit sich bringt (vgl. KOBI, 1982, S. 42 f.).

Der Vollständigkeit halber sei eine andere Einteilung von PAUL (1979) angeführt:

1. Behinderungen der Muskeln und des Skelettsystems:

Mißbildungen der Gliedmaßen, etwa völliges Fehlen oder Deformierung von Armen und Beinen, z.B. Klumpfuß. Hier sind genetisch bedingte Entwicklungsstörungen, Arzneimitel, Schwermetallvergiftungen und Störungen während der Schwangerschaft auslösende Faktoren.

Fehlstellungen der Hüftgelenke äußern sich durch Unfähigkeit oder Unregelmäßigkeiten im Gang bei Fehlbildungen der Hüftgelenkspfanne, evtl. mit Schrägstellung der Hüfte, Hüftkopfnekrose und Gelenklösungen (Epiphysenschäden). Diese Schädigungen erwiesen sich als erblich.

Fehlstellungen der Wirbelsäule mit Rückgratverkrümmungen, Buckel oder Schiefwuchs, die als angeborene Fehlbildungen vorkommen können, aber auch durch Rachitis, Skelett-Tuberkulose oder Haltungsschäden hervorgerufen werden können. Im Erwachsenenalter spielen vor allem Bandscheibenschäden und Arthrosen eine Rolle.

Knochenmarkentzündungen sind hochfieberhafte und sehr schmerzhafte Erkrankungen, meist durch bakterielle Infektionen hervorgerufen, die dann zu Behinderungen führen, wenn dadurch das Knochenwachstum gestört wird.

Chronische Entzündungen an Gelenken wie z.B. Wirbel-, Hüft- oder Kniegelenke besitzen eine ähnliche Genese, können aber auch als krankhafte Reaktionen auf körpereigene Stoffe des Gelenkkapselgewebes ausgelöst sein, sie haben einen sehr langwierigen Heilungsverlauf.

Chronische Arthritis und ähnliche Formen rheumatischer Erkrankungen treten meist im mittleren Lebensalter auf, sind sehr schmerzhaft und führen bei Gelenkversteifung häufig zur Frühinvalidität; die Ursache ist weitgehend ungeklärt.

Traumatische Schäden der Gliedmaßen und der Wirbelsäule treten bei Arbeits- und Verkehrsunfällen, in höherem Alter auch bei Hausunfällen häufig auf. Sie machen nahezu ein Drittel der Heilverfahren der Sozialversicherungsträger aus, bei den Frühinvalidierungen sogar die Hälfte aller Fälle.

Erbliche Muskelerkrankungen sind zwar relativ selten, aber sehr schwerwiegend und führen oft vorzeitig zum Tode. Muskeldystrophie zeigt sich in verschiedenen Krankheitsbildern, auf die hier jedoch nicht näher eingegangen werden kann. Dem interessierten Leser sei empfohlen, sich in der entsprechenden Spezialliteratur weiter zu informieren. Bei den Myopathien und Muskeldystrophien kommt es zu einem fortschreitenden Abbau des Muskelgewebes bis zur völligen Lähmung. Der Erbgang ist vielfach noch nicht geklärt.

2. Behinderung mit Schäden von Gehirn und Nervensystem

Kinderlähmung ist eine Viruserkrankung mit schlaffer Lähmung der betroffenen Muskeln, die dank der Impfmaßnahmen bei uns immer seltener wird.

Spastische Lähmung (infantile Cerebralparese) ist eine der häufigsten frühkindlichen Hirnschädigungen; in der Bundesrepublik Deutschland rechnet man mit dem Vorhandensein von etwa 100 000 Patienten in allen Altersstufen. Die Erkrankung äußert sich in krankhaften Spannungszuständen der Muskeln, in unkontrollierten Bewegungen sowie Gleichgewichts- und Sprachstörungen.

Querschnittslähmung infolge von Unfallverletzungen, Tumoren oder angeborenen Fehlbildungen von Wirbeln und Rückenmark (Spina bifida). Ihre Zahl wird auf etwa 10 000 in der BRD geschätzt, außerdem etwa 1000 Rückenmarkmißbildungen. Je nach Schädigungsstelle kommt es zu Ausfällen der entsprechenden Körperfunktionen der Gliedmaßnahmen und der Blasen- und Darmfunktion.

Multiple Sklerose befällt Frauen doppelt so oft wie Männer, wobei Schweregrad und Dauer der Erkrankung bei schubweisem Verlauf mit Remissionen außerordentlich wechseln. Die Ursache dieses Nervenleidens ist ungeklärt.

Wesentliche Symptome der Multiplen Sklerose sind zu Beginn Seh- und Blasenstörungen, motorische Ausfälle beim Gehen und Hantieren, später schwere Lähmungserscheinungen.

Spaltbildung der Wirbelsäule beruht auf einer angeborenen Hemmungsmißbildung. Es kommt zu Lähmungserscheinungen und zu mangelhafter Kontrolle der Blasenfunktion.

Wasserkopf (Hydrocephalus) entsteht ebenfalls aufgrund einer Mißbildung oder als Folge einer frühkindlichen Hirnhautentzündung. Es kommt zu einem vermehrten Kopfwachstum infolge Ansteigens der Hirnwasserproduktion und Hirnschwund, bei Nichtbehandlung folgen Sehstörungen, Krampfanfälle und Intelligenzdefekte.

Schädelverletzungen mit Hirnschädigung sind meist auf Unfälle zurückzuführen.

Schlaganfall mit der Folge einer Halbseitenlähmung (Hemiplegie) und von Sprach- und Bewußtseinsstörungen kann durch Hirngefäßprozesse, entzündliche und toxische Beeinträchtigungen des Gehirns oder auch durch Tumore bedingt sein. Bei schweren spastischen Hemiplegien ist die Todesrate sehr hoch, ebenso der Anteil an Frühinvalidität. Hirnembolien kommen bei Frauen häufiger vor, sonst sind die Geschlechter etwa gleichmäßig beteiligt.

Anfalleiden entstehen oft bei Störungen der Hirnentwicklung, Hirnschädigungen bei der Geburt, bei Infektionen, Verletzungen und Durchblutungsstörungen des Gehirns. In der Hälfte der in der Bundesrepublik etwa mit 340 000 Personen anzusetzenden Fälle von Epilepsie treten die Erscheinungen (Krampfanfälle bis zur Bewußtlosigkeit) bereits vor dem 10. Lebensjahr auf.
Die epileptische Reaktion entsteht durch die Aufhebung der normalen Erregungsordnung und des Gleichgewichtes von Erregung und Hemmung im Nervenzellverband. Die Prognose einer Epilepsie hängt von der Schwere des Grundleidens und von der Häufigkeit und der Schwere der Art der Anfälle ab. Entscheidend ist eine konsequente pharmakologische Behandlung. Durch entsprechende Medikamente in Verbindung mit einer entsprechenden Lebensweise wie z. B. kein Alkohol, wenig Nikotin, geregelter Tagesrhythmus, kann die Anfallsbereitschaft erheblich reduziert werden.
Je größer die Krampfbereitschaft eines Menschen, desto geringere Reizfaktoren sind erforderlich, um eine Epilepsie in Gang zu setzen.

Der *große epileptische Anfall* läßt sich wie folgt beschreiben:

Vorzeichen: anfängliches Unwohlsein; unmittelbar vor dem Anfall sog. „Aura" (plötzliches Auftreten von trügerischen Gesichts-, Geruchs-, Geschmacks- und Gehörswahrnehmungen), dies dauert jedoch nur wenige Sekunden.

Beginn: Der Anfall beginnt oft mit ‚initialem Schrei', unabhängig von der Tatsache, daß andere Personen anwesend sind. Der Anfall ist jedoch abhängig von klimatischen Bedingungen, Schlafmangel, Alkoholgenuß; er tritt auf im Schlaf- und auch im Wachzustand. Er ist verbunden mit Bewußtlosigkeit, mit Hinfallen, unabhängig von Verletzungsmöglichkeiten. Deshalb kommt es nicht selten zu schweren Stürzen mit Verwundungen.
In diesem Zustand zeigt der Epileptiker keine Reaktion auf irgendwelche Reize.
Die Pupillen zeigen keine Verengung bei Belichtung.
Die *Krämpfe* zeigen sich zunächst durch allgemeine Starre mit aufgerissenem Mund, der sich dann schließt (tonisches Stadium) und dann in rhythmische Zuckungen übergeht (klonisches Stadium). Diese Zuckungen verlaufen an Kopf, Körper und Gliedmaßen gleich. Manchmal kommt es vor, daß sich der Epileptiker durch diese Verkrampfungen in die Zunge beißt.
Hinweis für Erzieher: Nicht mit der Hand versuchen, den Mund offen zu halten, sog. spez. Beißringe verwenden;
Häufig kommt es auch zum Abgang von Stuhl und Urin. Der Anfall dauert in der Regel nicht länger als eine Minute, es sei denn, es folgen mehrere Anfälle hintereinander. Bei längerer Anfallsdauer unbedingt Arzt verständigen.
Der Epileptiker erwacht nach wenigen Minuten bis Stunden des Schlafs, macht danach oft einen sehr abwesenden unbeteiligten Eindruck.

Darüber hinaus finden wir noch sogenannte kleinere Anfälle, wie:
– Absence (Abwesenheit durch nur wenige Sekunden dauernden Bewußtseinsverlust).
– „petit-mal" (als Sonderform der Absence; tritt in verschiedenen Formen auf z. B. mit oder ohne Bewußtseinsverlust, beschränkt sich im allgemeinen auf die Kopf- oder Rumpfpartie; Verdrehen der Augen, Zurückwerfen des Kopfes).

3. Behinderungen im Bereich der inneren Organe

Herzkrankheiten können auf der Grundlage angeborener oder erworbener Herzfehler chronisch werden, wobei ihre Zahl in der BRD auf eine halbe Million Patienten geschätzt wird; oder sie erscheinen als Herzinfarkt (jährlich etwa eine Viertelmillion).

Gefäßleiden führen zu Durchblutungsstörungen vor allem in den Extremitäten; sie können bis zum Arterienverschluß gehen.

Weiter haben wir in diesem Bereich noch Behinderungen wie:
- Lungentuberkulose
- Bronchialasthma
- chronische Nierenleiden
- chronische Lebererkrankungen
- Hauterkrankungen
- Krebskrankheit
- Bluterkrankungen

(vgl. PAUL, 1979, S. 367 f.)

Gerade diese Aufzählung zeigt, daß es eine Reihe von ‚körperlichen Behinderungen' gibt, die schwer in ein bestimmtes Klassifikationsschema passen.

3.8 Mehrfachbehinderung

Betrachtet man die einzelnen Sonderschularten, so könnte man glauben, die meisten behinderten Kinder litten nur an einer Behinderung. So wurde auch lange Zeit Behinderung „überwiegend unter dem Aspekt der Einfachbehinderung gesehen" (HARTMANN, 1979, S. 146), was zur Folge hatte, daß einer eindimensionalen Betrachtungsweise eine ebenso eindimensionale Diagnostik und Therapie folgte. HARTMANN legte ein Modell für ein theoretisches Konzept zur Erklärung der existentiellen Entwicklungsproblematik eines Behinderten vor.

Die ganzheitlich-kindliche Person wird arbeitshypothetisch als eine mehrdimensionale bzw. mehrsektorielle Struktur aufgefaßt. Die einzelnen Strukturfelder der Emotionalität, Motorik, Sensorik, Sozialität, Sprache und Kognition stehen in einem engen gegenseitigen Bedingungszusammenhang (siehe Abbildung Seite 162).

Ist ein Strukturfeld beeinträchtigt, besteht grundsätzlich die Gefahr, daß andere Sektoren davon tangiert werden. Darin liegt die Begründung, daß jede Behinderung potentiell eine Mehrfachbehinderung darstellt. Je schwerer ein Sektor beeinträchtigt ist, desto größer ist die Gefahr, daß mehrere andere bzw. alle anderen Sektoren davon betroffen werden. Eine in der Entwicklung sehr früh erlittene Beeinträchti-

gung eines Sektors wirkt sich mit hoher Wahrscheinlichkeit auf allen anderen Sektoren negativ aus.
Behinderung wird also in einer dynamischen Strukturiertheit als Behinderungskomplex verstanden. Das theoretische Konzept impliziert die grundsätzliche Wahrscheinlichkeit einer Verschlimmerung des Behinderungskomplexes beim Ausbleiben von adäquaten Rehabilitationsmaßnahmen (vgl. HARTMANN, 1979, S. 146 f.).

Zusammenfassung:

Aus differenzieller Sichtweise gliedert sich Heilpädagogik traditionellerweise nach den hautpsächlichsten Behinderungsarten:
- Verhaltensauffälligkeit-Verhaltensstörung
- Lernbehinderung
- Geistige Behinderung
- Sprachbehinderung
- Hörschädigung
- Blindheit und Sehbehinderung
- Körperbehinderung
- Mehrfachbehinderung

Diese Betrachtungsweise liefert uns den klassischen Zugang zum Problem der Behinderung. Die Gefahr besteht darin, daß man nur die Behinderung als solche in ihrer Symptomatik betrachtet und weniger das als Behinderungszustand bezeichnete komplexe Bedingungs- und Handlungsgefüge.

4 Sozialpsychologische Aspekte

4.1 Die gesellschaftliche Situation der Behinderten

Dieses Kapitel informiert Sie über
- sozialpsychologische Aussagen zur Einstellungsforschung
- spezifische soziale Probleme Behinderter
- problematische Stellung des Behinderten in der Gesellschaft

Im Frühjahr 1980 erregte ein Urteil des Landgerichts Frankfurt bundesweites Aufsehen, als in zweiter Instanz der Klage einer Touristin stattgegeben wurde.

> Ein Reiseveranstalter wurde verpflichtet, der Klägerin einen erheblichen Teil der Reisekosten zurückzuerstatten, weil im Hotel der Klägerin u. a. eine Gruppe körperlich und geistig behinderter Menschen untergebracht war. Hier der entscheidende Auszug aus dem Urteil:
> „... auch die Anwesenheit einer Gruppe von jeweils 25 geistig und körperlich Schwerbehinderten stellt einen berechtigen Mangel dar. Es ist nicht zu verkennen, daß eine Gruppe von Schwerbehinderten bei empfindsamen Menschen eine Beeinträchtigung des Urlaubsgenusses darstellen kann. Dies gilt jedenfalls, wenn es sich um verunstaltete Geistesgestörte handelt, von denen der eine oder andere in unregelmäßigem Rhythmus unartikulierte Schreie ausstößt und Tobsuchtsanfälle bekommt. So wünschenswert die Integration von Schwerbehinderten in das normale tägliche Leben ist, kann sie durch einen Reiseveranstalter gegenüber seinen anderen Kunden sicher nicht erzwungen werden.
> Daß es Leid auf der Welt gibt, ist nicht zu ändern; aber es kann der Klägerin nicht verwehrt werden, wenn sie es jedenfalls während des Urlaubs nicht sehen will ..."

Man kann Behinderte nicht losgelöst von der gesellschaftlichen Situation, in der sie sich befinden, betrachten. Das oben genannte Beispiel stellt mögliche Reaktions- und Sichtweisen dar. Wir sollten die Reaktionen der meisten Mitglieder unserer Gesellschaft auf Behinderte etwas näher betrachten. Es gibt empirisch belegte Aussagen darüber, welcher Art die Reaktionen sind, die von bestimmten Schädigungen ausgelöst werden. Die häufiger zu beobachtenden Reaktionen lassen sich wie folgt zusammenfassen: **Reaktionen der Mitmenschen auf Behinderte**

- Behinderte werden übersehen, ihre Probleme werden verdrängt. Unsere Städte werden so gebaut, als gäbe es keine Behinderten. Dies gilt nicht nur für die Häuser und Straßen, sondern auch für kommunale Einrichtungen und Freizeitstätten, wenngleich nicht zu leugnen ist, daß in den vergangenen Jahren vor allem aufgrund von Initiativen der Behinderten selbst sich einiges verändert hat. **Behinderte werden verdrängt**

- Behinderte werden isoliert mit der Begründung, daß dies das beste für sie sei. Viele sonderpädagogische Einrichtungen haben nicht nur das Konzept einer „Sondererziehung" im Sinne besonderer Förderung; häufig ist damit auch eine Isolierung im „Behindertenghetto" verbunden.
- Behinderten wird unproduktives Mitleid entgegengebracht, das ihnen wenig nützt.
Körperbehinderte Rollstuhlfahrer berichteten, daß Passanten ihnen Geld oder Bonbons anboten, aber nicht dazu zu bringen waren, die Druckknopfampel am Überweg für sie zu betätigen.
- Durch Wohltätigkeit versuchen manche nichtbehinderte Menschen, die Schuldgefühle abzuschütteln, die sie Behinderten gegenüber haben. Man betrachte nur die großen Erfolge der Wohltätigkeitslotterien.

All diese Reaktionen beruhen letztlich auf der Ablehnung Behinderter und schaffen Distanz zu ihnen.
Für eine Reaktion gilt dies jedoch nicht:
- Behinderte werden so akzeptiert, wie sie sind und es werden soziale Bezüge zu ihnen hergestellt. Diese Verhaltensweisen erlebt man am häufigsten dort, wo Kinder bereits von klein auf mit Behinderten zusammen kommen, und wo in der familiären Umwelt dafür gesorgt wird, daß Behinderten mit selbstverständlicher Hilfe – jedoch nur da wo es nötig ist – begegnet wird (vgl. SOLAROVA, 1975, S. 230).

Einstellungsforschung Die Sozialpsychologie versucht im Rahmen der Einstellungsforschung das soziale Feld zwischen Behinderten und Nichtbehinderten zu erkunden und zu beschreiben, ohne zunächst erklärende Theorien auf der Hand zu haben.

Betrachten wir zunächst völlig wertfrei den Begriff *Einstellungen*. HENSLE spricht von Einstellungen als „überdauernde Reaktionsdispositionen eines Individuums, gegenüber einer Klasse von Objekten in allgemeinster Form ... Ohne daß dabei über den genauen Standort des Begriffs zwischen „Eigenschaft", „Motiv" und „Reaktion" volle Einigkeit bestünde, ist immerhin die Strukturierung des Einstellungsbegriffes in drei Komponenten Gemeingut geworden. Zu einer Attitüde gehören demnach:
- eine kognitive Komponente (Vorstellungen und Überzeugungen von ihrem Gegenstand),

- eine affektive Komponente (eine mehr oder minder intensive, positive oder negative gefühlsmäßige Bewertung)
- eine aktionale oder konative Komponente (eine Tendenz, sich dem Objekt gegenüber in bestimmter Weise handelnd zu verhalten) (HENSLE, 1982, S. 197).

Mit dem Begriff Vorurteil wird hauptsächlich eine feindliche Haltung gegenüber einzelnen oder sozialen Gruppen ausgedrückt. Für ALLPORT ist ein Vorurteil „eine Antipathie aufgrund einer falschen und unflexiblen Verallgemeinerung, die empfunden und ausgedrückt werden kann. Diese Antipathie kann sich gegen eine Gruppe als Ganzes richten oder gegen ein Individuum, weil es dieser Gruppe angehört." (ALLPORT, 1971, S. 23).

Während der Einstellungsbegriff sehr allgemein gehalten ist, sind in Vorurteilen, bezogen auf einzelne Individuen oder Gruppen, negative Wertungen enthalten. Zum Abbau von Vorurteilen gegenüber Behinderten müssen wir Vorurteile als ungünstige Einstellungen mit negativen Bewertungen erkennen. Deshalb nennt von BRACKEN (1976, S. 37 f.) folgende drei Kriterien für Vorurteile gegenüber Behinderten:

1. *Ungünstige Abweichung von der Realität:* Behinderten werden bestimmte Merkmale zugeschrieben, die sie in dem Maße gar nicht zeigen. Ein Vorurteil liegt dann vor, wenn das Urteil ungünstiger ist als die Realität.
2. *Anti-Normalität des sozialen Bildes:* Damit soll ausgedrückt werden, daß wir Verhaltensweisen zeigen, die nicht einem „Normalverhalten" anderen Personen gegenüber entsprechen. So werden z. B. Behinderte häufig mit dem Vornamen angesprochen, oder man kommuniziert mit der Begleitperson, da man annimmt, der Behinderte versteht das nicht.
3. *Mangel an persönlichem Wohlwollen:* Damit soll vor allem die gefühlsmäßige Seite der Einstellung gegenüber Behinderten angesprochen werden. Es genügt nicht, für behinderte Kinder Gesetze zu beschließen, entsprechende Mittel aufzuwenden und die erforderlichen Einrichtungen zu schaffen. Eltern und Erzieher behinderter Kinder müssen von echtem persönlichem Wohlwollen erfüllt sein.

Hilfen zur Klärung der Situation Behinderter in unserer Gesellschaft versucht die Soziologie im Rahmen der Einstellungsforschung zu geben. HOHMEIER (1979, S. 117 f.) gibt einen zusammenfassenden Überblick über gegenwärtige theoretische Ansätze:

1. Behinderte als soziale Randgruppe und Minorität

Behinderte als Randgruppe

„Behinderte haben mit anderen benachteiligten Gruppen unserer Gesellschaft gemeinsam, daß ihre Situation durch drei Merkmale bestimmt ist, die sie als ‚Randgruppe' kennzeichnen: (1) Es besteht ein öffentliches Bewußtsein über das Vorliegen eines sozialen Problems, das durch fürsorgerische und sozialpolitische Maßnahmen gelindert werden soll; (2) gesellschaftliche Institutionen sind mit der Bewältigung des Problems beauftragt; (3) Behinderte sind auf der Ebene von Einstellungen und Verhaltensweisen stigmatisiert und von voller gesellschaftlicher Teilhabe ausgeschlossen." (S. 121).

Daraus lassen sich einige Einsichten ableiten:
– so ergibt sich z. B. für Körperbehinderte eine existentielle Konfliktsituation daraus, daß sie in einer „Randzone" zwischen Nichtbehinderten und anderen gleichartig Behinderten leben und sich keiner Gruppe so recht zugehörig fühlen;
– Behinderte sind oft wegen ihrer eingeschränkten Teilhabe gerade im Berufsleben benachteiligt und zählen somit zu einer Randgruppe.

2. Behinderung als abweichendes Verhalten

Behinderung als abweichendes Verhalten

Dieser in den USA entwickelte Ansatz geht von folgenden Grundannahmen aus:
1. Eine Behinderung besteht von dem Augenblick an, in dem sie als Abweichung von Erwartetem festgestellt worden ist.
2. Auf die Feststellung erfolgen gesellschaftliche Reaktionen, die für die Entwicklung der Abweichung eine wichtige Bedingung sind.
3. Die Reaktionen orientieren sich an einem vorhandenen Stereotyp „des Behinderten" und setzen sich in Vorstellungen und Erwartungen um.
4. Die Erwartungen konstituieren die Rolle des Behinderten, die an diesen vermittelt wird und sein Verhalten beeinflußt.
5. Etikettierung und Verinnerlichung der Rolle können zu einer Verfestigung der Abweichung führen und haben Folgen für die soziale Stellung der Person.

3. Behinderung als Stigma

Die Stigmaperspektive, die in den letzten Jahren sich durchgesetzt hat, betont, daß Behinderung hinsichtlich ihrer Feststellung, der Reaktionen und Folgen an soziale Interaktionen geknüpft ist und besser als Prozeß, denn als Eigenschaft begriffen werden sollte. „Behinderung entsteht aus definierten Aktivitäten von interagierenden Personen in sozialen Situationen".

Dieser Ansatz leitet Behinderung von sozialen Normen und Selbstverständlichkeiten ab, bezieht sich dabei sehr stark auf konkrete Interaktionen zwischen Nichtbehinderten und Behinderten sowie zwischen Institutionen und Behinderten.

Behinderung als Stigma

Das Hauptaugenmerk liegt demnach auf dem Prozeß der Ausgrenzung. „Nicht die unterstellte Andersartigkeit bestimmter Personen oder Gruppen sondern der Definitionsprozeß, der diese Andersartigkeit festlegt, sowie dessen Folgen, die häufig in der Ausgliederung der Definierten bestehen, besitzen demnach soziologische Relevanz." (HOHMEIER, 1975, S. 6).

Dazu gehören auch sogenannte Generalisierungseffekte, also die Übertragung bestimmter Merkmale auch auf andere Personen.
HENSLE (1982, S. 214) faßt den Stigmatisierungsprozeß folgendermaßen zusammen:

Stigmatisierungsprozeß

1. Ein Individuum weist eine außerhalb des Normbereichs liegende Eigenschaft auf oder zeigt eine primäre Abweichung in seinem Verhalten.
2. Die Gesellschaft hat diese Eigenschaft als negativ und diskreditierend definiert.
3. Die Definition wird auf das Individuum bezogen: aus der Eigenschaft wird ein Stigma, aus der primären Eigenschaft ein Etikett.
4. Das Stigma wirkt generalisierend, weitere negative Eigenschaften werden zugeschrieben.
5. Der Stigmatisierte setzt sich mit dem Stigma auseinander, die sozialen Kontrollinstanzen suchen es durchzusetzen. In vielen Fällen wird der Stigmatisierte die ihm zugeschriebene (beschädigte) Identität als neue Rolle akzeptieren.

4. Behinderung und Rehabilitation

Im Mittelpunkt dieses Ansatzes stehen konkrete Maßnahmen und

Einrichtungen zur Lösung des Problems „Behinderung" vor dem Hintergrund der Sozialstruktur der Gesellschaft. Behinderung wird als Beschränkung gesellschaftlicher Teilhabe in zentralen Lebensbereichen gesehen und auf ihre Ursachen und Folgen hin analysiert. Folgende Schwerpunkte sind festzustellen:
1. Die gesellschaftlichen Bedingungen für den Eintritt von Behinderung und die Ausgliederung von Behinderten sind in der „industriellen Vergesellschaftung" zu sehen. Das Interesse ist dabei auf die Auswirkungen moderner Produktionsverfahren konzentriert.
2. Rehabilitationsmaßnahmen und -einrichtungen werden im Hinblick auf ihre Wirksamkeit und ihre Konsequenzen für die soziale Integration der Behinderten reflektiert, wobei der Zusammenhang zwischen Sozialpolitik und Rehabilitationsmaßnahmen im Mittelpunkt steht.
3. Aus der Analyse der die Sozialpolitik bestimmenden gesellschaftlichen und politischen Faktoren werden Forderungen für eine Neuorientierung der Behindertenhilfe (z. B. aktive statt reaktive Sozialpolitik, Ablösung des Kausalitätsprinzip durch das Finalprinzip) abgeleitet (vgl. HOHMEIER, 1979, S. 117 - 124).

4.2 Die Situation von Familien Behinderter

Krisensituation durch die Geburt eines behinderten Kindes

Auf die Geburt eines Kindes mit Mißbildungen reagieren Eltern oft mit Schock, Verzweiflung und Hilflosigkeit. Diese „Krisensituation" wird oft verglichen mit der Situation nach dem Verlust eines Kindes durch Tod.

Nach dieser ersten Phase der Verzweiflung kann man häufig den Abwehrmechanismus der Verleugnung der Realität wahrnehmen, der wie ein Schutzmechanismus wirkt und lange andauern kann. Manche Eltern können niemals diese Abwehr- und Schutzreaktion aufgeben und die Krankheit oder Behinderung ihres Kindes annehmen.

Traurigkeit, Hilflosigkeit

Andere Eltern geraten in eine sogenannte affektive Phase, in der es ihnen möglich wird, ihre Wut, ihre Traurigkeit, Ratlosigkeit oder auch Angst wahrzunehmen und auszudrücken. Dies ist notwendig, denn wenn dies nicht geschieht, haben wir hier die Ursachen für überfürsorgliches Verhalten. Viele Eltern zeigen auch eine teilnahmslose Hilflosigkeit.

Erste emotionale Bindungen zum behinderten Kind entstehen schließlich auf rationalem Weg über das Erkennen der Stärken und nicht der behinderten Fähigkeiten des Kindes. Auch Eltern behinderter Kinder müssen sich der kindlichen Situation entsprechend verhalten und zur kindlichen Selbständigkeitsentwicklung eine bestimmte Einstellung finden. Ein nicht genügendes Akzeptieren der Eigeninitivative des Kindes führt zu einer engen Abhängigkeit bzw. Überbehütung, die wiederum zur Unselbständigkeit des Kindes führt – vor allem beim behinderten Kind. **Überbehütung**

Vielen Eltern fällt es schwer, nachzuvollziehen, daß auch der Behinderte zu bestimmten Eigenständigkeiten fähig bzw. zu befähigen ist. Verlaufen nun diese „Erkenntnisphasen" bei beiden Elternteilen nicht parallel, kann es zu erheblichen Spannungen zwischen den Partnern kommen. Familien mit einem behinderten Kind sind zumindest in der Anfangsphase emotional verwundbarer als Familien mit nichtbehinderten Kindern. Folge davon ist häufiges Abkapseln gegenüber der Umwelt. Deshalb bleibt die Forderung im Raum: Elternarbeit verstärkt mit gleichbetroffenen Eltern durchzuführen (siehe Frühförderung). **Familienkrise**

Die Existenz eines behinderten Kindes bedeutet für die Eltern eine zusätzliche Belastung des alltäglichen Lebens, nicht nur im Bereich der ökonomischen Situation. Es ist schwer möglich, diese Problematik in ihrer Komplexität und unterschiedlichen Ausprägung darzustellen, deshalb hier nur einige Ansatzpunkte:
- Gerade in der Familie beginnt für den Behinderten oft die Ausnahmestellung und die Sonderposition: entweder er wird übermäßig behütet oder er wird durch Abneigung für seine Behinderung „bestraft".
- Für viele Eltern ist das behinderte Kind für „immer" zu beschützen, zu pflegen, zu versorgen; die Abhängigkeit des Behinderten vom Nichtbehinderten gilt für immer; Eltern bemühen sich nicht, ihr Kind zu optimaler Selbstgestaltung zu führen.
- Das behinderte Kind wird isoliert, entweder zu Hause oder in Sondereinrichtungen; Begründung hierfür: „man will dem Kind unliebsame Erfahrungen ersparen".
- Zu der primären Behinderung kommen sehr häufig sekundäre Probleme hinzu, die wiederum weitere Schäden im psychischen Bereich auslösen können.
- Viele Angehörige von Behinderten meinen, die Behinderten könnten Belastungen, die aus der Welt der Nichtbehinderten auf sie zukommen, nicht verkraften.
- Schädigend für den Behinderten ist oft nicht die eigentliche Behinderung, sondern die unnatürliche Einschränkung durch die Nichtbehinderten und die damit verbundene Isolierung.

Zusammenfassung:

Man kann Behinderte nicht losgelöst von der gesellschaftlichen Situation betrachten, in der sie sich befinden. Die Soziologie versucht im Rahmen der Einstellungsforschung, das soziale Feld zwischen Behinderten und Nichtbehinderten zu erkunden und zu beschreiben.
Zur Klärung der Situation Behinderter in unserer Gesellschaft finden wir folgende Ansätze:
– Behinderung gilt als abweichendes Verhalten
– Behinderung als Stigma
– Behinderung und Rehabilitation

Die Geburt eines behinderten Kindes bringt die Familie in eine Krisensituation, die gekennzeichnet ist durch Trauer und Hilflosigkeit mit entsprechenden Reaktionen.

Denkimpuls:

Diskutieren Sie Ihre Erfahrungen im Umgang mit Behinderten. Überlegen Sie, wie durch gezielte Maßnahmen Einstellungen und Vorurteile gegenüber Behinderten verändert werden könnten.

5. Literaturverzeichnis

ALISCH, L.-M.: Begriff der Auffälligkeit. in: KLAUER K.-J./REINARTZ A. Sonderpädagogik in allgemeinen Schulen. Handbuch der Sonderpädagogik 9, Berlin 1978
ALLPORT, G. W.: Die Natur der Vorurteile, Köln 1971
ASPERGER, H.: Die „Autistischen Psychopathen" im Kindesalter in: Arch. Psychiatr. Nervenkr. 1944 S. 76 – 136
BACH, H.: Unterrichtslehre L., Berlin 1971
BACH, H.: Geistigbehinderte unter pädagogischem Aspekt. in: Deutscher Bildungsrat. Gutachten und Studien der Bildungskommission. Band 34. Sonderpädagogik 3, Stuttgart 1974
BACH, H.: Pädagogik der Geistigbehinderten. Handbuch der Sonderpädagogik 5, Berlin 1979
BACH, H.: Berufe in der Rehabilitation beeinträchtigter Menschen. in: Nachrichtendienst des Deutschen Vereins, Heft 10/1982, S. 314. f.
BERENDES, J.: Einführung in die Sprachheilkunde. Leipzig 1967[8]
BERGEMANN, M.: Sporterziehung im Vorschulalter, München. 1974
BITTNER, G. et. al.: Schule und Unterricht bei verhaltensgestörten Kindern. in: Deutscher Bildungsrat; Gutachten und Studien der Bildungskommission; Sonderpädagogik 4, Stuttgart 1974.
BLUMENTHAL, E.: Bewegungsspiele für Vorschulkinder, Stuttgart 1973
BRACKEN, H.: Vorurteile gegen behinderte Kinder, ihre Familien und Schulen, Berlin 1976
BUNDSCHUH, K.: Einführung in die sonderpädagogische Diagnostik, München 1980
DEPNER, R./LINDEN, H.: Qualifikation und Funktion von Fachkräften in außerschulischen Einrichtungen für Behinderte. in: Geistige Behinderung. Fachzeitschrift der Bundesvereinigung Lebenshilfe für geistig Behinderte. 20. Jhrg. Heft 3/81
DEPNER, R. et. al.: Chaos im System der Behindertenhilfe. Eine empirische Untersuchung zur Professionalisierung sozialer Berufe, Weinheim 1983
DEUTSCHER BILDUNGSRAT: Empfehlungen der Bildungskommission. Zur pädagogischen Förderung behinderter und von Behinderung bedrohter Kinder und Jugendlicher, Stuttgart 1974.
DIEM, L.: Kinder lernen Sport. Bd. 4, München 1973.
DOLLARD, J.: Frustration und Aggression, Weinheim 1939/1971
FEND-ENGELMANN, E.: Spieltherapie. in: KLAUER/REINARTZ: Sonderpädagogik in allgemeinen Schulen; Handbuch der Sonderpädagogik, Berlin 1978
FLEHINGHAUS, K.: Sprachbehinderungen, in: KLAUER/REINARTZ: Sonderpädagogik in allgemeinen Schulen, Handbuch der Sonderpädagogik Bd. 9, Berlin 1978
FROSTIG, M.: Bewegungserziehung, München 1973
GERSPACH, M.: Erkenntnistheoretische Anmerkungen zu einer praktischen Theorie der Heilpädagogik, in: LEBER, A. (Hrsg.): Heilpädagogik, Darmstadt 1980
HANDBUCH DER REHABILITATION für Behinderte in Bayern: Materialien zum 1. Bayer. Landesplan für Behinderte. Bayer. Staatsministerium für Arbeit und Sozialordnung, München 1975
HARBAUER, H./SCHMIDT, M.: Medizinische Aspekte. in: Bach, H. (Hrsg.) Pädagogik der Geistigbehinderten, Handbuch der Sonderpädagogik, Band 5, Berlin 1979
HARTMANN, N.: Problematik der Mehrfachbehinderten in: DENNERLEIN, H./SCHRAMM, K.: Handbuch der Behindertenpädagogik, Bd. 1, München 1979
HAVERS, N.: Erziehungsschwierigkeiten in der Schule. Klassifikation, Häufigkeit, Ursachen und pädagogisch-therapeutische Maßnahmen, Weinheim 1978
HISCHER, E. (Hrsg.): Aufgaben der Psychologie in Erziehungswissenschaft und Gesellschaft, Rheinstetten 1981
HOHMEIER, J.: Stigmatisierung als sozialer Definitionsprozeß, in: Stigmatisierung, Bd. 1, Neuwied 1975

HUDELMAYER, D.: Die Erziehung Blinder. in: Deutscher Bildungsrat. Gutachten und Studien der Bildungskommission. Sonderpädagogik 5, Stuttgart 1975
KANNER, L.: Autistic disturbancis of affective. Nerv. Child 1943, 217–250
KANTER, G. O.: Lernbehindertenpädagogik – Gegenstandsbestimmung – Begriffsklärung. in: KANTER, G.-O./SPECK, O.: Pädagogik der Lernbehinderten. Handbuch der Sonderpädagogik 4, Berlin 1976
KANTER, G. O.: Lernbehinderung und die Personengruppe der Lernbehinderten. in: Pädagogik der Lernbehinderten. Handbuch der Sonderpädagogik 4, Berlin 1976
KLEIN, F.: Erziehung Geistigbehinderter mit autistischen Verhaltensweisen. in: BACH, H. (Hrsg.): Pädagogik der Geistigbehinderten, Handbuch der Sonderpädagogik 5, Berlin 1979
KLUGE, K.-J.: Verhaltensauffälligkeiten in einzelnen Erziehungsfeldern. in: DENNERLEIN, H./SCHRAMM, K.: Handbuch der Behindertenpädagogik, München 1979
KNURA, G.: Sprachbehinderte und ihre sonderpädagogische Rehabilitation. in: Deutscher Bildungsrat. Gutachten und Studien der Bildungskommission 4, Stuttgart 1974.
KNURA, G.: Grundfragen der Sprachbehindertenpädagogik. in: KNURA, G./NEUMANN, B.: Pädagogik der Sprachbehinderten. Handbuch der Sonderpädagogik 7, Berlin 1980
KOBI E. E.: Aggressivität als pädagogisches Problem. in: Handbuch der Sonderpädagogik. Bd. 9. Sonderpädagogik in allgemeinen Schulen, Berlin 1978
KOBI, E. E.: Heilpädagogik im Abriss. Liestal 1982
KOBI, E. E.: Grundfragen der Heilpädagogik, Bern 1983
KORNMANN, R.: Planung und Durchführung des Heidelberger Symposions und Vorwort zu den Beiträgen. in: KORNMANN, R. (Hrsg.): Diagnostik bei Lernbehinderten, Neuburgweiher 1975
LÖWE, A.: Gehörlose, ihre Bildung und Rehabilitation. in: Deutscher Bildungsrat. Gutachten und Studien der Bildungskommission. Sonderpädagogik 2, Stuttgart 1974
LÖWE, A.: Gehörlosigkeit und Schwerhörigkeit. in: DENNERLEIN, H./SCHRAMM, K.: Handbuch der Behindertenpädagogik Bd. 1 und 2, München 1979
LORENZ, K.: Das sogenannte Böse, Wien 1963
MEINERTZ, F./KAUSEN, R.: Heilpädagogik. Bad Heilbrunn 1981[6]
MEISTER, H.: Einzeldiagnose und Einzelförderung. in: KLAUER, K.-J./REINARTZ, A.: Handbuch der Sonderpädagogik 9. Sonderpädagogik in allgemeinen Schulen, Berlin 1978
MERSI, F.: Die Erziehung Sehbehinderter. in: Deutscher Bildungsrat. Gutachten und Studien der Bildungskommission. Sonderpädagogik 5, Stuttgart 1975
MOLLENHAUER, K.: Theorien zum Erziehungsprozeß, München 1982[4]
MOOR, P.: Heilpädagogik. Ein pädagogisches Lehrbuch, Bern/Stuttgart 1974
VON OY, C.-M.: Methode der heilpädagogischen Übungsbehandlung; Hilfe für das geistig behinderte Kind. in: HOFMANN, TH. (Hrsg.): Beiträge zur Geistigbehindertenpädagogik, Rheinstetten 1979
VON OY, C.-M./SAGI, A.: Lehrbuch der Heilpädagogischen Übungsbehandlung, Heidelberg 1984
PAPE, R.: Medizinische Ursachen und Wirkungen von Sehschäden. in: GEISSLER, R. et. al.: Blinde und Sehbehinderte in unserer Welt, Karlsruhe 1971, S. 17-26
PAPENKORT, D.: Bewegungserziehung. in: KLAUER, K.-J./REINARTZ, A.: Handbuch der Sonderpädagogik 9. Sonderpädagogik in allgemeinen Schulen, Berlin 1978
PAUL, H. A.: Erscheinungsformen und Ursachen von Körperbehinderungen. in: DENNERLEIN, H./SCHRAMM, K.: Handbuch der Behindertenpädagogik. Bd. 2, München 1979
PECHSTEIN J.: Sozialpädiatrische Zentren für behinderte und entwicklungsgefährdete Kinder. in: Deutscher Bildungsrat. Gutachten und Studien der Bildungskommission. Bd. 53, Stuttgart 1975
RAUSCHENBACH, H. et. al.: Verhaltensauffällige und behinderte Kinder und Jugendliche, München 1980
REVERS, W. J. et. al.: Neue Wege der Musiktherapie, Düsseldorf 1974
SEISS, R.: Anamnese und Exploration. in: SCHWARZER, R.: Beraterlexikon, München 1977

SELG, H.: Menschliche Aggressivität. 3. umarb. Auflage von „Diagnostik der Aggressivität", Göttingen 1974

SOLAROVA, S.: Mehrfachbehinderte – Ursachen, Erscheinungsformen und Auswirkungen. in: Deutscher Bildungsrat. Gutachten und Studien der Bildungskommission. Sonderpädagogik 5, Stuttgart 1975

SPECK, O.: Früherkennung und Frühförderung behinderter Kinder. in: Deutscher Bildungsrat. Gutachten und Studien der Bildungskommission. Sonderpädagogik 1, Stuttgart 1975.

SPECK, O.: Die Stellung der Eltern im Rahmen der Frühförderung. in: Geistige Behinderung. Fachzeitschrift der Bundesvereinigung Lebenshilfe für geistig Behinderte. Heft 2/81

SPRAU-KUHLEN, V.: Verhaltenstherapeutische Methoden. in: BACH, H. (Hrsg.): Pädagogik der Geistigbehinderten. Handbuch der Sonderpädagogik 5, Berlin 1979

SCHOLZ, J. F.: Fachkräfte der Rehabilitation. in: JOCHHEIM, K. A./SCHOLZ, J. F. (Hrsg.): Rehabilitation Bd. 1, Stuttgart 1975

SCHUHMACHER, G.: Verhaltensgestörte Schüler, Bonn-Bad Godesberg 1971

SCHÖNBERGER, F.: Körperbehinderungen – Ein Gutachten zur schulischen Situation körperbehinderter Kinder und Jugendlicher in der BRD. in: Deutscher Bildungsrat. Gutachten und Studien der Bildungskommission, Stuttgart 1974

SCHWABE, C.: Musiktherapie bei Neurosen und funktionellen Störungen, Stuttgart 1972

TSCHAMLER, H.: Wissenschaftstheorie. Eine Einführung für Pädagogen, Bad Heilbrunn 1983

TÜCKE, M./MASENDORF, F.: Zur Analyse der Lernbehinderungen und ihrer Rahmenbedingungen. Sonderpädagogik 4, Stuttgart 1974

WEBER, D.: Autistische Syndrome und dazugehörige Verhaltensweisen. in: Geistige Behinderung. Fachzeitschrift der Bundesvereinigung Lebenshilfe für geistig Behinderte. Heft 1/82

6. Adressen

Allgemeine Behindertenorganisationen

(a) Bundesrepublik Deutschland und Westberlin

Aktion Sorgenkind e.v., Franz-Lohe-Straße 19, 5300 Bonn
Aktion Sonnenschein, Hilfe für mehrfachbehinderte Kinder, Güllstraße 5, 8000 München 2, ☎ 089/779037
Aktionskomitee „Kind im Krankenhaus" e.V., Schloßstraße 125 (Frau G. Braun), 6000 Frankfurt/Main
Arbeiter-Samariter-Bund e.v., Postfach 420349, 5000 Köln 51
Arbeiterwohlfahrt Bundesverband e.v., Ollenhauerstraße 3, 5300 Bonn
Beirat für die Rehabilitation der Behinderten, Bonner Str. 85 (BMA), 5300 Bonn-Duisdorf
Bundesarbeitsgemeinschaft (BAG), Hilfe für Behinderte e.v., Kirchfeldstraße 149, 4000 Düsseldorf
Bundesarbeitsgemeinschaft der Clubs Behinderter und ihrer Freunde e.v., Postfach 1521, 6500 Mainz
Bundesarbeitsgemeinschaft für Rehabilitation, Eysseneckstraße 55, 6000 Frankfurt/Main
Bundesanstalt für Arbeit, Regensburger Straße 104, 8500 Nürnberg
Bund Deutscher Hirnbeschädigter e.v., Humboldtstraße 32, 5300 Bonn
Bund Deutscher Kriegsopfer, Bundesleitung, Bonner Talweg 88, 5300 Bonn 3
Deutsche Arbeitsgruppe Guldbergplan für die psychische Rehabilitation beh. Kinder e.v., Hallerstraße 3c, 2000 Hamburg 13
Deutsche Gesellschaft für Rehabilitation. Im Johannistal 41, 5100 Aachen
Deutsche Vereinigung für die Rehabilitation Behinderter, Friedrich-Ebert-Anlage 9, 6900 Heidelberg 1
Marburger Vereinigung für die Rehabilitation Behinderter e.V., Robert-Koch-Straße 8, 3550 Marburg
Reichsbund der Kriegsopfer Behinderten, Sozialrentner und Hinterbliebenen e. V. – Bundesvorstand –, Beethovenstraße 58, 5300 Bonn-Bad Godesberg 1
Stiftung für das behinderte Kind, Schuhmarkt 4, 3550 Marburg
Stiftung Hilfswerk für behinderte Kinder, Lessingstr. 4, 5300 Bonn-Bad Godesberg
Verband der Evangelischen Einrichtungen für die Rehabilitation Behinderter e.V., Postfach 280, 5802 Wetter 2
Verband Deutscher Sonderschulen e.V., Im Sonnigen Winkel 2, 7257 Ditzingen

Landesverbände
- Bremen: Schulleiter Alfred Maifarth, Heinrich-Ahrnicke-Straße 5, 2820 Bremen 70
- Hessen: Schulrat Karl Weiß, Paul-Ehrlich-Straße 18, 6080 Groß-Gerau
- Niedersachsen: Schulrat Joachim Dorow, Heinr.-Spoerl-Straße 35, 3011 Laatzen
- Nordrhein-Westfalen: Schulrat Otto Horstkotte, Im Langen Bruch 32, 5000 Köln-Brück
- Rheinland-Pfalz: Adolf Müller, Wiesenstraße 3, 6507 Ingelheim a. Rhein
- Saarland: Sonderschulrektor Jürgen Bottler, Im Tempel 23, 6682 Ottweiler
- Schleswig-Holstein: Heinz-Werner Arens, Kl. Westerstr. 60/62, 2240 Heide

(b) Österreich

Bandgesellschaft – Österreichisches Hilfswerk für Behinderte und Schutzbedürftige, Ganglbauergasse 36, 1160 Wien, ☎ 922651
Behindertenzentrum der Stadt Wien, Seeböckgasse 12–14, 1160 Wien, ☎ 465244
Jugend am Werk, Grundsteingasse 65, 1160 Wien, ☎ 422307
Lebenshilfe, Effingergasse 23, 1160 Wien, ☎ 464101
Lebenshilfe Niederösterreich – Aktion Sorgenkind, Hahngasse 8/2/16, 1090 Wien, ☎ 3458523

175

Sonderschulinspektorat der Stadt Wien, Gasgasse 8-10, 1150 Wien, ☎ 855170

(c) Schweiz

Arbeitszentrum für Behinderte, 4802 Strengelbach, ☎ 062/512622
Band-Genossenschaft, Eingliederungsstätte für Behinderte, Riedbachstraße 9, 3027 Bern, ☎ 031/551525
Eidg. Gesundheitsamt (EGA), Bollwerk 27, 3011 Bern, ☎ 031/226091
Rechtsdienst für Behinderte, Bürglistraße 11, 8002 Zürich, ☎ 01/365828
Schweiz. Arbeitsgemeinschaft zur Eingliederung Behinderter in die Volkswirtschaft (SAEB), Brunaustraße 6, 8002 Zürich, ☎ 01/365826
Schweizerische Heilpädagogische Gesellschaft, Gutenbergstraße 37, Postfach 225, 3000 Berlin 13, ☎ 031/454332
Schweiz. Kommission für Rehabilitation, Med. Abt. Thermalbäder, 7310 Bad Ragaz, ☎ 085/91907
Schweiz. Verband von Werkstätten für Behinderte, Brunaustraße 6, 8002 Zürich, ☎ 01/365825
Schweiz. Vereinigung Das Band, Gryphenhübeliweg 40, 3006 Bern, ☎ 031/441138
Schweizerische Vereinigung Pro Infirmis, Feldeggstraße 71, Postfach 129, 8032 Zürich, ☎ 01/320532
Schweiz. Zentralstelle für Heilpädagogik (SZH), Alpenstraße 8/10, 6004 Luzern, ☎ 041/224545
Stiftung Denk an mich – Ferien für behinderte Kinder, Radio Basel, 4024 Basel, ☎ 061/353030

Lernbehinderte und Verhaltensauffällige

(a) Bundesrepublik Deutschland und Westberlin

Bundesverband Legasthenie e.V., Am Weinberg 31, 3452 Bodenwerder 2
Bundesverband zur Förderung Lernbehinderter e.V., Manfred-v.-Richthofen-Straße 49, 4400 Münster
Informationen über Beratungsstellen sind erhältlich:
- beim Beratungslehrer, Schulberater oder Schulpsychologen an der jeweiligen Schule
- bei den Gemeindeverwaltungen
- bei den Bezirksregierungen
Beratungen werden durchgeführt:
- vom Beratungslehrer, Schulberater oder Schulpsychologen an der jeweiligen Schule
- von kommunalen und staatlichen Schulberatern und Schulpsychologen
- von den Schulpsychologischen Diensten
- von Erziehungsberatungsstellen (kommunale und freie Träger)

(b) Österreich

Heilpädagogisches Institut, Schwarzstraße 21, 5020 Salzburg

Universitätskinderklinik, Abteilung für Psychopädagogik, Anichstraße 35, 6020 Innsbruck
Universitätsklinik für Neuropsychiatrie des Kindes- und Jugendalters. Währinger Gürtel 74-76, 1090 Wien, ☎ 4289/4430, 4451, 4463 Durchwahl
Univ.-Kinderklinik im Allgemeinen Krankenhaus, Heilpädagogische Abteilung, Währinger Gürtel 74-76, 1090 Wien, ☎ 4289/4425 Durchwahl
Information und Beratung durch:
- Erziehungsberatungsstellen
- Jugendämter
- Schulpsychologische Beratung
- Sozialämter bzw. Soziale Verwaltung der Landesregierungen oder der Bezirkshauptmannschaften

(c) Schweiz

Schulpsychologische Dienste
Aargau: Auf dem Stein, 9052 Niederteufel
Aargau: Horschwendi, 9104 Waldstatt, ☎ 071/516742 (Vorderland)
Appenzell: Schulhaus, 9050 Schlatt-Appenzell, ☎ 071/872229
Basel: Gartenstraße 112, 4000 Basel, ☎ 061/225656

Baselland: Rufsteinweg 1, 4410 Liestal, ☎ 061/965111
Stadt und Kanton Bern: Effingerstraße 12, 3011 Bern, ☎ 031/252685
Graubünden: Quaderstraße 17, 7000 Chur, ☎ 081/213438
Stadt Luzern: Obergrundstraße 65, 6003 Luzern, ☎ 041/224814
Kanton Luzern: Zentralstraße 28, 6003 Luzern, ☎ 041/238876
Nidwalden: 6370 Stans, ☎ 041/611161
St. Gallen: Museumstraße 35, 9000 St. Gallen, ☎ 071/248622
Schwyz: c/o Erziehungsdepartement, 6430 Schwyz, ☎ 043/241124
Solothurn: Bielstraße 9, 4500 Solothurn, ☎ 065/30303
Thurgau: Spannerstraße 31, 8500 Frauenfeld, ☎ 054/79111
Uri: 6460 Altdorf, ☎ 044/24538
Stadt Winterthur: St.-Georgen-Straße 68, 8400 Winterthur, ☎ 052/845537
Bezirk Winterthur: Adlerstraße 40, 8400 Winterthur, ☎ 052/225072
Stadt Zug: Gotthardtstraße 29, 6300 Zug, ☎ 042/214563
Kanton Zug: Baarerstraße 2, 6300 Zug, ☎ 042/231233
Schweiz. Verband für erziehungsschwierige Kinder und Jugendliche (SVE), Feldeggstraße 71, 8032 Zürich, ☎ 01/320532

Geistigbehinderte

(a) Bundesrepublik Deutschland und Westberlin

Bundesverband „Hilfe für das autistische Kind" e.V., Sedanstraße 13, 5880 Lüdenscheid
Bundesvereinigung „Lebenshilfe für geistig Behinderte" e.V., Postfach 1486, 3550 Marburg
Deutsche Vereinigung für die Jugendpsychiatrie e.V., Deutschordenstraße 50, 6000 Frankfurt Main
Verband Evangelischer Einrichtungen für geistig und seelisch Behinderte e.V., Postfach 476, 7000 Stuttgart 1
Vereinigung der Heil- und Erziehungsinstitute für seelenpflegebedürftige Kinder, In den Birken 156, 5600 Wuppertal 1

(b) Österreich

Jugend am Werk, Grundsteingasse 65, 1160 Wien, ☎ 422307
Kuratorium für künstlerische und heilende Pädagogik, Siebensterngasse 27, 1070 Wien, ☎ 932198
Lebenshilfe – Wien, Effingasse 23, 1160 Wien, ☎ 464128
Pro Mente Infirmis, Gesellschaft zum Schutz psychisch Behinderter, Postfach 207, 1081 Wien
Rehabilitationsheim der Caritas für schizophrene Patienten, Obere Hauptstraße 35, 2326 Lanzendorf, ☎ 02235/266
Rehabilitationszentrum des Psychiatrischen Krankenhauses der Stadt Wien, Baumgartner Höhe 1, 1140 Wien, ☎ 943151

(c) Schweiz

Elternverein für Kinder mit leichten Hirnfunktionsstörungen, Postfach 111, 8800 Thalwil
Heilpäd. Behandlungsstelle für geistig behinderte Kinder, Schulhaus Gotthelfstraße 53, 8003 Zürich, ☎ 01/350860
Heilpädagogische Beratungs- und Behandlungsstelle für das geistig behinderte Kind für die Kantone Luzern, Nid- und Obwalden, Löwenstraße 5, 6004 Luzern, ☎ 041/225763
Heilpädagogischer Dienst zur Frühberatung und -behandlung geistig behinderter Kinder für die Kantone St. Gallen - Appenzell - Glarus, Museumstraße 35, 9000 St. Gallen, ☎ 071/241566

Heilpäd. Frühberatungsdienst für das geistig behinderte Kind, Vordersteig 2–3, 8200 Schaffhausen, ☎ 053/51733
Schweiz. Hilfsgesellschaft für Geistesschwache (SHG), Gutenbergstraße 37, 3011 Bern

Schweiz. Kommission für Probleme der geistigen Behinderung, Feldeggstraße 71, 8032 Zürich, ☎ 01/320532
Schweiz. Vereinigung der Elternvereine für geistig Behinderte, rue Centrale 16, Postfach 191, 2500 Biel 3, ☎ 032/234575

Sprachbehinderte

(a) Bundesrepublik Deutschland und Westberlin

Arbeitsgemeinschaft für die Rehabilitation der Hör-/Sprachbehinderten, 5300 Bonn-Duisdorf (BMA)
Arbeitsgemeinschaft für Berufe der Hör- und Sprachgeschädigten e.V., Bernadottestraße 126, 2000 Hamburg 52
Deutsche Gesellschaft für Sprachheilpädagogik e.v., Rostocker Straße 62, 2000 Hamburg 1
Deutsche Gesellschaft zur Förderung der Hör-/Sprachgeschädigten e.V., Bernadottestraße 126, 2000 Hamburg 52
Deutscher Wohlfahrtsverband für Gehör- und Sprachgeschädigte e.v., Quinckestraße 72, 6900 Heidelberg
Sprechbehindertenselbsthilfe Vereinigung, Uhlandstraße 2, 7421 Mehrstetten
Vereinigung der Kehlkopflosen der BRD e. V., Voßstraße 3–5, 6900 Heidelberg

(b) Österreich

Bundes-Taubstummeninstitut, Speisinger Straße 105, 1130 Wien, ☎ 822276
Österreichische Gesellschaft für Sprachheilpädagogik, Kindermanngasse 1, 1170 Wien
WITAF – Wiener Taubstummen-Fürsorgeverband, Kleine Pfarrgasse 33, 1020 Wien, ☎ 339284

(c) Schweiz

Orthophonisches Institut, Weihermattstraße 535, 4335 Laufenburg, ☎ 064/641226
Schweiz. Arbeitsgemeinschaft für Logopädie (SAL) Feldeggstraße 71, 8032 Zürich, ☎ 01/320532
Schweizerischer Verband für Taubstummen- und Gehörlosenhilfe, Thunstraße 13, 3005 Bern, ☎ 031/441026
Taubstummen- und Sprachheilschule, Inzlinger Str. 51, 4125 Riehen, ☎ 061/511211

Hörgeschädigte

(a) Bundesrepublik Deutschland und Westberlin

Bundesarbeitsgemeinschaft der Sozialdienste für Hörgeschädigte, Fellnerstraße 12, 6000 Frankfurt/Main 1
Deutsche Gesellschaft zur Förderung der Hör-/Sprach-Geschädigten e.V., Bernadottestraße 126, 2000 Hamburg 52, ☎ 040/8806841

Deutscher Gehörlosenbund e.V., Elkenbachstraße 16, 6000 Frankfurt/Main
Deutscher Schwerhörigenbund e.V., Uttenreuther Straße 24, 8500 Nürnberg
Deutschen Taubblindenwerk GmbH, Adolf-Schweitzer-Hof 27, 3000 Hannover-Kirchrode
Deutscher Wohlfahrtsverband für Gehör- und Sprachgeschädigte e. V. Quinckestraße 72, 6900 Heidelberg

Verband der katholischen Gehörlosen Deutschlands e. V. Dalberstraße 30, 6400 Fulda

(b) Österreich

Bundes-Taubstummeninstitut, Speisinger Straße 105, 1130 Wien, ☎ 822276
Gesellschaft zur Befürsorgung der Taubstummen und Gehörlosen von Wien, Niederösterreich und Burgenland, Speisinger Straße 105, 1130 Wien, ☎ 822276
Landessonderschule II für sprachgestörte und schwerhörige Kinder im Kinderdorf St. Isidor, 4020 Leonding/Linz
Österreichischer Gehörlosenbund, Albertgasse 23, 1080 Wien, ☎ 4373654
VOX − Schutzverband der Schwerhörigen Österreichs, Sperrgasse 8−11, 1150 Wien, ☎ 837171
WITAF − Wiener Taubstummen-Fürsorgeverband, Kleine Pfarrgasse 33, 1020 Wien, ☎ 339284

(c) Schweiz

Bund Schweiz. Schwerhörigen-Vereine (BSSV), Feldeggstraße 71, Postfach Pro Infirmis, 8032 Zürich, ☎ 01/320532
Hörmittelzentrale des Schwerhörigenvereins, Freiestraße 40, 4051 Basel, ☎ 061/256505
Kommission für das Taubblindenwesen, Feldeggstraße 71, Postfach Pro Infirmis, 8032 Zürich, ☎ 01/320532
Schweiz. Gehörlosenbund (SGB), Pädoaudiologie im Kantonsspital, 9006 St. Gallen, ☎ 071/261111
Schweiz. Verband für Taubstummen- und Gehörlosenhilfe (SVTGH), Thunstraße 13, 3005 Bern, ☎ 031/441028
Vereinigung der Eltern und Freunde hörgeschädigter Kinder, Rebstockhalde 38, 6008 Luzern, ☎ 041/311088

Sehgeschädigte

(a) Bundesrepublik Deutschland und Westberlin

Arbeitsgemeinschaft für die Rehabilitation von Blinden und Sehbehinderten, Bonner Straße 85 (BMA), 5300 Bonn-Duisdorf
Blindenerholungsheime des Deutschen Blindenverbandes, Bismarckstraße 30, 5300 Bonn-Bad Godesberg
Bund der Kriegsblinden Deutschlands e.V., Schumannstraße 35, 5300 Bonn
Bund der Späterblindeten e.V., Halenseestraße 9, 1000 Berlin 31
Bund zur Förderung Schwerbehinderter e.V., Kirchfeldstraße 149, 4000 Düsseldorf
Bund zur Förderung sehbehinderter Kinder e.V., Ährenstraße 7, 4100 Duisburg-Rahm-West
Deutsche Blindenhörbücherei GmbH, Am Schlag 2a, 3550 Marburg
Deutsche Blindenstudienanstalt, Postfach 1150, 3550 Marburg

Deutscher Blindenverband e.V., Bismarckstraße 30, 5300 Bonn-Bad Godesberg
Deutsches katholisches Blindenwerk e.V., Steinweg 10, 5160 Düren
Deutsches Taubblindenwerk GmbH, Adolf-Schweitzer-Hof 27, 3000 Hannover-Kirchrode
Verein zur Förderung der Blindenbildung e.V., Bleekstraße 26, 3000 Hannover 71

(b) Österreich

Bundes-Blindenerziehungsinstitut, Wittelsbachstraße 5, 1020 Wien, ☎ 244567
Hilfsgemeinschaft der Blinden und Sehschwachen Österreichs, Treustraße 9, 1200 Wien, ☎ 333545
Österreichischer Blindenverband − Landesgruppe Wien, Niederösterreich und Burgenland, Mariahilfer Gürtel 4, 1060 Wien, ☎ 561594

Österreichische Blindenwohlfahrt, Blindenanstalt Wien-Josefstadt und Baumgarten, Josefstädter Straße 80, 1081 Wien, ☎ 421347

(c) Schweiz

Arbeitskreis für das taubblinde Kind, Postfach Pro Infirmis, 8032 Zürich, ☎ 01/320532
Blinden Leuchtturm, Spezialstelle für berufliche Eingliederung Blinder und Sehbehinderter, Leonhardstraße 14, 8032 Zürich, ☎ 01/470130
Frühberatungsstelle für Sehbehinderte, Augensteinerstraße 28, 4052 Basel, ☎ 061/426654
Heilpädagogischer Dienst zur Frühberatung und -behandlung geistig behinderter und sehbehinderter Kinder für die Kantone St. Gallen – Appenzell – Glarus, Museumstraße 35, 9000 St. Gallen, ☎ 071/241566
Kommission Schulung geistig behinderter Sehbehinderter, Feldeggstraße 71, 8032 Zürich, ☎ 01/320532
Schweiz. Blinden-Bund (SBB), Friedackerstraße 8, 8050 Zürich, ☎ 01/487430
Schweizerischer Blinden- und Sehbehindertenverband, Zähringerstraße 49, 3012 Bern, ☎ 031/233376
Schweiz. Radio-Aktion für Blinde, Invalide, Heime und Schulen, Postfach 2025, 3001 Bern, ☎ 031/234700
Schweiz. Vereinigung der Eltern blinder und sehschwacher Kinder, Brunaustraße 29, 8002 Zürich, ☎ 01/250948
Schweiz. Zentralverein für das Blindenwesen (SZB), St. Leonhardstraße 32, 9001 St. Gallen, ☎ 071/221438

Körperbehinderte

(a) Bundesrepublik Deutschland und Westberlin

Arbeitsgemeinschaft der Hauptvertrauensleute für Schwerbeschädigte bei den obersten Bundes- und Landesbehörden, Bundeswirtschaftsministerium (Herr Roleff), 5300 Bonn
Arbeitsgemeinschaft Spina bifida und Hydrocephalus e.V., Kaiserstraße 4, 5740 Menden
Bundesarbeitsgemeinschaft zur Förderung haltungsgefährdeter Kinder und Jugendlicher e.V., Postfach 171, 5160 Düren
Bundesverband der Eltern körpergeschädigter Kinder e.V., Contergankinder-Hilfswerk, Deutzer Freiheit 68, 5000 Köln-Deutz
Bundesverband für spastisch Gelähmte und andere Körperbehinderte e.V., Postfach 8132, 4000 Düsseldorf
Deutsche Gesellschaft „Bekämpfung der Muskelkrankheiten" e.V., Friedrichring 20, 7800 Freiburg
Deutsche Gesellschaft zur Bekämpfung der Mucoviscidose e.V., Rheinstraße 79, 6078 Neu-Isenburg
Deutsche Multiple Sklerose Gesellschaft e.V. Auf der Körnerwiese 5, 6000 Frankfurt/Main
Deutsche Rheuma-Liga e.V., An den Meisterwiesen 11, 8031 Seefeld b. München
Deutsche Sektion der Internationalen Liga gegen Epilepsie e.V., Landstraße 1, 7642 Kork bei Kehl
Deutscher Versehrten-Sportverband e.V., Postfach 3480, 4000 Düsseldorf 12
Forschungsgemeinschaft Das Körperbehinderte Kind e.V., Belvederestraße 149, 5000 Köln 41
Freundeskreis für Rollstuhlfahrer e.V., Aachener Str. 403a, 5000 Köln-Braunsfeld
Gemeinnütziger Hilfsbund zur Förderung skoliosekranker Kinder und Erwachsener, Uhlandstraße 14, 7400 Tübingen
Hilfe für das anfallskranke Kind, Holländerey 5c, 2300 Kiel-Kronshagen
Josefsgesellschaft für Krüppelfürsorge e.V., Alarichstraße 40, 5000 Köln-Deutz
Reichsbund der Kriegs- und Zivilbeschädig-

ten, Sozialrentner und Hinterbliebene e.v., Beethovenstraße 58, 5300 Bonn-Bad Godesberg 1
Sozialhilfe – Selbsthilfe Körperbehinderter e.v., 7109 Krautheim/Jagst
Sportgemeinschaft für körperbehinderte Kinder und Jugendliche e. V., Fischbecker Weg 34, 2072 Bargteheide
Verband der Evangelischen Anstalten für Körperbehinderte, Alexanderstraße 27, 7000 Stuttgart
Verband der Katholischen Anstalten für Körperbehinderte, Alarichstraße 40, 5000 Köln-Deutz

(b) Österreich

Club Handikap, Interessengemeinschaft der Körperbehinderten, Wattgasse 96–98, 1170 Wien, ☎ 4671045
Kuratorium für künstlerische und heilende Pädagogik, Siebensterngasse 27, 1070 Wien, ☎ 932198
„Österreichische Gesellschaft zur Bekämpfung der Muskelkrankheiten", Lazarettgasse 14, 1090 Wien, ☎ 4289/2508 Durchwahl
Österreichischer Verein für Spastiker, Weinberggasse 1, 1190 Wien, ☎ 364544
Österreichischer Zivilinvalidenverband – Landesgruppe Wien, Wickenburggasse 15/3, Stiege, 1082 Wien, ☎ 434412
Referat für Körperbehindertenbetreuung, Orthopädische Angelegenheiten – Gesundheitsamt der Stadt Wien, Zelinkagasse 5, Zimmer 10, 1010 Wien, ☎ 6614/563 Durchwahl
Verband aller Körperbehinderten Österreichs, Lützowgasse 24–26/3, 1140 Wien, ☎ 945562
Verband der Querschnittgelähmten Österreichs, p. A. Heinz Schneider, Liechtensteinstraße 61, 1090 Wien, ☎ 3468892
Verein Österreichische Multiple-Sklerose-Gesellschaft, Lazarettgasse 14, 1090 Wien.
Vereinigung zugunsten körperbehinderter Kinder und Jugendlicher für Wien, Niederösterreich und das Burgenland, Koloniestraße 65/4, 1210 Wien, ☎ 3877815

(c) Schweiz

Arbeitsgemeinschaft Schweiz. Kranken- und Invaliden-Selbsthilfe-Organisationen (ASKIO). Neuengasse 39, 3011 Bern, ☎ 031/226036
Schweiz. Arbeitsgemeinschaft für Invalidenhilfe (SAIH), Feldeggstraße 71, Postfach Pro Infirmis, 8032 Zürich, ☎ 01/343100
Schweiz. Gesellschaft für Muskelleiden, Staffelackerstraße 33, 8953 Dietikon, ☎ 01/796606
Schweiz. Gesellschaft für zystische Fibrose (Mucoviscidose), Sodbachstraße 2, 8152 Glattbrugg, ☎ 01/8104570
Schweiz. Invalidenverband (SIV), Jurastraße 2, Postfach 357, 4600 Olten, ☎ 062/212242
Schweiz. Liga gegen Epilepsie (SLgE), Beustweg 7, 8032 Zürich, ☎ 01/343368
Schweiz. Multiple-Sklerose-Gesellschaft, Forchstraße 55, 8032 Zürich, ☎ 01/349930
Schweiz. Radio-Aktion für Blinde, Invalide, Heime und Schulen, Postfach 2025, 3001 Bern, ☎ 031/234700
Schweiz. Rheuma-Liga, Lavaterstraße 4, 8002 Zürich, ☎ 01/365862
Schweiz. Stiftung für das cerebral gelähmte Kind, Postfach 2234, 3018 Bern, ☎ 031/232034
Schweiz. Verband für Invalidensport (SVIS), Brunaustraße 6, 8002 Zürich, ☎ 01/255116
Schweiz. Vereinigung der Eltern epilepsiekranker Kinder (SVEEK), Neptunstraße 31, 8032 Zürich, ☎ 01/322697
Schweizerische Vereinigung der Gelähmten (ASPr), Pré-du-Marché 41, 1004 Lausanne, ☎ 021/378540
Schweizerische Vereinigung zugunsten cerebralgelähmter Kinder (SVCGK), Kantonsschulstraße 1, 8001 Zürich, ☎ 01/340032
Geplant: Schweiz. Vereinigung zugunsten von Kindern mit Spina bifida und Hydrocephalus, c/o Dr. P. A. Casey, Oberwohlenstraße 45, 3033 Wohlen, ☎ 031/822000
Union Schweiz. Kehlkopflosen-Vereinigungen, Zwischenbächen 122, 8048 Zürich, ☎ 01/625222

7. Begriffslexikon

A

Acidose	krankhafte Vermehrung des Säuregehaltes im Blut
Ätiologie	Ursachenlehre
Akkomodation	Anpassungsfähigkeit
Anamnese	Vorgeschichte einer Krankheit
Anthropologie	Wissenschaft vom Menschen (vom natur- und geisteswissenschaftlichen Standpunkt aus), Menschenkunde
Apathie	Teilnahmslosigkeit
Asphyxie	Atemstillstand, Erstickung infolge mangelnder Sauerstoffzufuhr zum Blut
Autismus	schwere Beziehungsstörung zur dinglichen und sozialen Umwelt

C

cerebral	vom Gehirn ausgehend

D

Deduktion	Ableitung des Besonderen und Einzelnen vom Allgemeinen
Diskurs	herrschaftsfreies Gespräch; ideale Gesprächssituation – sie unterscheidet sich vom umgangssprachlichen kommunikativen Handeln dadurch, daß im Diskurs über grundlegende Werte und Normen eine Übereinstimmung erreicht werden soll (HABERMAS)

E

Enzephalitis	Gehirnentzündung
evozieren	auffordern, herausfordern
Exploration	Bezeichnung für durch gezielte Fragen geführtes Gespräch im Rahmen der Beratung; dient zur Informationsgewinnung für die Diagnose
Exorzismus	Beschwörung böser Geister

F

Frustration	Störung einer bestehenden zielgerichteten Aktivität; Gefühl des Unbefriedigtseins, des Mißlingens, das beim Auftauchen eines Hindernisses auf dem Weg zur Bedürfnisbefriedigung auftritt

G

genetisch	die Vererbung betreffend
Gestation	Schwangerschaft
Gesundheit	nicht nur Freisein von Krankheit, sondern allseitiges körperliches und seelisches und soziales Wohlbefinden (WHO)

H

haptisch	den Tastsinn betreffend
Hydramnion	übermäßige Fruchtwassermenge
Heredität	die Erbfolge betreffend
Hapoxie	Sauerstoffmangel in den Geweben
Hxpoglykämie	anormal geringer Zuckergehalt des Blutes

I

Ikterus	Gelbsucht
immanent	innewohnend, darin enthalten
imperativ	zwingend, bindend
Indikation	Heilanzeige zur Anwendung eines bestimmten Heilverfahrens
Intelligenzquotient	von W. STERN eingeführte Maßzahl für die Messung der Intelligenz
Interaktion	allgemeine und umfassende Bezeichnung für jede Form wechselseitiger Bedingtheit zwischen menschlichen Individuen und/oder Gruppen; Wechselbeziehung

K

Katamnese	abschließender Krankenbericht
Katarakt	Trübung der Augenlinse, grauer Star
Kausalität	Ursächlichkeit
kinästhetisch	auf den Muskelsinn bezogen, bewegungsempfindlich
Kontinuum	lückenlos Zusammenhängendes

L

Logopädie	Sprachheilkunde, Sprachheilbehandlung

M

Meningitis	Hirnhautentzündung
monokausal	von einer Ursache bestimmt, auf eine Ursache zurückzuführen
Muskelathrophie (Muskelschwund)	tritt auf, wenn einzelne Muskeln oder Muskelgruppen untätig werden, z. B. bei Krankheit
Muskeldystrophie	eine vererbte Erkrankung der Muskelfasern

P

Perzeption	Reizaufnahme durch Sinnesorgane
Phylogenetisch	die Abstammung betreffend
Plazenta	Mutterkuchen, Nachgeburt
perinatal	während der Geburt
postnatal	nach der Geburt
pränatal	vor der Geburt
prophylaktisch	vorbeugend
Psychoanalyse	eine Methode der Untersuchung und Behandlung seelischer Störungen, die darin besteht, durch Analyse der psychischen Vorgänge die „unbewußten Triebe" als Ursache von Störungen festzustellen.
Pyogen	eitererregend

R

Rehabilitation	Gesamtheit aller Maßnahmen zur Wiedereingliederung Behinderter in die Gesellschaft; wird jedoch hauptsächlich im Zusammenhang mit der beruflichen Wiedereingliederung gebraucht
restriktiv	einschränkend, einengend
Retardierung	Verzögerung des Entwicklungstempos
rezidivierend	in Abständen wiederkehrend

S

signifikante Symbole	Begriff aus der Interaktionstheorie (G. H. MEAD); Symbole, die allgemein Anerkennung haben, die gleiche Bedeutung für verschiedene Individuen haben

Sklerose	krankhafte Verhärtung von Geweben und Organen
subusmieren	ein-, unterordnen; einen Begriff von engerem Umfang einem Begriff von weiterem Umfang unterordnen (Logik)
synonym	bedeutungsreich, bedeutungsähnlich

T

taktil	den Tastsinn betreffend
Teleologie	Lehre von (End)Zweck und Zielursächlichkeit
teleologisch	die Teleologie betreffend;
Terminus	Fachwort, Fachausdruck
Toxikose	Vergiftung
transzendent	die Grenzen der Erfahrung und der sinnlichen Welt überschreitend; übersinnlich, übernatürlich
Trauma	seelischer Schock, starke psychische Erschütterung

U

Uterus	Gebärmutter

V

Variable	veränderbare Größe; die Variablen einer Situation sind die Elemente, deren Zusammensetzung und Verhältnisse die Situation ganz oder teilweise bedingen
visibel	sichtbar, offenbar, augenscheinlich

X

Xerophtalmia	Austrocknung der Augapfeloberfläche

Z

Zyanose	bläuliche Verfärbung der Haut, besonders der Lippen und Fingerspitzen infolge von Sauerstoffmangel im Blut

8. REGISTER

A
Absence 160
Ätiologie 33
Äquifinalität 38
Affektivität 80
Aggression 114f.
Aggressivität 115
Aggressionstrieb 115
Agrammatismus 141
Alpha-Fetoprotein 42
Amniozentese 41
Anamnese 55
Anfalleiden 159
Aphasie 140
Aphonie 138
Arbeitsmöglichkeiten für Behinderte 98
Arthritis 157
Artikulationsstörungen 133
Artikulationszonen 133
Aura 159
Autismus 129

B
Befragung 56
Begegnungsstile
– appellativer Begegnungsstil 82
– konektiver Begegnungsstil 83
– liberativer Begegnungsstil 83
Behandlung 56, 61
Behinderteneinrichtungen 94 f.
Behindertenpädagogik 14
Behinderung 16, 21, 37
Behinderungszustand 21, 22, 23, 37, 40
Berufsbildung 98
Berufsbildungswerk 98
Biochemische Tests 42
Blindheit 149 f

C
caritatives Modell 17
cerebrale Bewegungsstörung 155, 156
Chromosome 128
Chromosomenaberrationen 129
Chromosomenanalyse 42
chronische Entzündungen an Gelenken 157

D
Debilität 126
Diagnose 52 f.
– heilpädagogische Diagnose 54
– medizinische Diagnose 54
– psychologische Diagnose 54, 57
Diskurs 20
Dysarthrie 135
Dysgrammatismus 141
– Dysgrammatismus, dysphemischer 136
Dyslalie 133
Dysphasie 140
Dysphemie-Theorie 136
Dysphonie 138

E
Einstellungsforschung 164
Einweisungsdiagnostik 57
Einzelmusiktherapie 70
Elternarbeit 48
Entwicklungsgestörte 107
Epilepsie 159
erbliche Muskelerkrankungen 158
Erlebnisse 23
Erziehung 20, 75, 76 f.
Erziehungsmilieu 108
Erziehungsschwierige 107
Erziehungsverhältnis 29 f.
exorzistisches Modell 18
expressive Leistung 141

F
Fachkräfte in der Heilpädagogik 101 f.
Fehlstellung der Hüftgelenke 157
Fehlstellung der Wirbelsäule 157
Flickwörter 136
Förderdiagnostik 58
Förderung 84
– Förderung von Lernprozessen 92
Früherkennung 43 f., 96
Frühförderung 44 f., 96
– psychologische Grundlagen 44
– Organisation d. Frühförderung 47
– Aufgaben d. Frühförderung 47
– Regionalisierung d. Frühförderung 47
Frustration 116

G
Galaktosämie 143
Gehörlosigkeit 143
Geistige Behinderung 125 f.
Geschlechtsdiagnose 42
Gesundheit 11
Gruppenmusiktherapie 70
Guthrie-Test 127

H
heilen 15
Heilerziehung 28
Heilpädagogik 11 f., 21, 22, 27, 28
heilpädagogische Übungsbehandlung 62 f.
Heime 99 f.
hereditäre Belastung 142
Herzkrankheiten 160
Hilfe zur Selbsthilfe 149
Hilfen 23
Hörschädigung 143 f.

I
Identität 25
Idiotie 126
Imbezilität 126
impressive Leistung 141
Intelligenzbeeinträchtigungen 119
Interaktion 22
Interaktionsmodell 20
integrative Erziehung 50 f.

K
Kappazismus 135
Kinderlähmung 158
Knochenmarkentzündungen 157
Kognition 80, 93
Kohlehydratestoffwechsel 128
Kompensation 29
Körperbehinderung 154 f.
Krankheit 19
Kretinismus 128
Krisensituation 168, 169
Kritische Phasen
– für die Genese des Hörens 45
– des primären Spracherwerbs 46
– des elementaren Sehenlernens 46
– für das Erlernen elementarer Bewegungsformen 46

L
Langdon-Down-Syndrom 129
Lautbildungsstörungen 133
Leistungsausfälle 123

Lernbeeinträchtigungen 121
Lernbehinderung 117 f.
Lernprozeß 118
Lerntheorie 137

M
medizinisches Modell 18
Mehrfachbehinderung 162
Merkmale 22
Methode 61, 84
Mißbildungen der Gliedmaßen 157
Mongoloidismus 129
Multiple Sklerose 158
multiples Stammeln 134
Musiktherapie 69
Mutationsstörungen der Stimme 139
Mutismus 139

N
Näseln 139
Neurose-Theorie 137
Normen 110

O
Oligophrenie 125

P
Pädagogik 20
peri-natale Störungen 146
periphere Körperbehinderung 155
Persönlichkeitsentfaltung 85
Perzeption 79, 93
Perzeptionstraining 86
Phenylketonurie 127
Poltern 138
post-natale Störungen 146
petit-mal 160
prä-natale Störungen 146
Prävention 41 f.
Problemverarbeitung 49
Psychomotorik 79, 93
psychomotorische Förderung 85

R
Redeflußstörungen 136
Rehabilitation 99
Rehabilitations-Modell 18
Resthörigkeit 144
restriktive Erziehung 148
Rhotazismus 135
Rhythmik 85
Risikofaktoren 33
Risikogeburten 43

S

Schlaganfall 158
Schulen f. Behinderte 97
schulvorbereitende Einrichtungen 48, 96
Schwangerenberatung 42
Schwerhörigkeit 144
Sehbehinderung 149 f.
semantischer Aspekt 132
Sigmatismus 134
Situation, heilpädagogische 41
Sonderpädagogik 12, 13
Soziabilität 80, 93
soziale Gebilde 23
soziale Identität 25
Spaltbildungen d. Wirbelsäule 158
spastische Lähmung 158
Spieltherapie 66 f.
Sprachaufbaustörungen 139
Sprachbehinderung 131 f.
Sprache 80, 93, 132
Sprachförderung 87
Sprachtherapie 73
Stammeln 133
Stigmatisierung 167
Stottern 136
Stummheit 139
Symbole, signifikante 21
syntaktischer Zeichenaspekt 132

T

Taubheit 56
Tests 56
Therapie 75, 76 f.
traumatische Schäden d. Gliedmaßen 157
Trisomie 21, 129

U

Überbehütung 169
universelles Stammeln 169
Ursachen f. Behinderungen 33 f.

V

Verhaltensauffällige 107
Verhaltensgestörte 107
Verhaltenstherapie 71 f.
verzögerte Sprachentwicklung 140
Vorurteile 165

W

Wahrnehmungsbereiche 91
Wasserkopf 159
Werkstätten für Behinderte 98

Z

Ziele 65

Autor:

Karlheinz Schramm; geb. 29. Mai 1949; Diplom-Sozialpädagoge (FH) Diplom-Pädagoge (Univ.) studierte Pädagogik an den Universitäten Bamberg und Eichstätt; Studienschwerpunkte: Pädagogik, Sozialpädagogik und Heilpädagogik.
Seit 1979 Dozent an der Fachakademie für Sozialpädagogik des Landkreises Erlangen-Höchstätt. Unterricht in den Fächern Praxis- und Methodenlehre, Heilpädagogik und Jugendarbeit.
Weitere Veröffentlichungen des Autors:
Wege zur Chancengleichheit, Versuche und Vorschläge zur Bildungsförderung sozial benachteiligter Kinder, Tübingen 1974.
Handbuch der Behindertenpädagogik (Mitherausgeber), Band 1 und 2, München 1979.